Clemens Jesenitschnig

Gerhard Lehmbruch – Wissenschaftler und Werk

Clemens Jesenitschnig

Gerhard Lehmbruch – Wissenschaftler und Werk

Eine kritische Würdigung

Tectum Verlag

Clemens Jesenitschnig

Gerhard Lehmbruch – Wissenschaftler und Werk.
Eine kritische Würdigung
ISBN: 978-3-8288-2509-3
Umschlagfoto: Gerhard Lehmbruch (Rechte beim Abgebildeten)
Umschlaggestaltung: Norman Rinkenberger | Tectum Verlag

Besuchen Sie uns im Internet
www.tectum-verlag.de

Bibliografische Informationen der Deutschen Nationalbibliothek
Die Deutsche Nationalbibliothek verzeichnet diese Publikation in der Deutschen Nationalbibliografie; detaillierte bibliografische Angaben sind im Internet über http://dnb.ddb.de abrufbar.

„History without political science has no fruit;
Political science without history has no root.“

John R. Seeley[i]

---

i Seeley 1896, 4.

Inhaltsverzeichnis

Abbildungsverzeichnis

(Bildtafeln 1 bis 4 auf S. 38-41)

Verwendete Abkürzungen[ii]

AfB ....Arbeit für Bremen
Anm. CJ ....Anmerkung des Verfassers C. Jesenitschnig
APSR ....American Political Science Review
APuZ ....Aus Politik und Zeitgeschichte
AStA ....Allgemeiner Studierendenausschuss
BiW ....Bürger in Wut
BJPS ....British Journal of Political Science
BK ....Bekennende Kirche
BRD ....Bundesrepublik Deutschland
C2 / C4 ....Beamtenbesoldungsstufen für wissenschaftliche Beamte und Hochschullehrer (bis 2005) nach dem deutschen Bundesbesoldungsgesetz
CDU ....Christlich Demokratische Union
CO ....Colorado
CPS ....Comparative Political Studies
CSU ....Christlich-Soziale Union
D.C. ....District of Columbia
DC ....Deutsche Christen
DDR ....Deutsche Demokratische Republik
DFG ....Deutsche Forschungsgemeinschaft
DGfP ....Deutsche Gesellschaft für Politikwissenschaft
DKP ....Deutsche Kommunistische Partei
DUP ....Democratic Unionist Party
DVPW ....Deutsche Vereinigung für Politische Wissenschaft
DVU ....Deutsche Volksunion
ead. ....eadem
ECPR ....European Consortium for Political Research
EJPR ....European Journal of Political Research
FDP ....Freie Demokratische Partei
FPÖ ....Freiheitliche Partei Österreichs
Fn. ....Fußnote
Gestapo ....Geheime Staatspolizei
GG ....Grundgesetz
GL ....Gerhard Lehmbruch
GuG ....Geschichte und Gesellschaft
H.d.O.obl. ....Hervorhebung des Originals obliteriert

[ii] Alltagssprachliche und im allgemeinen Wissenschaftsgebrauch übliche Abkürzungen wurden nicht aufgenommen. Siehe hierzu das Abkürzungsverzeichnis bei Stary/Kretschmer 2004, 165ff.

H.d.V. CJ	Hervorhebung des Verfassers C. Jesenitschnig
H.i.O.	Hervorhebung im Original
HJ	Hitlerjugend
IPSA	International Political Science Association
IPSR	International Political Science Review
IPW	Institut für Politische Wissenschaft
k.u.k.	kaiserlich und königlich (Österreich-Ungarn)
MA	Massachusetts
MD	Maryland
MO	Missouri
MPIfG	Max-Planck-Institut für Gesellschaftsforschung
m.w.H. / m.w.N.	mit weiteren Hinweisen / Nachweisen
MZES	Mannheimer Zentrum für Europäische Sozialforschung
NJ	New Jersey
NPD	Nationaldemokratische Partei Deutschlands
NPL	Neue Politische Literatur
NS	Nationalsozialismus / nationalsozialistisch
ÖGB	Österreichischer Gewerkschaftsbund
ÖVP	Österreichische Volkspartei
ÖZP	Österreichische Zeitschrift für Politikwissenschaft
PDS	Partei des Demokratischen Sozialismus
PRO	Partei Rechtsstaatlicher Offensive
PVS	Politische Vierteljahresschrift
SA	Sturmabteilung
SBZ	Sowjetische Besatzungszone
SDS	Sozialistischer Deutscher Studentenbund
SPD	Sozialdemokratische Partei Deutschlands
SPÖ	Sozialdemokratische (bis 1992: Sozialistische) Partei Österreichs
SS	Sommersemester
SuS	Staatswissenschaften und Staatspraxis
UAT	Universitätsarchiv Tübingen
UUP	Ulster Unionist Party
WS	Wintersemester
WZB	Wissenschaftszentrum Berlin
ZfP	Zeitschrift für Politik
ZParl	Zeitschrift für Parlamentsfragen

Vorbemerkung und Danksagung

Bereits vor 75 Jahren hat der austro-polnische Mediziner und Soziologe Ludwik Fleck (1896-1961) eindrucksvoll argumentiert, dass jeder wissenschaftliche Forschungs- und Erkenntnisgewinnungsprozess von raum- und zeitdependenten, über- wie innerdisziplinären Denkstilen geformt wird;[iii] es wäre vermessen, mich und diese Arbeit davon ausnehmen zu wollen.

Mit dem US-amerikanischen Soziologen Robert Merton (1910-2003) verweise ich ferner darauf, dass auch die vorliegende wissenschaftliche Arbeit auf geistigen Fundamenten ruht, welche das zugrunde liegende Quellen- und Literaturverzeichnis nur in höchst unzureichendem Maße abzubilden vermag.[iv]

Überdies ist Quellen- und Literaturstudium immer auch, ja zuvorderst Textinterpretation – und diese ist in hohem Grade abhängig von geistigen Vorprägungen und -einstellungen, wie vor kurzem der französische Literaturwissenschaftler und Psychoanalytiker Pierre Bayard (*1954) in einem provokanten und geistreichen (wenn auch zu lang geratenen) Buch dargelegt hat.[v]

Ich hoffe, trotz all dieser Beschränktheiten ein redliches Werk vorgelegt zu haben: redlich in dem Sinne, nach bestem Wissen und Gewissen gearbeitet und dabei das stets Wichtigste nicht vernachlässigt zu haben, den offenen Geist.

Ich habe von verschiedenen Menschen vielfältige Hilfe erfahren, ohne welche ich die vorliegende Magisterarbeit nicht hätte abfassen können. Sie wurde Ende April 2010 unter dem Titel *Konkordanzdemokratie, liberaler Korporatismus, deutscher Bundesstaat* am IPW der Universität Heidelberg angenommen.

Bedanken möchte ich mich bei den Teilnehmern des Kolloquiums von Herrn Prof. Manfred G. Schmidt am Heidelberger IPW, insbesondere bei Dr. Frieder Wolf und Dr. Stefan Wurster, für hilfreiche Hinweise und konstruktive Kritik. Frieder Wolf danke ich darüber hinaus für zahlreiche freundschaftliche Anregungen, Kommentare und Literaturhinweise sowie technische Unterstützung bezüglich meines Interviews mit Prof. Lehmbruch.

Prof. Schmidt hat die Arbeit als Erstgutachter vorbildlich betreut und ebenfalls wichtige Anmerkungen sowie fruchtbare Kritik beigesteuert.

Zu Dank verpflichtet bin ich ferner Herrn Prof. em. Klaus von Beyme, der freundlicherweise bereit war, als Zweitgutachter zu fungieren.

Sehr herzlich danke ich Herrn Prof. em. Gerhard Lehmbruch dafür, dass er mir nicht nur sein privates Fotoarchiv zugänglich gemacht und mir zahlreiche Dokumente und Schriften aus seiner Privatbibliothek und von seiner Computerfestplatte zur Verfügung gestellt hat, sondern mir auch bereitwillig ein ausführliches

[iii] Vgl. Fleck 1980.

[iv] Vgl. Merton 1980.

[v] Vgl. Bayard 2009.

Interview gegeben hat, das ob der Länge und inhaltlichen Dichte keine geringe Anstrengung (für beide Seiten) darstellte. Er hat außerdem das Interview-Transkript gründlich durchgesehen und verschiedene Ergänzungen angebracht. Auch dafür danke ich ihm ganz herzlich.

Vor der Drucklegung habe ich die Arbeit im Frühherbst 2010 noch einmal durchgesehen und unter Berücksichtigung verschiedener späterer Anregungen und Kommentare der Professoren Lehmbruch und Schmidt sowie Frieder Wolfs leicht überarbeitet. Auch dafür danke ich den Genannten sehr. (Verbliebene inhaltliche Mängel und Fehler sind selbstredend ausschließlich dem Verfasser anzulasten.)

Zu danken habe ich außerdem Herrn Dr. Arno Mohr, Heidelberg, der sich Zeit für ein ausführliches Gespräch mit mir genommen hat; desgleichen danke ich Herrn Dr. Cord Arendes vom Historischen Seminar der Universität Heidelberg, Herrn Prof. em. Gerhard Botz von der Universität Wien, Herrn Prof. Hubertus Buchstein von der Universität Greifswald, Herrn Nikolaus Hollermeier vom Mannheimer Zentrum für Europäische Sozialforschung, Frau Cynthia Lehmann vom Max-Planck-Institut für Gesellschaftsforschung in Köln, Frau Monika Nesper von der Volkswagen-Stiftung in Hannover, Frau Line Rennwald von der Geschäftsstelle der Schweizerischen Vereinigung für Politische Wissenschaft, Herrn Patrick Scherhaufer von der Geschäftsstelle der Österreichischen Gesellschaft für Politikwissenschaft, Frau Ute Stelter vom Personaldezernat der Universität Bremen sowie Frau Christiane Richter und Herrn Micha Bächle vom Lehrstuhl für Materielle Staatstheorie (Prof. Volker Schneider) an der Universität Konstanz für Auskünfte. Ich danke ferner den Mitarbeiterinnen und Mitarbeitern des Universitätsarchivs Tübingen für ihre freundliche Hilfsbereitschaft während meines Archivbesuchs am 26. März 2010.

Meine Krumpendorfer Großeltern Maria und Hans Jesenitschnig haben mir während meiner Aufenthalte in der Kärntner Heimat nicht nur exzellente Arbeitsbedingungen zur Verfügung gestellt, sondern mich auf meinem Studienweg auch moralisch und finanziell unterstützt, ebenso wie meine Eltern Monika und Reinhard Jesenitschnig. Dafür bin ich sehr dankbar. Die vorliegende Arbeit ist deshalb ihnen gewidmet.

Clemens Jesenitschnig

1. Einleitung

Die vorliegende Studie hat einen längeren Entwicklungspfad, der zurückreicht bis in das Sommersemester 2005. Damals hatte ich bei Prof. Manfred G. Schmidt (*1948) das Oberseminar *Schlüsseltexte zur Politik in Deutschland: Vom Deutschen Reich 1871 bis zum wiedervereinigten Deutschland* belegt und über das von Schmidt als „Schlüsseltext" klassifizierte Werk *Parteienwettbewerb im Bundesstaat* von Gerhard Lehmbruch (*15. April 1928) referiert sowie eine Hausarbeit verfasst.[1] Als ich dann ein Thema für meine Magisterarbeit suchte, schlug Prof. Schmidt vor, das damalige Thema wieder aufzugreifen und auszubauen. Ich nahm diese Anregung gerne an, bot sie mir doch die Möglichkeit, auch mein zweites großes Interesse (und gleichzeitig zweites Hauptstudienfach), die Geschichte, zumindest ein wenig einzubeziehen. Im erwähnten Seminar war nicht nur angeregt diskutiert worden, ob (und inwieweit) die von Schmidt ausgewählten Schriften „Schlüsseltexte"[2] zum Verständnis der deutschen Politik – selbstredend verstanden im Sinne der englischen Trias von *polity*, *policy* und *politics* – darstellten; der Seminarleiter hatte immer auch großen Wert darauf gelegt, dass die Referentinnen und Referenten ausführlich erörterten, wer die jeweiligen Autoren waren (in Schmidts Worten: „Wer schreibt denn da?"). An beidem orientiert sich auch diese Untersuchung. In ihr soll einerseits die Person Gerhard Lehmbruch – der lebensgeschichtliche Hintergrund, inbesondere die intellektuelle Entwicklung und der wissenschaftliche Werdegang – dargestellt, andererseits sollen die wesentlichen Inhalte seines wissenschaftlichem Œuvres rekonstruiert, analysiert und mit ausgewählten Einwänden der Forschung konfrontiert werden. Es wird, mit anderen Worten, eine kritische Würdigung angestrebt.

Gerhard Lehmbruch hat vor allem in den Bereichen Vergleichende Politikwissenschaft und Politisches System der Bundesrepublik Deutschland geforscht und darf in diesen wegweisende und international breit rezipierte Forschungserkenntnisse für sich verbuchen. Ohne Zweifel gehört er zu den bedeutendsten Politikwissenschaftlern in Deutschland – diese Behauptung lässt sich anhand verschiedener Feststellungen untermauern und präzisieren. So wird er im von Gisela Riescher (*1957) herausgegebenen Sammelband über *Politische Theorie der Gegenwart in Einzeldarstellungen* als einer von 46 deutschen Wissenschaftlern vorgestellt.[3] Im 1999 publizierten *Literaturführer Politikwissenschaft*,

---

1 Jesenitschnig 2005a.

2 Darunter waren Texte von Theodor Eschenburg, Hans Günter Hockerts, Peter Katzenstein, Jürgen Kocka, Rainer Lepsius, Fritz Scharpf, Max Weber, Hans-Ulrich Wehler – und eben auch Lehmbruch (vgl. Reader 2005).

3 Schultze 2004 in Riescher 2004. – Zu den 46 deutschen Wissenschaftlern (eine Wissenschaftlerin ist darunter) habe ich jene gezählt, die in Deutschland bzw. dem Deutschen Reich geboren und daselbst auch ihre schulische *und* hochschulische Sozialisation erfahren haben.

herausgegeben von Dirk Berg-Schlosser (*1943) und Sven Quenter, wird im Abschnitt „Demokratisierungsstudien" Lehmbruchs Schrift *Proporzdemokratie* besprochen, und unter „Verbände/Korporatismus" zwei von Lehmbruch zusammen mit dem gebürtigen US-Amerikaner Philippe Schmitter (*1936) herausgegebenen Bände, *Trends Toward Corporatist Intermediation* (1979) und *Patterns of Corporatist Policy Making* (1982).[4] Diese und andere Forschungsleistungen zum Thema Korporatismus haben Gerhard Lehmbruch auch im 2006 von Martin Sebaldt und Alexander Straßner edierten Sammelband über *Klassiker der Verbändeforschung* einen eigenen Beitrag gesichert.[5] Im 2007 erschienenen Sammelband *Schlüsselwerke der Politikwissenschaft*, herausgegeben vom Dresdner Politologen Steffen Kailitz (*1969),[6] werden zwei Bücher Lehmbruchs – das schon erwähnte *Parteienwettbewerb im Bundesstaat* sowie der mit Schmitter herausgegebene Band *Trends Toward Corporatist Intermediation* – präsentiert.[7] Der Hamburger Politikwissenschaftler Jürgen Hartmann (*1946) stellt in seinem Buch über *Grundzüge der Fachentwicklung in den USA und in Europa*[8] in Zusammenhang mit der Forschung über Konkordanzdemokratien, Korporatismus sowie den deutschen Föderalismus die Forschungsleistungen Lehmbruchs heraus,[9] und auch in zwei kürzlich veröffentlichten Aufsätzen in der PVS über den Stand der deutschen politikwissenschaftlichen Forschung in den Bereichen Vergleichende Politikwissenschaft und Politisches System Deutschlands werden Lehmbruchs Arbeiten über Korporatismus bzw. die Bundesrepublik hervorgehoben.[10]

---

4 Berg-Schlosser/Quenter 1999, 128ff.; 150.

5 Vgl. Köppl/Nerb 2006.

6 Kailitz 2007. – Mit diesem Buch hat der gegenwärtige Kanonisierungstrend (den populärwissenschaftlichen Startschuss gab Schwanitz 1999), der auch die Sozialwissenschaften voll erfasst hat (vgl. z.B. Holtz-Bacha/Kutsch 2002; Kurz 2008; 2009; Löw/Mathes 2005; Lück/Miller/Sewz-Vosshenrich 2000; Papcke/Oesterdiekhoff 2001; Prange 2008; 2009) nunmehr auch die Literaturproduktion im Bereich Politikwissenschaft erreicht. Diese Entwicklung ist – aus kulturhistorischer Sicht – gleichermaßen Zeugnis der Verunsicherung wie Selbstvergewisserung in einer Welt „schwindelerregender" Informationsvielfalt (vgl. Eco 2009, besonders 363ff.).

7 Vgl. Hartleb 2007 u. Helms 2007b. – Ein politikwissenschaftliches Buch wird von Kailitz als „Schlüsselwerk" definiert, „wenn es 1. in origineller Weise die Kenntnisse über die Politik in einem bedeutendem Maße erweitert. [...] Ein Schlüsselwerk muss [..] 2. in deutlich überdurchschnittlicher Weise – über die Grenzen der eigenen Nation hinaus – rezipiert worden sein." (Kailitz 2007, VIII). Der Herausgeber nahm eine Vorauswahl vor, durch Konsultation von „über 100 Politikwissenschaftlern [...] kamen knapp 20 neue Werke in die Liste, aber fast 40 fielen heraus" (ibid., IX); insgesamt werden 129 Bücher besprochen.

8 So der Untertitel (Hartmann 2003).

9 Vgl. Hartmann 2003, 60f., 84, 172f., 183f.

10 Vgl. Berg-Schlosser 2009, 440 (zum Korporatismus); Sturm 2009, 421 (zum *Parteienwettbewerb im Bundesstaat*).

Reputationsindizes der bundesdeutschen Politikwissenschaft

Tab. 1: Die Einschätzung der Fachkolleginnen und Fachkollegen I

Von Juni bis Oktober 1985 wurde eine Umfrage unter 860 Politologinnen und Politologen durchgeführt (Honolka 1985), die entweder in der DVPW oder der DGfP organisiert waren. Trotz verschiedentlicher Ablehnung („Quatsch", „typisch amerikanisch") betrug der Rücklauf 200 Fragebögen (keine Angabe für die Beantwortungszahl speziell zur folgenden Fragestellung). Auf die Frage **„Wenn man nach einzelnen Forschungsfeldern unterscheidet: Wer zählt da gegenwärtig zu den wichtigsten Vertretern?"** konnten in Rangfolge herausragende Fachvertreter für sieben Subsektoren der Disziplin benannt werden. Bei der Auswertung wurde wie folgt gewichtet: 1. Platz: 5 Punkte, 2. Platz: 4 Pkt., ... 5. Platz: 1 Pkt. Im Bereich **„Vergleichende Regierungslehre"** ergab der Survey dabei folgendes:

Index 1		Punkte
1	Klaus von Beyme	200
2	Winfried Steffani	55
3	**Gerhard Lehmbruch**	**46**
4	Manfred G. Schmidt	20
5	Thomas Ellwein	15
6	Theo Stammen	13
	Sonstige	bis 6

Tab. 2 u. 3: Die Einschätzung der Fachkolleginnen und Fachkollegen II

Von November 1996 bis April 1997 wurde eine Umfrage gestartet, die jener von 1985 glich (Klingemann/Falter 1998). Wieder wurden DVPW- und DGfP-Mitglieder befragt (1256 verschickte Fragebögen, Rücklauf: 316 Bögen, Gewichtung gemäß Punkteschema von 1985). Auf die Frage **„Wer zählt Ihrer Meinung nach gegenwärtig zu den fünf wichtigsten Vertretern der Politikwissenschaft in der Bundesrepublik?"** ist Gerhard Lehmbruch gegenüber 1985 auf einen der ersten zehn Ränge gerückt (**Index 2**; n=218). Die Frage „Und wenn man nach einzelnen Forschungsfeldern unterscheidet, wer zählt da gegenwärtig zu den wichtigsten Vertretern der Politikwissenschaft in der Bundesrepublik?" ergab im Bereich **„Vergleichende Politikforschung/Systemvergleich"** folgendes Ergebnis (**Index 3**; n=179). Gerhard Lehmbruch wurde auch in anderen Forschungsbereichen als wichtig erachtet (jeweils Reihung als Neunter in den Indizes **„Innenpolitik und politisches System BRD"** und **„Policy Forschung/Verwaltungswissenschaft"**. Er wird von Klingemann und Falter damit als einer der „Integratoren" der Disziplin eingestuft – im Gegensatz zu den „Spezialisten".

Index 2		Pkte.
1	Klaus von Beyme	539
2	Fritz W. Scharpf	391
3	Manfred G. Schmidt	260
4	**Gerhard Lehmbruch**	**137**
5	Claus Offe	126
6	Hans-Dieter Klingemann	83
7	Beate Kohler-Koch	82
8	Dieter Senghaas	80
9	Michael Th. Greven	74
10	Thomas Ellwein	72

Index 3		Pkte.
1	Manfred G. Schmidt	398
2	Klaus von Beyme	323
3	**Gerhard Lehmbruch**	**136**
4	Wolfgang Merkel	95
5	Oscar W. Gabriel	79
6	Hans-Dieter Klingemann	79

Reputationsindizes und ihre (begrenzte) Aussagekraft

Einige kritische Argumente bezüglich der Aussagekraft von Reputationsumfragen wurden bereits von den Umfrageleitern und der -leiterin in ihren Aufsätzen besprochen (vgl. Falter/

Klingemann 1998, passim; Falter/Knodt 2006, 148) und brauchen nicht erneut referiert werden. Einen wichtigen zusätzlichen Hinweis verdanke ich Gerhard Lehmbruch, der mich darauf aufmerksam gemacht hat, dass unter den Höchstgereihten die meisten ein oder mehrere bedeutsame Lehrbücher in ihrem Forschungsbereich bzw. ihren -bereichen publiziert haben, auf welche die große Majorität der Befragten (aufgrund der liberalen Zulassungspraxis der DVPW befinden sich Angehörige des universitären „Mittelbaus", i.e. Lehrstuhlmitarbeiterinnen, Assistenten, etc. klar in der Mehrzahl) in der Lehre bevorzugt zurückgreift. In nicht wenigen Fällen dürfte diese Tatsache großen Einfluss auf die jeweilige Einschätzung gehabt haben. Daran anschließend darf – aus wissenschaftssoziologischer Perspektive – an den „Matthäus-Effekt" erinnert werden: „[T]he Matthew effect consists of the accruing of greater increments of recognition for particular scientific contributions to scientists of considerable repute and the withholding of such recognition from scientists who have not yet made their mark." (Merton 1973, 446).

Tab. 4 u. 5: Die Einschätzung der Fachkolleginnen und Fachkollegen III

Im Jahr 2006 wurde die Umfrage von 1996/97 von den Untersuchungsleitern Jürgen Falter und Michèle Knodt repliziert (Falter/Knodt 2007; Gewichtung gemäß Punkteschema von 1985). Gerhard Lehmbruch scheint in diesen Indizes nicht mehr auf. Auf die Frage „**Wer zählt Ihrer Meinung nach gegenwärtig zu den fünf wichtigsten Vertretern der Politikwissenschaft in der Bundesrepublik?**" (n=135) wird Manfred G. Schmidt an zweiter Stelle geführt (**Index 4**). Auf die Frage „Und wenn man nach einzelnen Forschungsfeldern unterscheidet, wer zählt da gegenwärtig zu den wichtigsten Vertretern der Politikwissenschaft in der Bundesrepublik?" wurde Manfred G. Schmidt sowohl in „**Vergleichende Politikwissenschaft/Systemvergleich**" (n=84) als auch in „**Innenpolitik/Politisches System Deutschlands**" (n=74) erstgereiht. Im Unterbereich „**Policy Forschung/Verwaltungswissenschaft**" findet sich neben Schmidt mit Edgar Grande (*1956, derzeit Ordinarius am Geschwister-Scholl-Institut München) noch ein weiterer akademischer Schüler Lehmbruchs (**Index 5**, n=73).

Index 4		Pkte.	Index 5		Pkte.
1	Fritz W. Scharpf	197	1	Fritz W. Scharpf	112
2	**Manfred G. Schmidt**	**160**	2	Werner Jann	80
3	Herfried Münkler	82	3	Arthur Benz	68
4	Thomas Risse	67	**4**	**Manfred G. Schmidt**	**65**
5	Michael Zürn	64	5	Christoph Knill	42
6	Klaus von Beyme	56	6	Frank Nullmeier	40
7	Jürgen W. Falter	55	7	Adrienne Héritier	31
8	Claus Offe	53	8	Jörg Bogumil	31
9	Hans-Dieter Klingemann	35	**9**	**Edgar Grande**	**30**
10	Max Kaase	34	10	Wolfgang Seibel	28

In Ulrich von Alemanns (*1944) – insbesondere unter Studienanfängerinnen und -anfängern der vergangenen 15 Jahre weithin rezipierter – einführender Publikation über *Grundlagen der Politikwissenschaft* wird Lehmbruch als „namhafte[r] Vertreter des Fachs in der Bundesrepublik Deutschland"[11] im

[11] Alemann 1995, 110.

Bereich „Politische Systeme im Vergleich“ vorgestellt,[12] wobei diese Einschätzung auf einer Umfrage Harro Honolkas unter DVPW-Mitgliedern von 1985 beruht, in welcher die Fachkolleginnen und -kollegen Lehmbruch im Gebiet „Vergleichende Regierungslehre“ hinter Klaus von Beyme (*1934) und Winfried Steffani (1927-2000) auf Rang drei der wichtigsten Fachbereichsvertreter wählten.[13] Eine ähnliche Umfrage, die 1996/97 von Hans-Dieter Klingemann und Jürgen Falter durchgeführt wurde, ergab, dass die Fachkolleginnen und -kollegen Lehmbruch als viertwichtigsten Vertreter der Politikwissenschaft in Deutschland einschätzten.[14] In der neuesten DVPW-Untersuchung aus dem Jahr 2006 zur Reputation der Fachkolleginnen- und -kollegenschaft scheint der 1996 im Alter von 68 Jahren emeritierte Lehmbruch nicht mehr auf – ein Beleg für die Schnelllebigkeit (auch) im Wissenschaftsbetrieb; dafür sind aber ein paar seiner Schüler aufzufinden, zuvorderst sein langjähriger Assistent an den Universitäten Tübingen und Konstanz, Manfred G. Schmidt.[15]

Damit ist bereits eine zentrale Rechtfertigung und ein Erkenntnisinteresse für die vorliegende Studie erläutert: Gerhard Lehmbruchs politikwissenschaftliches Forschungswerk wurde und wird (insbesondere) in den Bereichen Vergleichende Regierungslehre und Politisches System der BRD nicht nur als wichtig wahrgenommen, sondern als herausragend erachtet. Im Folgenden soll diese weit verbreitete Einschätzung seiner Fachkolleginnen und -kollegen kritisch hinterfragt werden.[16] Implizit ist dieses Vorgehen von einem Wissenschaftsverständnis angeleitet, wie es der austro-angelsächsische Wissenschaftstheoretiker Karl Popper (1902-1994) vertreten hat:

> [D]ie Objektivität der Wissenschaft ist nicht eine individuelle Angelegenheit der verschiedenen Wissenschaftler, sondern eine soziale Angelegenheit ihrer gegenseiti-

[12] Vgl. Alemann 1995, 113f.

[13] Vgl. Tab. 1, S. 17.

[14] Vgl. Tab. 2, S. 17.

[15] Vgl. Tab. 4 u. 5, S. 18. – Von einer „Schulenbildung“ um Lehmbruch zu sprechen, erscheint jedoch nicht gerechtfertigt, wie überhaupt diese antikische Lehrauffassung für die heutige Politikwissenschaft angesichts eines weithin geteilten Wissenschaftsverständnisses (vgl. unten S. 29) nicht mehr adäquat ist.

[16] Trotz der weit verbreiteten Wertschätzung Lehmbruchs in der Kolleginnen- und Kollegenschaft gibt es auch Kritik, denn – so hat der Soziologe Werner Fuchs-Heinritz (*1941) treffend festgestellt – „Sozialwissenschaftler [und wohl auch Sozialwissenschaftlerinnen, Anm. CJ] sind besonders streitlustige und auf Originalität des eigenen Ansatzes bedachte Wissenschaftler. Es gibt keinen einzigen Arbeitsbereich, in dem sie sich einig wären.“ (Fuchs-Heinritz 2009, 11). – Diese Dissonanzen beginnen bereits, wie uns Renate Mayntz (*1929) erinnert hat, bei den fundamentalen Streitfragen nach den „wesentlichen Triebkräfte[n] menschlichen Handelns – Interessen, Werte oder Kognitionen“ und darüber, „ob Strukturen oder Handeln (Agency) das soziale Geschehen bestimmen.“ (Mayntz 2009a, 30).

gen Kritik, der freundlich-feindlichen Arbeitsteilung der Wissenschaftler, ihres Zusammenarbeitens und auch ihres Gegeneinanderarbeitens.[17]

Bei der Auswahl der Kritik habe ich mich von drei Grundsätzen leiten lassen. Erstens soll nicht beckmesserisch Kritik an kleinen und kleinsten empirischen Details in Lehmbruchs Studien zur Sprache kommen – das würde womöglich in ebenso unbefriedigender wie unergiebiger „Erbsenzählerei“ enden. Zweitens soll keine übergeordnete („metatheoretische“) Diskussion über den von Lehmbruch vertretenen wissenschaftstheoretischen Ansatz vom Zaun gebrochen werden, weil ich mich – als fachwissenschaftlich vornehmlich in Heidelberg Sozialisierter – ebenso der empirisch-analytischen Wissenschaftsrichtung zugehörig empfinde wie Gerhard Lehmbruch selbst. Drittens gilt es zu beachten, dass die zu behandelnden Texte zum Teil schon vor über 40 Jahren verfasst worden sind. Es wäre unredlich, diese Schriften an Erkenntnismaßstäben zu messen, die erst später – und teilweise darauf aufbauend – entwickelt bzw. verfeinert worden sind. Sie müssen als Forschungsleistungen ihrer Zeit betrachtet und auch entsprechend gewürdigt werden.[18] Das betrifft vornehmlich die Besprechung in den Kapiteln 3 (zu Konkordanzdemokratie) und 4 (zu Korporatismus).[19] Kapitel 5, das Lehmbruchs Forschung über das politische System Deutschlands gewidmet ist, stellt insofern eine Ausnahme dar, als der Autor in jüngerer Zeit nicht nur zwei aktualisierte Überarbeitungen des in diesem Zusammenhang zentralen Werkes *Parteienwettbewerb im Bundesstaat*, sondern auch einen 58-seitigen Aufsatz zu *Der unitarische Bundesstaat in Deutschland* veröffentlicht hat.[20] Dies gestattet es, seine Ausführungen in detaillierter Weise mit der aktuellen – auch grundsätzlichen empirischen – Fachkritik zu konfrontieren.

Im Kapitel 6 wird schließlich eine die zuvor behandelten Themenfelder (und damit auch Lehmbruchs Werk) übergreifende Erörterung unternommen. Zwei Punkte sollen mit kritischen Einwänden konfrontiert werden: einesteils Lehmbruchs Versuch, verschiedene Aspekte seiner Forschung im Konzept der „westmitteleuropäischen Verhandlungsdemokratie“ gleichsam als Synthese zu präsentieren, andernteils sein grundsätzlicher theoretischer Ansatz. Der Politikwissenschaftler Gerhard Lehmbruch ist im Wesentlichen historisch-vergleichender Neoinstitutionalist, wenn er auch manche Anregungen und Erkenntnisse aus den anderen wichtigen theoretischen Schulen empirischer Politologie verdankt –

---

17 Popper 1969, 112.

18 Das zieht unweigerlich einen gewissen Grad an Historisierung nach sich. Es würde aber die politikwissenschaftliche Ausrichtung zugunsten einer rein historischen fallen gelassen, wenn Lehmbruchs Werk mit der empirischen Detailkritik seiner jeweiligen Zeit konfrontiert würde; eine solche Diskussion ist politikwissenschaftlich nicht mehr relevant.

19 Angesichts nötiger Beschränkung liegt der Schwerpunkt in Kap. 4 auf seinen frühen Korporatismusstudien.

20 GL 1998c; 2000a; 2002a.

jener des Behavioralismus und der *rational choice*.[21] Die Prüfung kritischer Einwände zielt auf diese mittlere theoretische Ebene:[22] Welches sind die Stärken dieses Ansatzes, wo liegen die Schwachstellen?

Gibt es darüber hinaus einen absoluten politikwissenschaftlichen Maßstab, aufgrund dessen man Lehmbruchs Werk – unabhängig von Einzelkritik – bewerten kann? Folgt man seinem akademischen Schüler Manfred Schmidt, so gibt es aus empirisch-analytischer Sicht tatsächlich eine „beste" – weil anderen an Erkenntnisgewinn überlegene – Politikwissenschaft:

> Die beste Politologie ist diejenige, die Fragen der institutionellen Ordnung, der ideengeschichtlichen Grundlagen, der Konflik[t]-, Konsens- und Machterwerbsprozesse und der Substanz politischer Entscheidungen gleichermaßen berücksichtigt.[23]

Dieses Kriterium, d.h. die Prüfung bezüglich eines umfassenden – und sachangemessen berücksichtigten – Verständnisses von Politik im Sinne der englischen Trias *polity, policy* und *politics* wird in dieser Arbeit schließlich als letztes Maß für die Beurteilung des Lehmbruch'schen Œuvres dienen. Möglicherweise ist dann die Behauptung des „Nestor[s] der deutschen Politikwissenschaft"[24] Klaus von Beyme zu korrigieren, wonach „[s]cience is mortal: the more scientific a work, the quicker it seems to be dated."[25] Das mag hinsichtlich der Empirie richtig sein; in Bezug auf die theoretisch-konzeptionelle und methodische Anlage einer Arbeit muss es sich jedoch nicht zwangsläufig gleich verhalten. Sehr gute politikwissenschaftliche Forschung kann in dieser Hinsicht als Wegmarke für zukünftige Arbeiten dienen, welche in eine vielversprechende Richtung weist und deren Lektüre daher auch aus zeitlichem Abstand lohnt. Es wird zu prüfen sein, ob Lehmbruchs Œuvre diesen Anspruch – in toto aut in partibus – einzulösen vermag.

Dieser Gedanke leitet über zu der zweiten Rechtfertigung für die vorliegende Arbeit. Während „[d]ie Politikwissenschaft [...] heute in Deutschland als ein professionelles und auf einem relativ hohen Niveau konsolidiertes Fach bezeichnet werden [kann]",[26] das nach Studierendenzahlen ohne Zweifel zu den

---

21 Vgl. zusammenfassend zu den drei wesentlichen Theorierichtungen Institutionalismus, Behavioralismus und *rational choice* der modernen empirisch-analytischen Politikwissenschaft Kailitz 2007, XVII.

22 Methodische Kritik wird dabei nur insofern berücksichtigt, als „Theorie und Methode [..] eng aufeinander bezogen [sind]. Eine Methode ohne Theorie bleibt steril, eine Theorie ohne methodische Überprüfung und Erweiterung bleibt nutzlos." (Beyme 1985, 15).

23 Schmidt 1985, 139. – So im Übrigen auch Fritz Scharpf (1985b, 165): „[Die] Konzepte der politischen Institutionen (Polity), politischen Prozesse (Politics) und Politik-Inhalte (Policy) [...] können nur in ihrer Wechselbezüglichkeit definiert und analysiert werden."

24 Kailitz 2008.

25 Beyme 1997, 214.

26 Arendes 2005, 206.

größeren Universitätsfächern zu zählen ist,[27] sieht es hinsichtlich der Auseinandersetzung der Zunft mit ihrer eigenen, insbesondere jüngeren Fachgeschichte eher trist aus;[28] und zwar obgleich die historische Forschung zur universitär institutionalisierten Politikwissenschaft in der Bundesrepublik Deutschland in den vergangenen zwei Jahrzehnten eine – im Verhältnis zu anderen interessierenden Forschungsschwerpunkten zwar kleine, aber dennoch zu registrierende – Konjunktur erfahren hat.[29] Neben eher anekdotisch-(auto-)biografisch zu klassifizierenden Darstellungen liegt seit 2001 mit Wilhelm Bleeks (*1940) Opus magnum über die *Geschichte der Politikwissenschaft in Deutschland* „das unumstrittene Standardwerk"[30] zu diesem Themenkomplex vor, welcher allerdings – gerade *wegen* der notwendigen Beschränkungen von Bleeks Werk – keinesfalls als erschöpfend behandelt bzw. in jeder Hinsicht befriedigend beleuchtet gelten darf. Der Heidelberger Zeithistoriker und Politologe Cord Arendes hat diesbezüglich in seiner Dissertation von 2005 festgestellt, dass es „drei markante Lücken"[31] in Bezug auf die „Fachgeschichtsschreibung" der universitär verankerten Disziplin Politikwissenschaft in Deutschland gebe:

---

27 Von den 1.932.355 im WS 2007/08 inskribierten Studierenden in Deutschland waren 27.766 (auch) in Politikwissenschaft eingeschrieben (vgl. Statistisches Bundesamt 2008, 141; id. 2009, 147).

28 Diese Feststellung korrespondiert mit dem allgemeineren Urteil Arendes' (2005, 136), demzufolge „[d]as Fach [Politikwissenschaft] [..] sich aus der historisch-politischen Analyse weitgehend zurückgezogen [hat] und [..] historische Ansätze nur noch sehr selektiv [integriert]." Das mag nicht zuletzt an der sehr starken Gegenwartsorientierung der empirisch-analytischen Wissenschaftsmehrheit liegen, die sich zunehmend quantitativ-komparativer Methoden bedient (vgl. Helms 2004, 31f.) und also auf *brauchbares Datenmaterial* angewiesen ist. Der Preis dafür ist das – oft unbesehene – Zurücklassen *historisch*-politikwissenschaftlicher Untersuchungsgegenstände. (Bezeichnenderweise fand ein für 1988/1989 geplantes DVPW-Symposium zum Thema *Verlust der historischen Dimension in der Politikwissenschaft* erst gar nicht statt: vgl. Mohr 2003, 117. Vgl. ferner zur Debatte zwischen Geschichts- und Politikwissenschaft in der Frühphase der Bundesrepublik Mohr 1988, 226ff.)

29 Die Forschungskonjunkturen in der Politikwissenschaft wären für sich genommen eine eigene Untersuchung wert (der knappe Aufsatz von Mayntz 2008 ist, am Beispiel von Globalisierung und *global governance*, der einzige mir bislang bekannte derartige – freilich skizzenhaft gebliebene – Versuch). Mehrerlei vorläufige Annahmen wären systematisch zu prüfen: a) Das Verhältnis von wissenschaftsinternen Prozessen und wissenschaftsexternen Einflüssen (vgl. Beyme 1992, 253f.; 2007, 333); b) der Einfluss von nationalen Forschungsgemeinschaften, insbesondere der US-amerikanischen; c) die Rolle von Fachgutachtern als „Türwächter" bei drittmittelgeförderter Forschung (die vermutlich kaum unterschätzt werden kann; z.B. war in Deutschland der Streit über die Fachgutachternominierung für die DFG der tiefer liegende Grund der Spaltung der DVPW 1983: vgl. Hartwich 2003, 37f.; Bleek 2001, 363 u. 423).

30 Arendes 2005, 22.

31 Arendes 2005, 21.

- Die spätere Fachgeschichte seit dem Beginn der [19]70er Jahre wird entweder nur am Rande oder bestenfalls impressionistisch behandelt. [...]
- Daneben dominiert ein Blick auf die Geschichte der Disziplin, der vor allem die ‚großen Gründerfiguren' und die von ihnen konstituierten Arbeitszusammenhänge herausstellt und dabei auf breiter angelegte biographische Zugänge zur Entwicklung der Disziplin verzichtet.
- Schließlich fehlt es an empirisch gesicherten und nachvollziehbaren Daten über die neuere Fachentwicklung. Man stößt [...] zwar auf verschiedenste Thesen, aber kaum auf belegte und aussagekräftige Befunde.[32]

Diese drei Lücken stehen in einem inhaltlichen Zusammenhang: Während für die „erste Generation“[33] der universitär verankerten Politikwissenschaftler, die „Gründungsväter“,[34] neben kleineren Studien[35] auch einige ausführlichere Biografien und Werkanalysen vorliegen,[36] existieren für die nachfolgende – mittlerweile auch schon längst emeritierte – Generation außer kurzen, personenzentrierten Darstellungen kaum Arbeiten.[37] Ein von Arendes angedachtes „biographisches Handbuch zur deutschen Politikwissenschaft“[38] ist nach wie vor nicht realisiert, ebenso wie eine umfassende Darstellung, die wichtige Universitätsstandorte, dominierende Forschungsthemen (unter Berücksichtigung der einzelnen Unterbereiche des Faches) sowie bedeutende deutsche Fachwissenschaftler und Fachwissenschaftlerinnen (mit ihren Forschungsleistungen) der vergange-

---

32 Arendes 2005, 22.

33 Zum Generationenbegriff s. Kap. 2.

34 Hennis 1985, 130 (ebenso: Bleek 2001, 279; ähnlich: Noetzel/Rupp 1994, 7). – Unter diesen Politikwissenschaftlern befand sich tatsächlich keine „Gründungsmutter“. Auch heute ist die Politikwissenschaft in Deutschland nach wie vor eine „männliche Domäne“ (Arendes 2005, 162) und der Frauenanteil in Bezug auf die Professuren gering (2007 betrug er 21,2 %: Statistisches Bundesamt 2009, 153) – auch im Vergleich zu anderen deutschen Universitätsdisziplinen sowie im internationalen Vergleich (vgl. Arendes 2005, 203; vgl. ferner Ostendorf 2009). Um die unzulängliche Geschlechtergerechtigkeit der „Männersprache Deutsch“ (Pusch 1984) zu kompensieren, wähle ich in dieser Arbeit die zwar umständliche, doch lesefreundlichste Version der Ausschreibung beider Geschlechtsvarianten (sofern Personen beiderlei Geschlechts gemeint sind).

35 Vgl. Lietzmann 2001; Rupp/Noetzel 1991.

36 Vgl. Arendes 2005, 19, m.w.H., sowie Borchard 2007 (zu Dolf Sternberger, 1907-1989); Diers 2006 u. Urban/Buckmiller/Deppe 2006 (zu Wolfgang Abendroth, 1906-1985); Ladwig-Winters 2009 (zu Ernst Fraenkel, 1898-1975); Cooper/Bruhn 2008, Henkel 2010 u. Prader 2006 (zu Eric Voegelin, 1901-1985); Keßler 2007 (zu Ossip K. Flechtheim, 1908-1998).

37 Vgl. Rupp/Noetzel 1994. – Immerhin werden zaghafte Anfänge unternommen (vgl. z.B. die Dissertationen von Ulrike Quadbeck (2008) zu Karl Dietrich Bracher (*1922) und Stephan Schlak (2008) über Wilhelm Hennis sowie die Arbeit von Markus Porsche-Ludwig (2010) über Alexander Schwan (1931-1989)).

38 Arendes 2005, 205.

nen 60 Jahre synoptisch in den Blick nimmt (etwa in Form eines Sammelbandes).[39]

Warum aber ist die Geschichte eines Universitätsfaches nicht nur aus Sicht der historischen Wissenschaft interessant, sondern auch von Bedeutung für dieses Fach selbst?

Die Antwort darauf gibt bereits eine eng am Text geführte Interpretation des dieser Studie vorangestellte Mottos, i.e. John Seeleys (1834-1895) Feststellung, wonach „[p]olitical science without history has no root".[40] Denn, so gibt der Soziologe Wolf Lepenies (*1941) zu bedenken, „eine gewisse Kenntnis der Geschichte des eigenen Faches" stelle einen wichtigen „Bestandteil disziplinärer Bildung"[41] dar, der auch vielfältige forschungspraktische Aspekte impliziere:

> [D]ie Disziplingeschichte ist eine unschätzbare Quelle für neue Forschungsideen; Kontroversen können durch eine Aufdeckung ihrer historischen Wurzeln rationalisiert und daher leichter geschlichtet werden; nur eine genaue Kenntnis der Geschichte einer Disziplin hilft Doppelarbeit zu vermeiden und nicht auf Modetrends hereinzufallen; historische Kenntnisse unterstützen vor allem in der Forschung die Fehlerreduktion und erhöhen die Prognosefähigkeit des betreffenden Forschers [wie der Forscherin, Anm. CJ].[42]

Wilhelm Bleek hat dies mit einer treffenden Metapher verdeutlicht:

> Mit der Bedeutung der Geschichte der Politikwissenschaft für das Fach und seine Zukunft verhält es sich wie mit der Funktion des Kiels für ein Segelboot: Obwohl man diesen Teil meist nicht sieht, ist er doch unentbehrlich für die Stabilität zumal in stürmischen Zeiten. [...] [D]ie heutige Politikwissenschaft in Deutschland [kann] aus ihrer Geschichte vieles lernen. Nicht nur kann sie ihr entnehmen, welche Entwicklungspfade eher zu vermeiden sind und welche eher Erfolg versprechen. Auch kann sie erfahren, welche allgemeinen politischen, gesellschaftlichen und akademischen Bedingungen der Entwicklung des Faches eher hinderlich oder eher förderlich sind. Vor allem aber kann die Kenntnis der Vergangenheit des eigenen Faches dessen Selbstbewußtsein nach außen und nach innen stärken, ihm jene Identität verschaffen, die es legitimerweise beanspruchen kann. Insbesondere, um nochmals die nautische Metapher aufzunehmen, kann das Wissen von der eigenen Vergangenheit das Fach bei plötzlichen Wendemanövern und launischen Winden über Wasser halten.[43]

---

39 Damit sollen die Verdienste der bisherigen Forschung nicht gering geschätzt werden; besonders hervorzuheben sind hier die Arbeiten Arno Mohrs (1988; 1995) sowie Publikationen über einzelne Universitätsstandorte (vgl. für München Mayer-Tasch 1997 u. für Heidelberg Mohr/Nohlen 2008).

40 Dieses Motto haben übrigens sowohl Dieter Nohlen (*1939) als auch Klaus von Beyme ihrer Dissertations- (Nohlen 1970) bzw. Habilitationsschrift (Beyme 1970) vorangestellt. Dass beide „Heidelberger" sind, ist wohl kaum Zufall...

41 Lepenies 1981, XXVII.

42 Lepenies 1981, XXVII.

43 Bleek 2001, 457.

Die vorliegende Arbeit erhebt (auch) den Anspruch, einen kleinen Beitrag zu leisten, um die große Lücke der jüngeren Fachgeschichtsschreibung ein wenig zu verringern, und zwar indem sie nicht nur Gerhard Lehmbruchs Werk, sondern auch seinen intellektuellen Werdegang darlegt. Weshalb ist dies von Belang? Ich bin, ebenso wie Schmidt, der Auffassung, dass ein wesentlicher Schlüssel zum besseren Verständnis eines Werkes – und erst recht eines Lebenswerkes – in der Biografie des Verfassers bzw. der Verfasserin liegt.[44] Dies gilt meines Erachtens nicht nur für „schöngeistige" Literatur, sondern *auch* für wissenschaftliche Schriften, die Literatur im weiteren Sinne darstellen.[45] Weshalb hat er (oder sie) sich gerade diesen Problemstellungen gewidmet, und wieso tat er (sie) es auf diese Art und Weise? Um darauf Antworten zu finden, sind zunächst sozialisatorische Prägungen in Kindheit und Adoleszenz durch das engere soziale Milieu – Elternhaus, Verwandte, Freunde, die Schule und frühe Buchlektüre – sowie die Einbettung in ein weiteres gesellschaftliches Umfeld – die im 20. Jahrhundert im Wesentlichen nationalstaatlich konturierte soziopolitische und -kulturelle Alltagswelt – zu untersuchen.[46] Mögen diese frühen Einflüsse in Bezug auf ein wissenschaftliches Werk in vielen Fällen noch diffus erscheinen, beginnt spätestens mit dem Ende der Schulzeit und der Aufnahme eines Universitätsstudiums (oft verbunden mit dem Auszug aus den elterlichen Wohnräumen) die konkrete (fach-)wissenschaftliche Formung – durch Hochschuldozentinnen und -dozenten, Studieninhalte, belegte Lehrveranstaltungen

---

44 Insofern erscheint mir von Beymes Feststellung, „[e]xperiences of individual scholars are interesting only in the light of their consequences for the discipline" (Beyme 1997, 211), allzu restriktiv; meines Erachtens rechtfertigen schon die mittelbaren Konsequenzen auf die Fachdisziplin – über den Weg der Schriften des jeweiligen Autors, der jeweiligen Autorin – biografische Forschung.

45 Ich widerspreche hier entschieden der Ansicht des französischen Philosophen und Literaten Paul Valéry (1871-1945), der gemeint hat, „dass der Autor allem Anschein zum Trotz das Werk nicht erklären kann. Dieses ist das Produkt eines schöpferischen Prozesses, der sich zwar in ihm abspielt, ihn aber übersteigt und sich nicht auf ihn reduzieren lässt. Es ist also, um ein Werk zu verstehen, absolut sinnlos, Erkundigungen über den Autor einzuholen, da dieser bestenfalls eine Durchgangsstation ist." (so Bayard 2009, 35, über Valérys Auffassung). Wenn der Autor (oder die Autorin) aber lediglich „Durchgangsstation" wäre (und das Lesepublikum die „Endstation"), wo soll dann – um bei der Metapher zu bleiben – der „Anfangsbahnhof" sein?

46 Ich folge hier inhaltlich den Ausführungen des Soziologen Karl Mannheim (1893-1947): „Die Strukturiertheit menschlichen Bewußtseins ist durch eine bestimmtgeartete innere ‚Dialektik' charakterisierbar. Es ist weitgehend entscheidend für die Formierung des Bewußtseins, welche Erlebnisse als ‚erste Eindrücke', ‚Jugenderlebnisse' sich niederschlagen, und welche als zweite, dritte Schicht usw. hinzukommen. [...] Die ersten Eindrücke haben die Tendenz, sich als natürliches Weltbild festzusetzen." (Mannheim 1966, 536, H.d.O.obl.; ganz ähnlich auch Berger/Luckmann 1980, 152f.). Umfangreiche empirische Studien der jüngeren Sozialisationsforschung haben den großen Stellenwert von Elternhaus und Schullaufbahn für kulturelle, politische und religiöse Prägungen bestätigt und spezifiziert (vgl. Fend 2009).

sowie das studentische Umfeld (insbesondere Kommilitoninnen und Kommilitonen).[47]

Nun verhält es sich in der (spärlichen) fachhistorischen Forschung so, dass „[d]ie Darstellung von ‚Geistesgrößen' [..] in der Praxis weiterhin klar die Fachgeschichte der Politikwissenschaft [dominiert].“[48] (Bleek argwöhnt gar eine „hagiographische Tendenz“.[49]) Ich bin mir – als Kundiger auch der Geschichtswissenschaft – der Gefahr mangelnder wissenschaftlicher Distanz gegenüber dem Untersuchungsgegenstand bewusst: Schönfärberei, Glättung, ja Geschichtsklitterung können das Ergebnis sein. Auch ich, der Verfasser dieser Arbeit, bin auf vielfältige Weise durch die zuvor erwähnten Einflüsse geprägt.[50] Gerade deswegen habe ich versucht, die von Arendes angemahnte „gesunde reflexive Distanz“[51] zum Untersuchungsgegenstand zu wahren – indes ich mir im Klaren darüber bin, dass eine solche Distanz immer nur eine relative, nie eine absolute („objektive“) sein kann.

Dies leitet über zur dritten Rechtfertigung dieser Studie, die im Grunde auf nichts anderes zielt, als mit einem verbreiteten wissenschaftstheoretischen Missverständnis aufzuräumen und die Ausführungen des Sozialwissenschaftlers Max Weber (1864-1920) in seiner – nach wie vor wissenschaftstheoretische Maßstäbe setzenden – Schrift *Die „Objektivität“ sozialwissenschaftlicher und sozialpolitischer Erkenntnis* von 1904 an einem Fallbeispiel zu verdeutlichen.[52]

Einem weit verbreiteten Urteil zufolge konkurrieren „[d]rei klassische Paradigmen“[53] bzw. wissenschaftstheoretische Ansätze in der Politikwissenschaft:[54] die normativ-ontologische, die historisch- (bzw. kritisch-)dialektische und die empirisch-analytische (bzw. „erfahrungswissenschaftliche“[55]) Wissenschaftsauf-

---

47 Wiederum sei auf Karl Mannheim verwiesen, der hierzu bemerkt: „Mit dem 17. Lebensjahr, oft etwas früher, oft später, eben dort, wo das selbstexperimentierende Leben beginnt, entsteht erst die Möglichkeit des In-Frage-Stellens. Das Leben wächst erst jetzt in die ‚gegenwärtige' Problematik hinein und hat die Möglichkeit, sie als solche zu empfinden.“ (Mannheim 1966, 539).

48 Arendes 2005, 23.

49 Bleek 1996, 26.

50 Vgl. die Vorbemerkung zu dieser Arbeit.

51 Arendes 2005, 43.

52 Weber 1973a.

53 Alemann 1995, 124.

54 Vgl. zuerst Narr 1969, 41ff., dessen Unterscheidung in der Folge weithin rezipiert wurde, vgl. z.B. Alemann 1995, 124ff.; Alemann/Forndran 2002, 48ff.; Beyme 1992, 15ff.; Druwe 1995, 24ff.; Göhler et al. 2009, 373, Fn. 1; Stammen 1997, 44f.; Westle 2009, 22ff.; spöttisch-distanziert Kailitz 2007, XXIf. („Dreifaltigkeit der Politikwissenschaft“: ibid., XXII) u. Beyme 2007, 363 („Triasnarretei“).

55 So bereits 1904 Max Weber (1973a, 192, 199 u. öfter, auch „Wirklichkeitswissenschaft“: ibid., 170, H.d.O. obl.).

fassung.[56] Während der normativ-ontologische Ansatz von der metaphysischen (bzw. ontologischen) Frage nach der (unterschiedlich, z.B. neo-aristotelisch oder christlich begründeten) „guten und richtigen Ordnung des Gemeinwesens“[57] angeleitet ist und der historisch- (bzw. kritisch-)dialektische Ansatz auf dem Marxismus[58] aufbaut und in einer „totalen“ Gesellschaftsanalyse darauf zielt, „ideologische Verschleierungen der herrschenden Verhältnisse in Gesellschaft, Politik und Wirtschaft zu entlarven“,[59] liegt dem empirisch-analytischen Ansatz kein (implizit oder explizit) teleologisches Verständnis zugrunde; vielmehr ist sein Ziel „die Beschreibung, Erklärung und Prognose der Wirklichkeit.“[60]

Die „Gründungsväter“ der deutschen Politikwissenschaft waren (mit Ausnahme von Eric Voegelin und Arnold Bergstraesser)[61] seit jeher Gegner autoritär-totalitärer Herrschaftsformen und überzeugte Anhänger der freiheitlichen Demokratie; geprägt durch ihre Erfahrungen von erzwungener (bzw. „innerer“[62]) Emigration praktizierten sie – freilich mit individuellen Unterschieden – eine deutlich normativ konnotierte Politikwissenschaft im Sinne von „Demokratiewissenschaft“[63] (also eine im Wortsinne *politische* Wissenschaft), die unter später geborenen normativ-ontologischen Politologen freundliche Erwähnung fand,[64] während nachgeborene empirisch-analytische Politikwissenschaftler eher

---

56 Besser als jede trocken-theoretische Abhandlung veranschaulicht meines Erachtens der „Trialog“ zwischen dem normativ-ontologisch orientierten Wilhelm Hennis (*1923), dem kritisch-dialektisch gepolten Iring Fetscher (*1922) und dem empirisch-analytisch orientierten Jürgen W. Falter (*1944) aus dem Jahr 1987 die Auffassungsunterschiede der drei Wissenschaftsverständnisse (vgl. Falter et al. 1987; gekürzter Abdr. in: Alemann 1995, 129ff.).

57 Hennis 1985, 131. – Diese Rede Hennis’ (auf dem DVPW-Kongress 1984) darf ebenfalls als paradigmatisch für das normativ-ontologische Selbstverständnis angeführt werden (vgl. ferner die – diesbezüglich allerdings kritische – Laudatio Reinhard Mehrings (2009) auf Wilhelm Hennis anlässlich der Verleihung des Theodor-Eschenburg-Preises 2009).

58 Dieser konstituiert sich im Wesentlichen aus den Schriften von Karl Marx (1818-1883), Friedrich Engels (1820-1895) und Wladimir I. Uljanow, genannt Lenin (1870-1924).

59 Kailitz 2007, XXI.

60 Alemann 1995, 127. – In diesem Sinne auch schon Weber in seinem bereits erwähnten Aufsatz: „Eine empirische Wissenschaft vermag niemanden zu lehren, was er *soll*, sondern nur, was er *kann* und – unter Umständen – was er *will*.“ (Weber 1973a, 151, H.i.O. gesperrt).

61 Vgl. Beyme 1992, 17 (zu Voegelin); Mohr 1988, 143ff., u. Schultes 2010, 313ff. (zu Bergstraesser).

62 Der Begriff der „inneren Emigration“ ist allerdings problematisch, diente er doch zuweilen dazu, nationalsozialistisches Mitläufertum ex post zu exkulpieren (vgl. eingehender Mohr 1988, 162f.).

63 Beyme 1992, 21; ebenso Bleek 2001, Kap. 8; Göhler et al. 2009, 376; Mohr 1988, 292ff., Münkler/Krause 2003, 36ff.

64 So z.B. bei Hennis 1985, 130.

spöttische Geringschätzung äußerten über diese „‚Wissenschaft' mit unverhohlenem volkspädagogischen Impetus“,[65] die nach ihrem Geschmack noch zu wenig nach umfassend theoretisch fundierten Gesetzmäßigkeiten in der sozialen Wirklichkeit forschte.[66]

Dies änderte sich im Laufe der 1960er Jahre. Einerseits wurde die deutsche Politikwissenschaft zu einer „importierenden Wissenschaft“:[67] Eingeführt wurden vor allem Theorien, Methoden und *approaches* aus der stark empirisch orientierten US-amerikanischen *political science*.[68] Das gab der empirisch-analytischen Ausrichtung Auftrieb, und manche ihrer Vertreter verstiegen sich in ihrem Glauben, an der Spitze des sozialwissenschaftlichen Fortschritts zu stehen, zu teils tollkühnen Erwartungen.[69] Andererseits wurde das demokratienormativistische Politikwissenschaftsverständnis im Gefolge von „1968“ und der Studentenbewegung,[70] die etwa eine Dekade lang für eine neue geistige Grundstimmung in den Sozialwissenschaften sorgte, vom (ebenfalls normativ aufgeladenen) historisch- (bzw. kritisch-)dialektischen Ansatz in die Defensive gedrängt: „Kritische Politikwissenschaft“ bzw. „Politökonomie“[71] lauteten die neuen Schlüssel zu (vorgeblich) besserer sozialwissenschaftlicher Erkenntnis.[72] Zeitweilig stellten die Vertreter (und wenigen Vertreterinnen) dieses Ansatzes in der deutschen Politikwissenschaft zwar nicht die numerische Mehrheit, waren

---

65 So Jürgen Falter 2003, 223.

66 In diesem Sinne wiederum Falters (2003, 223) Charakterisierung der frühen deutschen Politikwissenschaft: „Viel Fakten, noch mehr Überzeugung und wenig Theorie“.

67 Hartmann 2003, 156.

68 Dazu ausführlicher Kap. 2.

69 Ein beredtes Zeugnis solcher „lofty aspirations“ (Pierson 2000, 266) lieferte 1970 der Mannheimer Politologe Rudolf Wildenmann (1921-1993) auf dem Weltkongress der IPSA in München, wo er meinte, man könne eines Tages eine „allgemeine Relativitätstheorie der politischen Entwicklung mit Voraussagequalitäten“ entwickeln (zit.n. Bleek 2001, 381; vgl. mit der Ernüchterung zeitlichen Abstands Falter 2003, 234).

70 Selbstredend befanden sich auch Studentinnen darunter (vgl. Kätzel 2002) – die „Männersprache Deutsch“ lässt grüßen. Die Literatur zu „1968“ und der Studentenbewegung umfasst (nach dem 40-jährigen Jubiläum, das reiche publizistische Ernte einbrachte) schon eine kleine Bibliothek. Für eine erste, unvoreingenommene Orientierung ist Gilcher-Holtey 2001 hilfreich; darüber hinaus sind Frei 2008 und das Handbuch Klimke/Scharloth 2007 empfehlenswert.

71 So die nicht ohne verächtliche Konnotation verwendeten Bezeichnungen in der Streitschrift des konservativen Politologen Hans-Joachim Arndt (*1923), der darin beklagt, dass die „doktrinär gehandhabte Marx-Exegese dieser ‚Kritischen Politikwissenschaft' [...] [zu] auffallende[r] Qualitätsminderung des wissenschaftlichen Niveaus“ geführt habe (Arndt 1978, 340). – Eine Zusammenfassung und kurze Kritik von Arndts Politikwissenschaftsverständnis bietet Mohr 1988, 4f.

72 Wiederum ist es Weber gewesen, der schon lange vorher die wissenschaftlichen Fallstricke eines so verstandenen Marxismus auseinander gesetzt hat (vgl. Weber 1973a [1904], 204f.).

aber doch – fachintern wie in der breiten Öffentlichkeit – die weitaus deutlicher zu vernehmenden Stimmen.[73] Diese Hausse hielt jedoch nur ein gutes Jahrzehnt an. Ende der 1970er Jahre zeigte sich,

> daß die große eruptive Kraft marxistischer Theorie [...] verlorenging. Die Ableitungen wurden immer akademischer, der einstige Praxisbezug des Marxismus immer verschwommener.[74]

Mitte der 1980er Jahre hatte der empirisch-analytische Ansatz

> weitgehend den Sieg davongetragen, weil er geeigneter als seine Konkurrenten erschien, die wie in allen Wissenschaften auch in der Politikwissenschaft zu beobachtende Kluft zwischen eher abstrakten Theorienbemühungen und mehr konkreter empirischer Feldforschung zu überwinden.[75]

In der bereits erwähnte Umfrage von Klingemann und Falter 1996/97 antworteten 64 % in ihren eingesandten Umfragebögen auf die Frage, welcher wissenschaftstheoretischen Richtung sie sich zurechneten, dass sie sich dem empirisch-analytischen Ansatz verpflichtet fühlten.[76] In der neuesten Umfrage von 2006, geleitet von Falter und Knodt, bildet sich diese Tendenz noch stärker ab; 73 % der Antwortenden fühlten sich hier der empirisch-analytischen Wissenschaftsrichtung zugehörig.[77]

Aus diesem Grund meint nicht nur Kailitz, dass es heute „nicht mehr sehr sinnvoll“[78] erscheine, auf die drei wissenschaftstheoretischen Kategorisierungen zu rekurrieren.[79] Stattdessen – so Kailitz' alternativer Vorschlag – seien die wissenschaftlichen Positionen

> besser auf einem Kontinuum zwischen den Extremen eines absolut wertneutralen Positivismus und eines reinen Normativismus abzutragen. [...] Fast alle gegenwärtigen Politikwissenschaftler [und Politikwissenschaftlerinnen, Anm. CJ] bewegen sich

---

73 Vgl. Bermbach 2003.

74 Beyme 2007, 121.

75 Bleek 2001, 378.

76 n=316, kritisch-dialektische Richtung: 20 %; normativ-hermeneutischer Ansatz: 15 %; andere Grundorientierung: 15 %; Einordnung abgelehnt: 2 %; keine Angabe: 5 % (vgl. Klingemann/Falter 1998, 316).

77 n=135 (weshalb der Autor und die Autorin selbst vermerken, dass „Zweifel an der Repräsentativität der Umfrage angebracht sind“: Falter/Knodt 2007, 148). Kritisch-dialektische Richtung: 10 %; normativ-hermeneutischer Ansatz 8 %; andere Grundorientierungen: 9 %; Einordnung abgelehnt: 3 %; keine Angabe: 2 % (vgl. Falter/Knodt 2007, 150).

78 Kailitz 2007, XXII; ähnlich Beyme 2007, 363.

79 Deshalb ist auch Johan Galtungs (*1930) halb ernst gemeinter Aufsatz über „intellektuelle Stile“ jedenfalls in Bezug auf den „teutonischen“ überholt (vgl. Galtung 1983, 322).

in einem Raum, der weit von den Polen eines reinen Positivismus und eines reinen Normativismus entfernt ist.[80]

Sofern diese beiden Extrempole als Idealtypen (im Sinne Max Webers)[81] zu verstehen sind, ist Kailitz beizupflichten: Nach wie vor gibt es Politikwissenschaftlerinnen und -wissenschaftler, die stärker normativ orientiert sind, und andere, die ein vorrangig empirisches Wissenschaftsverständnis pflegen. Allerdings irrt Kailitz, wenn er meint, die Debatte über Normativismus in der Politikwissenschaft gehe (allein) darum, ob empirisch-analytische Wissenschaft auch die normativen Grundlagen von Politik (verstanden im Sinne der begrifflichen Dreigliedrigkeit des Englischen) zu untersuchen habe;[82] dass sie das tun soll, ja muss, steht schon lange außer Streit.[83] So hat der – damals noch in Berlin lehrende – Manfred Schmidt in einer Rede auf dem DVPW-Kongress 1984, welcher unter dem Generalthema „Policy-Forschung" stand, ausgeführt:

> ‚Policies' sind Inhalte von politischen Entscheidungen, die – im Rahmen von restriktiven Bedingungen ökonomischer, sozialer und zeitlicher Art – durch politische Institutionen, Prozesse, Kräfteverhältnisse *und Ideologien* geprägt und deshalb ohne die letzteren nicht zu verstehen sind. [...] Politisch-institutionelle und politisch-prozessuale *und ideelle* Bedingungen prägen die Substanz politischer Entscheidungen in zeitlicher, sachlicher und sozialer Hinsicht in starkem Maße.[84]

Die Konfusion über Normen und Normativismus dreht sich vielmehr um das Weber'sche Postulat der „Wertfreiheit"[85] empirischer Wissenschaft,[86] von dem viele Forschenden offensichtlich annehmen, dass es sich auf möglichst vollständige Entsagung jeglicher Wertideen in der Forschung beziehe und gleichsam

80 Kailitz 2007, XXIIf.

81 Vgl. Weber 1973a, 190ff.

82 Vgl. Kailitz 2007, XXIIf. (dort rekurrierend auf Falter 2003, 230).

83 In diesem Sinne bereits Weber 1973b [1917], 499f.; vgl. auch Beyme 1992, 39.

84 Schmidt 1985, 139f. (H.d.V. CJ).

85 Weber 1973b. – Eine sehr gute Einführung in die Debatte sozialwissenschaftlicher „Wertfreiheit" bietet im Übrigen Lehmbruch in seinem politikwissenschaftlichen Einführungsbuch (vgl. GL 1968a, 40ff.). Zur Debatte über „Wertfreiheit" in der frühen bundesrepublikanischen Politikwissenschaft vgl. auch Mohr 1988, 287ff.

86 Der Klarheit halber sei hier etwas Selbstverständliches betont: Zur empirischen Wissenschaft ist selbstredend *nicht* die Politische Philosophie zu zählen, in der sich die Problematik der Normenbegründung permanent mit größter Vehemenz stellt (vgl. Weber 1973b, 503ff.; vgl. ferner Druwe 1995, 191ff., 394ff.).

höchstmögliche „Objektivität" anmahne.[87] Eine solche Lesart Webers ist jedoch ein großes Missverständnis.[88]

Zunächst: ein nicht-diskriminierender Wissenschaftsaustausch muss Argumente ohne Ansehen der Forschungspersönlichkeit diskutieren – darauf haben u.a. der Soziologe Robert Merton und der Historiker Thomas Nipperdey (1927-1992) hingewiesen: „Aus der Logik der Wissenschaft folgt also eine Basisethik."[89]

Zweitens ist das „Wertfreiheitspostulat" in noch einem weiteren Punkt zu präzisieren: Wir sozialwissenschaftlich Forschenden treffen die Auswahl und den Fragezuschnitt einer Problemstellung (notwendigerweise) stets auf Grundlage von „Wertideen":

> [O]hne Wertideen des Forschers [und heute auch der Forscherin, Anm. CJ] gäbe es kein Prinzip der Stoffauswahl und keine sinnvolle Erkenntnis des individuell Wirklichen, und wie ohne den Glauben des Forschers an die Bedeutung irgendwelcher Kulturinhalte jede Arbeit an der Erkenntnis der individuellen Wirklichkeit schlechthin sinnlos ist, so wird die Richtung seines persönlichen Glaubens, die Farbenbrechung der Werte im Spiegel seiner Seele, seiner Arbeit die Richtung weisen. [...] Daraus folgt nun aber selbstverständlich nicht, daß auch die kulturwissenschaftliche Forschung nur Ergebnisse haben könne, die ‚subjektiv' in dem Sinne seien, daß sie für den einen gelten und für den andern nicht. Was wechselt, ist vielmehr der Grad, in dem sie den einen interessieren und den andern nicht.[90]

Empirisch-analytische Sozialwissenschaft ist daher zwar immer „Wirklichkeitswissenschaft" in dem Sinne, dass sie keine Präskriptionen erteilt, sondern versucht, „verstehend zu erklären"[91] und „[d]ie Problemstellungen [...] ‚wertfrei' zu beantworten"[92] – im Sinne des Rationalitätspostulats.[93] Sie ist aber zugleich verknüpft mit dem subjektiven Erfahrungs- und Wertehorizont des (bzw. der)

---

87 Vgl. Popper (1969, 114, H.d.O.obl.), der richtig bemerkt: „Objektivität und Wertfreiheit sind ja selbst Werte!" – Folgerichtig führt Weber die „Wertfreiheit" auch immer in Anführungszeichen an.

88 Wilhelm Hennis etwa räumt dieses ehemalige Missverständnis für sich selbst freimütig ein (vgl. Hennis 1996, 157, Fn. 6; ähnlich id. 1999, 367). Später hat er sich in ebenso streitlustigen wie luziden Texten mit eben dieser Thematik auseinander gesetzt (vgl. Hennis 1996, Teil II).

89 Nipperdey 1986b, 225. – Die Elemente dieser „Basisethik", die so wenig anspruchsvoll gar nicht ist, werden ausgeführt bei Merton 1973, Kap. 12.

90 Weber 1973a, 182, 183f. (H.d.O.obl.); vgl. auch Nipperdey 1986b, 220. – Mit Renate Mayntz (2009a, 29) ist außerdem anzufügen, dass „[d]er Bezug auf (historisch relative) Wertideen [...] auch unsere Aussagen wertend ein[färbt]. [...] Es gibt nur relativ wenige sozialwissenschaftliche Kernbegriffe ohne jegliche wertende Akzentuierung."

91 Weber 1973b, 503 (H.d.O.obl.).

92 Weber 1973b, 511.

93 Vgl. hierzu Druwe 1995, 21ff.; Westle 2009, 18ff.

Forschenden, sodass, um mit Weber zu sprechen, „Kultur- und das heißt: *Wert*interessen es sind, welche auch der rein empirisch-wissenschaftlichen Arbeit die *Richtung* weisen."[94] Ich will mit der vorliegenden Untersuchung zu Gerhard Lehmbruchs Werk auch diese These beispielhaft empirisch belegen – und nach Möglichkeit spezifizieren, welche „Farbenbrechung" im Lehmbruch'schen „Spiegel" auszumachen ist. Gleichzeitig ist dies eine weitere Antwort auf die Frage, weshalb eine eingehendere Betrachtung des intellektuell-wissenschaftlichen Lebensweges gerechtfertigt ist: Sie ist bezüglich der interessierenden Erkenntnis sogar eine conditio sine qua non!

Die drei ausgeführten Zielsetzungen stecken den Rahmen für die Gliederung der folgenden Kapitel.

In Kapitel 2 wird zunächst der wissenschaftliche Lebenslauf Gerhard Lehmbruchs nachvollzogen. Neben mehreren von ihm verfassten autobiografischen bzw. autobigrafisch gefärbten Redemanuskripten, Nachrufen und Festschriftbeiträgen[95] habe ich zwei autobiografische Manuskripte herangezogen, die Gerhard Lehmbruch mir freundlicherweise zur Verfügung gestellt hat (den ausführlichen Text *Jugenderinnerungen*, der die Zeit bis Juni 1945 erfasst, und die zeitlich daran anschließende, kürzere Schrift *In einem anderen Deutschland*);[96] darüber hinaus habe ich ein längeres Interview mit ihm führen können, das einesteils die vorgenannten Quellen ergänzen, andernteils der Erhellung dort unter- oder unbeleuchteter wissenschaftsbiografischer Details dienen soll.[97] Ich bin mir dabei sowohl der Vorzüge als auch der Nachteile bzw. Einschränkungen dieser Quellengattungen völlig im Klaren.[98] Zwar ist Gerhard Lehmbruch selbst durch

---

94 Weber 1973b, 512 (H.i.O. gesperrt). – Der missverständlichen Interpretation des „Wertfreiheitspostulats" ist es auch geschuldet, dass die Losung „[d]e nobis ipsis silemus" (Kohli 1981, 431) zum wissenschaftlichen „Ich-Tabu" geführt hat, das sprachlich „manipulative Argumentationsstrategien" zeitigen kann (vgl. Stary/Kretschmer 2004, 143ff.) und deshalb wissenschaftlich gerade *nicht* lauter ist. Wo in der vorliegenden Studie tatsächlich „ich" gemeint ist, wird deshalb auch „ich" verwendet.

95 GL 1990b; 1993c; 1996e; 1997b; 1999c; 2000c; 2001; 2003e; 2003f.

96 GL 2009b; 2010c. – Ergänzend habe ich E-Mail-Korrespondenz mit Gerhard Lehmbruch hinzugezogen (GL 2009a; 2009c; 2010a; 2010d; 2010e).

97 Das Gespräch wurde am 26. Januar 2010 in Tübingen als diachrones Leitfaden-Interview geführt, auf drei Tonbänder aufgezeichnet, transkribiert und ist im Internet abrufbar (im Folgenden zitiert als GL 2010b).

98 Da der Interviewte Kenntnis von der weiteren Verbreitung des Interviews hat, spricht er „nicht bloß zu sich selbst und zum Interviewer, sondern über den Interviewer auch zur größeren Gemeinschaft und deren Geschichte, so wie er sie sieht" (Grele 1980, zit.n. Fuchs-Heinritz 2009, 259). Ferner ist zu beachten, dass „lebensgeschichtliche Erzählungen immer Rekonstruktionen der Vergangenheit aus dem Heute" (Fuchs-Heinritz 2009, 53) und damit „Medien der Erinnerung an Erinnerungen" (Welzer 2000, 61) sind, weshalb die Vergangenheit auch „geschmeidig, biegsam und dauernd im Fluß für unser Bewußtsein [ist], je nachdem die Erinnerung sie umdeutet und neu auslegt, was sich ereignet hat" (Berger 1970, 67). Weil beim Rückblick auf einen Zeitpunkt auch damals zu-

zahlreiche Experteninterviews und teilnehmende Beobachtungen sehr gut mit diesen sozialwissenschaftlichen Methoden vertraut. Wie eine Untersuchung autobiografischer Texte von Zeithistorikern belegt, darf von solcher wissenschaftlichen Schulung aber nicht auf eine größere „Objektivität" des Erinnernden geschlossen werden.[99] Es gilt, was Iring Fetscher seinen Lebenserinnerungen vorausgeschickt hat:

> Niemand hat ein völlig wahrheitsgemäßes Bild seiner eigenen Vergangenheit. [...] Die Auswahl, die unser Gedächtnis vornimmt, erfolgt stets zu unseren Gunsten, wenn wir uns auch noch so sehr um Ehrlichkeit bemühen.[100]

Ein wichtiger Beweggrund für das Interview war allerdings explizit, die subjektive Einschätzung und Bewertung Lehmbruchs in Bezug auf die eigene Wissenschaftskarriere kennen zu lernen – diesbezüglich geht das Diktum vom „Zeitzeugen als (natürlichem) Feind des Historikers"[101] ins Leere. Hier liegt im Gegenteil die besondere Stärke einer erzählten Lebensgeschichte: Durch sie können die „jeweiligen handlungsleitenden Orientierungen"[102] besser als durch andere Quellen erschlossen werden. Hinsichtlich des „referentiellen Gehalts von Erinnerungen" liegt freilich „[d]ie einzige Lösung [...] darin, ihren rekonstruktiven Charakter zu akzeptieren und ‚in Rechnung zu stellen.'"[103] Interpretationen werden im Folgenden mit dementsprechender Vorsicht vorgenommen. Soweit Fakten aus dem Interview zitiert werden, war ich bemüht, sie im Rahmen meiner Möglichkeiten zu überprüfen.[104]

Die Kapitel 3 bis 5 sind der inhaltlichen Auseinandersetzung mit Lehmbruchs politikwissenschaftlichem Werk unter den vorgenannten Gesichtspunkten gewidmet, wobei jeder dieser Abschnitte einen Forschungsschwerpunkt näher beleuchtet. Die Auswahl der Schwerpunkte erfolgte dabei unter Berücksichti-

---

künftige Ereignisse bekannt sind, ist die „zeitliche Anordnung der Erlebnisse und Vorgänge [...] in jedem Falle eine nachträglich gewonnene Strukturierungsleistung" (Fuchs-Heinritz 2009, 56), die „möglicherweise anderen Einschnitten folgt als die Geschichtsschreibung" (ibid., 295) und durch ihre „Rekonstruktivität einen gewissen Druck zur Kontinuität [erzeugt]" (Kohli 1981, 452). Ich teile aber nicht die radikale Ansicht, dass aus den zu beachtenden Interpretationsrestriktionen folgt, Autobiografien und Interviews seien als Quellen unbrauchbar, im Gegensatz zu nicht vom Untersuchenden generierten schriftlichen Quellen, die eine „objektivere" Sicht böten („quod non est in actis non est in mundi": vgl. hierzu kritisch schon GL 1968a, 86f.); „denn nahezu alle Quellen der Historiographie sind subjektiv oder von Subjekten geschrieben, die in Interessenkonstellationen leben und arbeiten." (Plato 2000, 25).

99 Vgl. Sabrow 2002.

100 Fetscher 1995, 9.

101 Zit.n. Jarausch 2002, 10; vgl. auch Hockerts 2002.

102 Kohli 1981, 441.

103 Kohli 1981, 448.

104 Wo dies nicht geschehen konnte, verbleibt die Wiedergabe im Konjunktiv.

gung der nationalen und internationalen Rezeption durch die Gemeinschaft der politikwissenschaftlich Forschenden.[105] (Gerhard Lehmbruch selbst will „nicht unbedingt darauf reduziert werden".[106]) Weitere Forschungsleistungen Lehmbruchs konnten angesichts der notwendigen Beschränkungen in Inhalt und Umfang nicht aufgenommen werden; sie finden aber im zweiten, biografischen Kapitel Erwähnung.

In Kapitel 6 wird schließlich das Lehmbruch'sche Œuvre unter den bereits ausgeführten beiden Gesichtspunkten in einer seine einzelnen Forschungsthemen übergreifenden Weise kritisch beleuchtet.

Im Schlussteil (Kapitel 7) werden die gewonnenen Erkenntnisse zusammengefasst. Auf dieser Grundlage soll eine kritische Gesamtwürdigung von Gerhard Lehmbruchs politikwissenschaftlichem Werk erfolgen.

---

[105] Vgl. z.B. Köppl/Nerb, 290f., oder Philip Manows Würdigung Lehmbruchs zu dessen 80. Geburtstag in der *Frankfurter Allgemeinen Zeitung* (Manow 2008).

[106] GL 2009a.

2. Gerhard Lehmbruch: eine wissenschaftliche Biografie

Bezeichnet man die Alterskohorte um Arnold Bergstraesser (1896-1964), Ernst Fraenkel (1898-1975), Eric Voegelin (1901-1985), Theodor Eschenburg (1904-1999), Wolfgang Abendroth (1906-1985) und Dolf Sternberger (1907-1989) als „erste Generation"[1] der genuin politikwissenschaftlich Lehrenden und Forschenden in der Bundesrepublik Deutschland, die ihre politische Sozialisation in der wilhelminischen Monarchie und den ersten Jahren der Weimarer Republik erfahren und ihre akademische Ausbildung in verschiedenen geistes- oder sozialwissenschaftlichen Studienrichtungen erworben haben,[2] so ist Gerhard Lehmbruch – als in der Weimarer Republik Geborener – der „zweiten Generation"[3] zuzurechnen. Deren Angehörige mussten zwar ihre ersten akademischen Meriten noch in anderen Fächern erwerben – Hennis (*1923) spricht von der „Zwischengeneration"[4] –, konnten sich aber dann „erstmals in der Geschichte der Disziplin als Politikwissenschaftler habilitieren"[5] und erhielten eine entsprechende Venia Legendi.

Gemeinsam ist jenen „der Jahrgänge 1919 bis 1933 [...] die Erfahrung eines menschenverachtenden totalitären Systems, dem sie wenig entgegensetzen konnten. [...] Ein weiteres einschneidendes Erlebnis dieser Generation markiert

---

1 „Generation" wird hier im Sinne von Karl Mannheims Definition für den von ihm geprägten Begriff der „Generationslagerung" verwendet, d.h. „[m]an muß im selben historisch-sozialen Raume – in derselben historischen Lebensgemeinschaft – zur selben Zeit geboren sein, um ihr zurechenbar zu sein, um die Hemmungen und die Chancen jener Lagerung passiv zu ertragen aber auch aktiv nützen zu können." (Mannheim 1966, 542). Einen „Generationszusammenhang" im Mannheim'schen Sinne konstituiert weder die erste noch die zweite Generation der deutschen Politikwissenschaftler, weil dafür noch „eine konkrete Verbindung" hinzukommen muss: die „Partizipation an den gemeinsamen Schicksalen dieser historisch-sozialen Einheit" (ibid., H.d.O.obl.). Die Schicksale aber waren für die Angehörigen beider Generationen jeweils sehr unterschiedliche (für die erste Generation sind in der NS-Zeit mindestens drei zu verbuchen: erzwungene Emigration durch nationalsozialistische Verfolgung, freiwillige Emigration sowie Ausharren in NS-Deutschland; und auch die zweite Generation ist durch mindestens zwei fundamental verschiedene Schicksale gekennzeichnet: jenes der Kriegsflüchtlinge und dasjenige derer, die nicht fliehen mussten).

2 Bergstraesser war habilitierter Nationalökonom, Fraenkel wurde mit einer arbeitsrechtlichen Dissertation promoviert, Eric Voegelin war promovierter Staatsrechtler, Theodor Eschenburg Doktor der Geschichtswissenschaft (vgl. unten Fn. 114), Abendroth konnte eine Promotion im Völkerrecht vorweisen und Sternberger hat seinen Doktorgrad mit einer philosophischen Arbeit über ein Werk Martin Heideggers (1889-1976) erworben.

3 So übrigens auch Lehmbruchs eigene Charakterisierung (vgl. GL 1993c, 3; 1995c, 331).

4 Hennis 1985, 127.

5 Noetzel/Rupp 1996, 86; vgl. auch Noetzel/Rupp 1994.

der 8. Mai 1945."[6] Auch wissenschaftlich unterscheiden sich jene der ‚zweiten Generation' von ihren politologischen Lehrern, indem sie sich – im Gegensatz zu diesen nicht bloß „eklektizistisch" – öffneten gegenüber „internationalen, besonders in Großbritannien und den USA geführten Debatten über Theorie und Methodologie politischer Wissenschaft"[7] – es war de facto eine „durchgehende Internationalisierung und Modernisierung der Politikwissenschaft"[8] unter angloamerikanischen Vorzeichen: „[D]ie deutsche Politikwissenschaft [wurde] zur importierenden Wissenschaft."[9]

Gerhard Lehmbruchs Œuvre ist durch beides gekennzeichnet: Einerseits ist es zutiefst geprägt durch seine individuellen Erfahrungen als Heranwachsender, der unter dem nationalsozialistischen Regime im gesellschaftskulturell heterogenen deutsch-polnischen Grenzgebiet groß wurde und 1945 von dort fliehen musste. Andererseits zeichnet es sich durch Innovationen aus, die hervorgingen aus der kritischen Aufgeschlossenheit des jungen Politologen Lehmbruch gegenüber neuen angloamerikanischen Konzepten in der politischen Theorie und Methodenlehre.

Gerhard Lehmbruch[10] wurde am 15. April 1928 in Königsberg geboren, das damals Teil der ostpreußischen Exklave in Polen war.[11] Bis zu seinem sechsten Lebensjahr wuchs er in Klein Dexen auf, einem Dorf südlich von Königsberg mit „wenig mehr als vierzig Einwohner[n]."[12] Seine Mutter Erna (geborene Müller) (1896-1984) stammte aus einem protestantischen Pfarrershaus auf dem Lande, rund 50 Kilometer östlich von Klein Dexen.[13] Sein Vater Werner Lehmbruch (1893-1977) war dagegen in Berlin geboren worden und wuchs „als Sohn

6 Noetzel/Rupp 1996, 86f.

7 Noetzel/Rupp 1996, 88.

8 Arendes 2005, 88.

9 Hartmann 2003, 156. – Arendes (2005, 124) spricht gar von „der gängigen Kolonialisierungsthese durch die amerikanische Politikwissenschaft", und Bleek meint hinsichtlich der „an der universalen Forschungsdebatte" in der IPSA (vgl. hierzu Coakley/Trent 2000) teilnehmenden Politikwissenschaftler und -wissenschaftlerinnen, diese seien „ein zwar international zusammengesetzter Chor, der aber überwiegend nur amerikanische Kompositionen zur Aufführung bringt." (Bleek 2001, 410).

10 Seinen Taufnamen erhielt er in Erinnerung an seinen Onkel Gerhard Lehmbruch, der 1916 als Siebzehnjähriger bei Verdun gefallen war und dessen Fotografie in Lehmbruchs Elternhaus „einen herausgehobenen Platz [hatte]." (GL 2009b, 9). Der Nachname dürfte von der ostpreußischen Bezeichnung „Bruch" für „eine sumpfige Landschaft" (ibid., 13) herrühren, die man auch zur Ortsbeschreibung von dort siedelnden Menschen verwendete (die „im Bruch" lebten: ibid.).

11 Heute heißt es Kaliningrad und ist Teil der russischen Exklave im Baltikum.

12 GL 2009b, 3. – Darin unterscheidet Lehmbruch sich von der Mehrzahl seiner politikwissenschaftlichen Kolleginnen und Kollegen, die einen urbanen Herkunftshintergrund aufweisen (vgl. Arendes 2005, 165).

13 Vgl. GL 2009b, 4.

eines mittleren Militärbeamten in verschiedenen Garnisonsstädten der Mark Brandenburg und Schlesiens"[14] auf. Beide hatten sich während des Studiums der evangelischen Theologie in Berlin kennen gelernt.[15]

Gerhard Lehmbruch war ihr Erstgeborener. Die „Mutterrolle" wurde nun für Erna Lehmbruch „zum Hauptinhalt ihres Lebens",[16] zumal 1930 der Bruder Hans(-Gotthard) und 1932 die Schwester Elisabeth auf die Welt kamen.[17]

Lehmbruch erinnert sich an seine Mutter als „eine kluge und tatkräftige Frau, spontan und herzlich im Umgang mit ihrer Umwelt, aber uns Kindern vermittelte sie vor allem ein starkes Gefühl der Geborgenheit."[18] Die Mutter sei es auch gewesen, die ihm bei seinen neugierigen Bemühungen als Vierjähriger half, das Lesen und Schreiben zu erlernen.[19] Der Vater Werner dagegen, seinerseits geprägt durch einen Vater von „tyrannische[r] Strenge",[20] sei aufgrund seiner Tätigkeit als protestantischer Landpfarrer in einem Kirchspiel mit weitem geografischem Radius nicht nur wenig zu Hause gewesen, sondern auch emotional sehr distanziert; der Sohn hat ihn als „strenge Autorität",[21] ja sogar als „übermächtigen Vater"[22] in Erinnerung. Lehmbruch empfindet, in seinem Wesen vor allem durch seine Eltern geprägt worden zu sein, nicht so sehr durch gleichaltrige Spielkameraden.[23]

---

14 GL 2009b, 4.

15 Dass seine Mutter studiert hatte, war für die damalige Zeit durchaus ungewöhnlich. Baden war 1900 der erste Einzelstaat des Deutschen Reiches gewesen, der Frauen „versuchsweise" zur Immatrikulation zuließ (Schlüter 1992, 2; vgl. auch Albisetti 2007), und die preußischen Universitäten waren „[e]rst 1908 [...] für Frauen geöffnet worden." (GL 2009b, 5).

16 GL 2009b, 5.

17 Vgl. GL 2009b, 6. – Lehmbruchs Bruder Hans ist promovierter Kunsthistoriker und lebt jetzt im Ruhestand; die Schwester Elisabeth war als Gartenarchitektin tätig und starb 1996 (vgl. GL 2009c; 2010a).

18 GL 2009b, 5. – Auch die Großeltern mütterlicherseits hat er als „liebevoll und gütig" im Gedächtnis (ibid., 4); an die väterlichen Eltern erinnert er sich hingegen nicht (ibid., 13).

19 Vgl. GL 2009b, 5. – Ein Jahr darauf ging er schon zur Zeitungslektüre über (vgl. ibid., 16), und „Lesen blieb seither ein ganz wichtiger Teil" seines Lebens (ibid., 5).

20 GL 2009b, 7.

21 GL 2009b, 6. – Körperliche Züchtigung der Kinder, wie sie in dem evangelischen Pfarrershaus von Michael Hanekes Film *Das weiße Band* (2009) so beklemmend dargestellt wird (und z.B. in den Lebenserinnerungen von Arnold Brecht (1884-1977) fast exakte nonfiktionale Entsprechung findet: vgl. Brecht 1966, 22), sei jedoch nicht vorgekommen (vgl. GL 2009b, ibid.).

22 GL 2010c, 4.

23 Beim Lesen seiner Lebenserinnerungen erhält man den Eindruck eines eher stillen Kindes, das „einen deutlichen Hang zur Eigenbrötelei hatte" (GL 2009b, 31) und sich beim Spielen stundenlang alleine beschäftigen konnte, „nur von meiner Phantasie angeleitet." (ibid., 16).

Bildtafel 1

Abb. 1: Erna und Werner Lehmbruch mit ihren Kindern Hans (links), Elisabeth und Gerhard vor der Veranda des Rehhofer Pfarrhauses, vermutlich Sommer 1939.

Bildtafel 2

Abb. 2: Die Mutter Erna Lehmbruch mit ihren Kindern Hans (links), Elisabeth und Gerhard vor dem evangelischen Pfarrhaus in Rehhof, ca. Sommer 1939.

Abb. 3: Gerhard Lehmbruch, 12- oder 13-jährig, in der HJ-Uniform des „Deutschen Jungvolks", die im Volksmund „Pimpfe" geheißen wurden.

Abb. 4: Die Eltern Erna und Werner Lehmbruch, circa 1955, in Weferlingen (heute Landkreis Börde, Sachsen-Anhalt).

Bildtafel 3

Abb. 5: Gerhard Lehmbruch im Februar 1951 als Student der evangelischen Theologie in Tübingen.

Abb. 6: Der Ordinarius und sein ehemaliger Assistent: Theodor Eschenburg (rechts) und Gerhard Lehmbruch im Oktober 1969.

*Abb. 7: Ein Deutscher (fast) allein unter Österreichern. Aufnahme von der Abschlussdiskussion der Tagung „Corporatism in Comparative Perspective" des Ludwig-Boltzmann-Instituts für Historische Sozialforschung vom 12.-13. April 1984 in Salzburg. Von links nach rechts: der Jurist und damalige Wissenschaftsminister Heinz Fischer (seit 2004 österreichischer Bundespräsident, *1938), der Sozialforscher Bernd Marin (damals stellvertretender Leiter des Instituts für Konfliktforschung Wien, *1948), der Zeithistoriker und Tagungsleiter Gerhard Botz (damals Professor für Österreichische Geschichte an der Universität Salzburg, *1941) und die Politikwissenschaftler Anton Pelinka (damals Professor an der Universität Innsbruck, *1941), Gerhard Lehmbruch und Juan Linz (Professor an der Universität Yale, dort heute emeritiert, *1926).*

Bildtafel 4

Abb. 8: Gerhard Lehmbruch 1981/82 als Fellow of the Woodrow Wilson International Center for Scholars, Washington D.C.

Abb. 9: Gerhard Lehmbruch auf dem Symposion der Universität Konstanz am 18. April 2008 zu Ehren seines 80. Geburtstages.

Abb. 10: Am 10. September 2009 wurde Gerhard Lehmbruch in Potsdam mit dem „Lifetime Achievement Award" des ECPR ausgezeichnet. Mit ihm freute sich u.a. sein langjähriger Forscherkollege Philippe Schmitter (links).

Das Jahr 1933 hat Lehmbruch weniger als Beginn „der Herrschaft der staatlich organisierten Geistlosigkeit“[24] in Erinnerung, sondern vor allem als das Jahr des Umzugs nach Rehhof (heute polnisch: Ryjewo), einen im Vergleich zu Klein Dexen „große[n] und geschäftige[n] Ort“ mit rund 2.500 Einwohnern und reichlich Infrastruktur, etwas nördlich von Marienwerder (heute polnisch: Kwydzin) und zwölf Kilometer östlich der Weichsel gelegen, welche seit 1920 die Grenze zu Polen war.[25] In Rehhof war nicht nur das Idiom der Heimischen ungewohnt, auch deren identitäres Selbstverständnis – als „Westpreußen“ – war ein anderes, und so erinnert Lehmbruch, sich „immer ein wenig als Außenseiter gefühlt“ zu haben.[26] (Bis auf den heutigen Tag empfindet er sich – trotz seiner mittlerweile über 50-jährigen Ansässigkeit im deutschen Südwesten – „als Ostpreuße“[27]).

Und noch etwas war neu für ihn in Rehhof: Das Dorf war konfessionell gemischt – Katholiken- und Protestantenanteil hielten sich in etwa die Waage[28] – mit „zwei getrennte[n] Bekenntnisschulen“.[29] Lehmbruch fühlte sich in der Volksschule „von Anfang an völlig unterfordert“, langweilte sich „zu Tode“ und übersprang schließlich die letzte Klasse.[30] Er besuchte dann ab 1937 als „Fahrschüler“[31] die „Oberschule für Jungen“ im 14 Kilometer entfernten Marienwerder.[32] Dort war er – als „sportlich ganz ungeübt[er] [...] Benjamin der Klasse“ – „kein glücklicher Schüler.“[33]

Eine vierte Tatsache war für den Fünfjährigen fremd in Rehhof: Eine Minderheit der Bevölkerung sprach eine andere Sprache, das Polnische, „und auch Zweisprachigkeit war recht verbreitet.“[34] Die „kulturelle Fragmentierung“[35] durch die „verschiedenartigen Kulturen und Konfessionen“[36] habe, so meint er, seine „Wahrnehmung gesellschaftlicher Wirklichkeit von früh an geprägt.“[37]

Indes evozierten die beiden „kulturellen Scheidelinien“[38] Konfession und Sprache – die im Übrigen nicht deckungsgleich waren[39] – im Alltagsleben selten

---

24 So Lehmbruch 1958 über die nationalsozialistische Herrschaft (GL 1958, 6).

25 Vgl. GL 2009b, 11f., 24f. (Zitat S. 11).

26 Vgl. GL 2009b, 14f. (Zitat S. 14).

27 GL 2009b, 14.

28 Vgl. GL 2009b, 19.

29 GL 2009b, 15, vgl. auch ibid., 18.

30 Vgl. GL 2009b, 15, 41 (Zitate ibid.).

31 GL 2009b, 27.

32 Vgl. GL 2009b, 25.

33 GL 2009b, 26.

34 GL 2001, 284.

35 GL 2009b, 20.

36 GL 2009b, 34.

37 GL 2001, 284; vgl. id. 2009b, 20 u. 1997b, 193.

38 GL 2009b, 38.

Spannungen, „weil es kaum engere Kontakte gab“, sodass man „ziemlich problemlos miteinander aus[kam].“[40] Lehmbruch ist z.B. „nicht erinnerlich, dass ich etwa irgendwelche katholischen Spielkameraden gehabt hätte. [...] Erst in der Hitlerjugend kam ich dann mit Katholiken häufiger zusammen.“[41] In die HJ war er im Frühjahr 1938 als „Jungvolkjunge“ (im Volksmund „Pimpfe“ genannt) aufgenommen worden; er erinnert sich vor allem an die „frühe Eingewöhnung ans Paradieren“[42] und glaubt, es sei besonders den ubiquitären „Sportwettkämpfen“ geschuldet gewesen, dass er „eine eigentümliche innere Distanz zur Hitlerjugend entwickelt[e]“.[43]

In den Jahren vor Beginn des Zweiten Weltkriegs trat für den Heranwachsenden eine spürbare Veränderung im sozialen Miteinander ein:

> Was da an nachbarschaftlichen Beziehungen erhalten geblieben war, wurde [..] in den Jahren der NS-Herrschaft systematisch zerstört. Vor allem suchte man in unserer Umwelt die Spuren polnischer Vergangenheit zu tilgen. Je näher man dem Kriegsausbruch kam, um so stärker wurde die Toleranz verdrängt [...]. [B]ei aller zielstrebig geschürten Feindschaft [war] in meinem Umkreis keine Spur von Begeisterung wahrzunehmen. Angesichts unserer Grenznähe löste die politische Zuspitzung vielmehr wachsende Beklemmung aus.[44]

Durch den deutschen Überfall auf Polen und den raschen militärischen Erfolg wurde allerdings „das beherrschende politische Trauma der Ostpreußen“, die „geographische Insellage“, vergessen gemacht, was „weithin als eine Rückkehr zur verlorenen Normalität der Vorkriegszeit [des Ersten Weltkrieges, Anm. CJ] empfunden [wurde].“[45]

Die protestantische Kirche hatte sich nach der Machtergreifung Hitlers in eine regimetreue Mehrheitskirche – die „Deutschen Christen“ (DC) – und eine vorsichtig dissentierende „Bekennende Kirche“ (BK) geteilt; Letztere stellte sich „gegen die Unterordnung der Kirche unter Zielvorstellungen der [NS-]Partei.“[46] Während bei den DC nach Ansicht von Vater Werner viele nationalsozialistische „Radikalinskis“[47] zu finden waren, engagierte dieser selbst sich in der BK, in der er eine zunehmend wichtige Rolle spielte.[48] Die Gegensätze zu den Deut-

---

39 Vgl. GL 2009b, 22.

40 GL 2009b, 19. – Auch für die polnische Sprachgruppe gab es eigene Schulen und in Marienwerder ein polnisches Gymnasium (vgl. GL 2009b, 21).

41 GL 2001, 284; GL 2009b, 19.

42 GL 2009b, 30.

43 GL 2009b, 32.

44 GL 2009b, 22, 42 (Letzteres ebenso in GL 2001, 287).

45 LG 2009b, 24.

46 GL 2009b, 32.

47 GL 2009b, 32.

48 Vgl. GL 2009b, 39.

schen Christen und den Nationalsozialisten verschärften sich immer mehr,[49] bis schließlich am 15. November 1937 für Gerhard Lehmbruch und seine Geschwister „die Realität des Dritten Reiches in die Welt unserer Kindheit ein[brach]": Gestapo-Männer[50] kamen ins Pfarrhaus und verhafteten den Vater – als „Staatsfeind".[51] Die Mutter habe daraufhin versucht, ihren Kindern das Geschehen zu erklären und gemeint, dass sie sich ihres verhafteten Vaters nicht zu schämen brauchten – im Gegenteil, sie „könnten stolz darauf sein."[52]

Für den neunjährigen Gerhard wurde „dieser Schock durch das Bewußtsein aufgewogen, daß mein Vater doch offenbar ein Held war".[53] Er hatte aber noch etwas anderes gelernt: Seine Familie und er waren im nationalsozialistischen Deutschland „Außenseiter [...] in einer feindlichen Umwelt":[54] „Man mußte ständig auf der Hut sein [...]. Denn die Umwelt war – von ein paar guten Freunden abgesehen – unberechenbar und unheilschwanger."[55] Das sei den Geschwistern Gerhard, Hans und Elisabeth von Elternseite auch eingeschärft worden, verbunden mit der Mahnung, in der Öffentlichkeit nie irgendetwas Politisches von sich zu geben, weil dies zum Anlass genommen werden könne, ihnen, den Eltern, das Erziehungsrecht zu entziehen.[56] Gerhard Lehmbruch schreibt, dass seine Eltern es aus dem gleichen Grund vermieden hätten, in Gegenwart ihrer Kinder politische Themen zu besprechen.[57]

60 Jahre nach der Verhaftung des Vaters durch die Gestapo meinte der älteste Sohn:

> My father remained an overwhelming authority, stern and courageous, and I was – and certainly continue to be – strongly imbued by his political attitudes. [...] The firm political beliefs held by my own father were not often found in the – generally conservative – milieu of German protestantism of that time.[58]

---

49 Vgl. GL 2009b, 32ff., sowie die quellennahe Darstellung von Koschorke 1976, in der auch Werner Lehmbruch genannt wird.

50 Zur nationalsozialistischen Geheimen Staatspolizei vgl. Boberach 2007 (m.w.H.).

51 GL 2009b, 36.

52 GL 2009b, 36.

53 GL 2009b, 36.

54 GL 2009b, 37.

55 GL 2009b, 37.

56 Vgl. GL 2009b, 78.

57 Vgl. GL 2009b, 78, der ebenda (77f.) ferner berichtet, dass sein Vater 1966 einen „Entwurf einer persönlichen Rechenschaftslegung" verfasst hat (aufgefunden in dessen Nachlass), in welcher die Sorge um das Wohl von Kindern und Ehefrau als Motiv des Schweigens ebenfalls thematisiert wird.

58 GL 1997b, 192f. – Es ist wohl nicht vermessen, wenn man hier gewisse intellektuelle Parallelen zwischen Werner Lehmbruchs Haltung und der – gleichfalls evangelisch-christlich fundierten – Ethik der Geschwister Hans (1918-1943) und Sophie (1921-1943) Scholl konstatiert (vgl. Selg 2006).

Nach der Haftentlassung wurde Werner Lehmbruch fast umgehend qua Wehrgesetz in eine „milizähnliche Formation“ berufen, die „Grenzwacht.“[59] Als solcher gehörte er zu den ersten Deutschen, die am 1. September 1939 in Polen einmarschierten.[60] Der im Ersten Weltkrieg als Fliegeroffizier mit mehreren Ehrenabzeichen belobigte Vater habe bald erkennen müssen, dass sein soldatisches Verständnis von „ritterliche[r] Kriegführung nicht mehr gelten sollte“.[61] Nachdem der Polenfeldzug beendet war, wurde Werner Lehmbruch an die Westfront verlegt, wo er am 29. Mai 1940 lebensgefährlich verletzt wurde.[62] Nach längeren Lazarettaufenthalten wurde er schließlich im Spätherbst 1941 aus der Wehrmacht entlassen.[63]

Mit Ausnahme des väterlichen Schicksals hat der heranwachsende Gerhard Lehmbruch bis 1944 nichts Unmittelbares vom Krieg mitbekommen. Er hat im Gedächtnis, während dieser Zeit als „Bücherwurm [...] in einer Welt der Bücher“ gelebt zu haben: Nicht Karl-May-Romane oder Tom-Shark-Heftchen (beides damals verbreitete Jugendlektüre) fesselten ihn jedoch, vielmehr führte er sich „vor allem historische Romane zu Gemüt“:[64] Gustav Freytag (1816-1895) war darunter, außerdem etliche Autoren „aus der nationalsozialistischen Ecke [...], und natürlich Ernst J[ü]ngers [1895-1998, Anm. CJ] ‚Stahlgewitter’ aus Vaters Bücherschrank.“ Weil ihn auch Fauna und Flora (und überhaupt die Naturwissenschaften) immer stärker interessierten – er streifte oft alleine oder mit seinem jüngeren Bruder Hans durch den Rehhofer Forst –, las er auch Technikromane von Hans Dominik (1872-1945) und kaufte sich vom Taschengeld „Bestimmungsbücher aus dem Kosmos-Verlag“ sowie die gleichnamige Zeitschrift.[65] So reifte in ihm langsam der Gedanke, beruflich einmal die Forstlaufbahn einzuschlagen, zumal seine Eltern gut mit dem Rehhofer Forstmeister bekannt waren.[66]

Aus der Zeit in der Oberschule hat Lehmbruch einige jüngere Lehrer, die „ausgesprochene Nazis“ gewesen seien, im Gedächtnis (u.a. seinen „erste[n] Englischlehrer, [...] ein sadistischer Prügler“);[67] diese wurden aber schon bald

---

59 GL 2009b, 41.

60 Mit seiner Kompanie war Werner Lehmbruch tatsächlich schon einmal am 25. August 1939 in Polen einmarschiert – ein Befehl, der in letzter Sekunde zurückgenommen worden war, trug die Schuld. Zum Glück für die Kompanie blieb dieser militärische Grenzübertritt in Polen unbemerkt (vgl. GL 2009b, 43).

61 GL 2009b, 44.

62 Vgl. GL 2009b, 44f.

63 Vgl. GL 2009b, 52.

64 GL 2009b, 53.

65 Vgl. GL 2009b, 54 u. 58 (Zitat S. 54).

66 Vgl. GL 2009b, 55.

67 GL 2009b, 55.

zur Wehrmacht eingezogen und durch ältere Semester ersetzt, weshalb „die Nazifizierung des Unterrichts [...] nur abgeschwächt“[68] spürbar gewesen sei. Unter ihnen ist ihm

> [a]m stärksten [...] der Studienrat Franz Brandenburger in Erinnerung geblieben, mein erster Klassenlehrer und langjähriger Geschichts- und auch Deutschlehrer. Er gab einen anschaulichen und fundierten Geschichtsunterricht, der mich fesselte, und Geschichte blieb mein Lieblingsfach. [...] Ich verdanke diesem Lehrer, daß ich mir einen ausgeprägten Sinn für Geschichte und historisches Denken aneignete.[69]

Während er für den Deutsch- oder Geschichtsunterricht keine genuin von nationalsozialistischer Ideologie angeleiteten Inhalte erinnert, wurde in Biologie auch „Rassenkunde“ durchgenommen, deren Quintessenz dem Halbwüchsigen jedoch „nicht recht einleuchten [wollte].“[70] Latein- und Griechisch-Unterricht konnten ihn nicht besonders begeistern, doch dem Französisch-Unterricht bei Studienrat Siegfried Klatt verdankte er die Lektüre des Buches *Lebendiges Frankreich*,[71] verfasst vom Journalisten Paul Distelbarth (1879-1963), das ihm „eine erste Vorstellung von der kulturellen Eigenart einer anderen, mir bis dahin unbekannten Nation [gab], und das bedeutete viel in jener Zeit.“[72]

Nachdem alle älteren Klassenkollegen 1943 zunächst für die Luftwaffenhilfe, dann die Wehrmacht von der Schule gehen mussten, blieb Gerhard Lehmbruch als Jüngster übrig. Mit Plazet seines Klassenlehrers sollte er in die achte Klasse der Oberschule für Mädchen versetzt werden,[73] was jedoch durch die Schließung aller achten Klassen „im Interesse des Kriegseinsatzes“[74] hinfällig wurde.

Die menschenverachtenden Implikationen des Nationalsozialismus wurden dem jungen Gerhard Lehmbruch in diesen Jahren durch verschiedene Beobachtungen und Erfahrungen allmählich bewusst. Er nahm wahr, dass man polnische Zwangsarbeiter „als Menschen zweiter Klasse“ behandelte,[75] und nach dem Pogrom des 9. November 1938 sei sein sonst so beherrschter Vater derart erregt

---

68 GL 2009b, 58.

69 GL 2009b, 56.

70 GL 2009b, 58. – Dabei durfte natürlich auch die pseudowissenschaftliche *Kleine Rassenkunde des deutschen Volkes* (Günther 1935) des notorischen NS-Rassenideologen Hans F.K. Günther (1891-1968) nicht fehlen.

71 Distelbarth 1935.

72 GL 2009b, 57. – Er fügt an: „Für mich wurde die Erinnerung an Distelbarth wieder lebendig, als ich in der französischen Provinz ein Dutzend Jahre später für meine Dissertation das betrieb, was die Sozialwissenschaftler ‚Feldforschung’ nennen.“ (ibid.).

73 Lehmbruch erinnert sich noch heute an die Zeugnisbeurteilung Brandenburgers, die da gelautet habe: „Seine Leistungen in den wissenschaftlichen Fächern beruhen auf seinem guten Gedächtnis und seiner Gewandtheit im Ausdruck. Ernstes Streben wird vermißt.“ (GL 2009b, 59).

74 So die Goebbel’sche Diktion (zit.n. GL 2009b, 60).

75 GL 2009b, 68.

gewesen, dass er sich am Mittagstisch seinem Zorn Luft verschafft habe.[76] Der jüdische Böttchermeister in Rehhof war eines Tages verschwunden; über das Schicksal der Deportierten wurde nur leise gemunkelt, sie würden in Arbeitslager „im Osten" verschafft. Lehmbruch erinnert sich, dass ihn dies erstaunt habe, weil darüber nichts in den Zeitungen zu lesen war. Als er dann im Spätherbst 1941, 13-jährig, in der vom Vater abonnierten Wochenzeitung *Das Reich*, die sich an ein intellektuell höher stehendes Lesepublikum wandte (und wohl gerade deswegen vom Reichsminister für Volksaufklärung und Propaganda Joseph Goebbels (1897-1945) persönlich herausgegeben wurde), den Goebbels'schen Leitartikel *Die Juden sind schuld!* las, habe sich ihm folgende „Schlußfolgerung fest ein[ge]prägt": „Die Drohungen, die Goebbels hier aussprach, konnten nur heißen – dessen war ich mir damals sicher –, daß die Juden umgebracht werden sollten."[77]

Wohl am nachdrücklichsten im Gedächtnis haften blieb ihm jedoch ein Ereignis, das er in einem autobiografischen Essay auch einem breiteren Publikum zugänglich gemacht hat. Im Herbst 1943 war er, der 15-jährige, zur Mithilfe bei der Kartoffelernte im Kreis Zempelburg (Sępólno Krajeńskie) verpflichtet worden – ein Gebiet, das bis 1939 zu Polen gehört hatte. Der Bauer Erdmann, dem er zugewiesen worden war, wohnte im Dorf Sittnow.

> Eines Nachmittags nahm unser Gast- und Arbeitgeber mich und meinen Klassenkameraden mit seinem Pferdefuhrwerk zu geschäftlichen Besorgungen [...] mit. [...] Auf der Rückfahrt machte er dann einen gewunden scheinenden Umweg, bis wir uns auf freiem Feld in der Nähe eines Wäldchens fanden. Im beginnenden Dämmerlicht des frühen Abends erblickten wir einen weit gestreckten, flachen Erdhügel. Dies, so sagte der Bauer Erdmann, sei ein Massengrab aus dem Spätjahr 1939. Damals seien alle Polen, die einen gewissen lokalen Einfluss hatten – von den Polizisten über die Lehrer zu den Bürgermeistern –, von der SS verhaftet und in ein Lager gebracht worden. Man habe sie unter ständigen Misshandlungen gezwungen, in der Kartoffelernte zu arbeiten, dann erschossen und hier verscharrt. Er, der Bauer Erdmann, habe uns dies zeigen wollen, damit wir verstünden, warum er sich schäme, ein Deutscher zu sein.[78]

Im Juni 1944 starteten die Sowjet-Truppen eine groß angelegte Offensive im Osten, und im Oktober hatten sie die Grenze zur Provinz Ostpreußen bereits weitflächig überschritten.[79] Im Juli 1944 wurde der 16-jährige Gerhard Lehm-

---

[76] Vgl. GL 2009b, 71.

[77] GL 2009b, 73. – Der Artikel erschien in der Ausgabe vom 16. November 1941 (vgl. Longerich 2006, 190ff., der auch den weiteren Kontext erläutert).

[78] GL 2001, 290. – Lehmbruch hat diese Erinnerung viel später anhand der historiografischen Untersuchung von Mathias Niendorf (1997) überprüft und konnte feststellen, dass seine „Erinnerung an die Vorgänge auch in Einzelheiten immer noch verläßlich war, einschließlich der Route, die der Bauer Erdmann mit uns zu dem Massengrab genommen hatte." (GL 2009b, 69).

[79] Vgl. GL 2009b, 82f.

bruch zum „Schanzen“ nahe Marienburg abkommandiert; einige Wochen später ging es für denselben Zweck in die Nähe der Stadt Thorn.[80] Im September oder Oktober 1944 wurden die jungen Kriegsarbeiter nach Hause entlassen. Nun drohte ihm die Aufnahme in den „Volkssturm“.[81] Ein „kurzes Intermezzo“ als „Jungwaldarbeiter“ beim Rehhofer Forstmeister bedeutete Aufschub.[82]

Am 12. Januar 1945 begannen die Sowjets einen großen Angriff entlang der Weichsel. Am 21. Januar 1945 hielt Werner Lehmbruch seinen letzten Gottesdienst in Rehhof ab, in dem er, wie sich der Sohn erinnert, von „Gottes Strafgericht über ein Volk“ gepredigt habe, das „ungeheure Schuld auf sich geladen hatte – ein Strafgericht, das Gerechte wie Ungerechte gleichermaßen traf.“[83]

Am selben Tag wurde von den Behörden bekannt gegeben, dass Frauen und Kinder evakuiert werden durften. Damit begann für Gerhard Lehmbruch eine rund sechsmonatige Trennung von seiner Familie, in welcher der Vater seinerseits zunächst einen von seiner Frau und den anderen Kindern getrennten Weg gehen musste:[84]

> It was not unexpected [...] that we had to flee from our home in 1945 at the approach of the Soviet army, and that we would never return. But the loss of our native country and the flood of extreme human misery which surrounded us in these months left traumatic memories. [...] As refugees we were strangers in an unhospitable environment. I had very vividly experienced the remaining salience of regional cleavages in the Germany of that time during the weeks when I wandered throughout the country, asking for food and shelter every evening. A fundamental awareness of being a stranger in my environment is something which has never left me since.[85]

Mit Hilfe des Rehhofer Försters gelangte Gerhard Lehmbruch nach Danzig, wo er sich einer Wehrmachtdivision der SA anschließen konnte und mit anderen Gleichaltrigen eine improvisierte Kurzausbildung zum Soldaten durchlief.[86] Er meint im Rückblick, der Kommandeur dieser Einheit müsse wohl begriffen haben, dass die Jugendlichen „keine brauchbare Kampftruppe“ für den „immer wieder beschworenen Endsieg“ abgeben würden.[87] Lehmbruchs Truppe wurde

---

80 Vgl. GL 2009b, 84f., 86ff.

81 Vgl. GL 2009b, 88f. – Der „Volkssturm“ war ein im September 1944 von den Nationalsozialisten ins Leben gerufenes, letztes (para-)militärisches Aufgebot, in das alle 16- bis 60-jährigen Männer aufgenommen werden sollten (vgl. Rieß 2007).

82 Vgl. GL 2009b, 89 (Zitate ibid.).

83 Vgl. GL 2009b, 92, 136 (Zitate S. 136).

84 Das Schicksal als Weltkriegsflüchtling hat er mit 12 % der von Cord Arendes kollektivbiografisch erforschten Politikwissenschaftler und -wissenschaftlerinnen mit Geburtsland Deutsches Reich gemein (vgl. Arendes 2005, 164, n=365).

85 GL 1997b, 193f.

86 Vgl. GL 2009b, 99ff. – Zu den Sturmabteilungen (SA) vgl. Schilde 2007 (m.w.H.).

87 Vgl. GL 2009b, 104f. (Zitate ibid.).

dann nämlich unter – wie er retrospektiv meint – vorgeschobenen Gründen zuerst nach Mecklenburg, dann quer durch das Deutsche Reich ins Schwäbische verlegt, nach Kornwestheim bei Stuttgart.[88] Dort blieb Lehmbruch mehrere Wochen, bis er schließlich – kurz vor dem Eintreffen der ersten US-Soldaten – einen „ungeordneten Rückzug“ in oberschwäbische Wälder unternahm, wo er mit anderen versprengten Wehrmachtsoldaten nach und nach sich nicht nur belastender Uniformteile entledigte, sondern auch gefälschte „Entlassungsscheine“ der Wehrmacht für sich und die Kameraden fabrizierte, um bei Wegposten der Besatzer keine Probleme zu bekommen.[89] Am 16. Mai 1945 machte sich der gerade 17 Jahre alt gewordene Gerhard Lehmbruch „auf den Weg [...]. Ich wollte nach Norden, das war mein ganzer Plan.“[90] Zu Fuß – und eine kürzere Strecke auch auf einem Fahrrad – durchstreifte er ihm bis dahin unbekannte deutsche Landschaften, und er hat in Erinnerung, dass er sich wie „auf einer Abenteuerreise durch fremdes Land“ gefühlt habe.[91] Mitte Juni traf er in Gollma, Provinz Sachsen(-Anhalt)[92] ein, wo eine Tante wohnte. Dort erhielt er die Information, dass sich seine Eltern und Geschwister in der (ebenfalls sachsen-anhaltinischen) Kleinstadt Weferlingen – nur wenige hundert Meter von der späteren „Zonengrenze“ entfernt – aufhielten. Er traf am 17. Juni dort ein und fand

> eine Familie vor, die – jeder auf seine Weise – schwer am Trauma der Fluchterlebnisse trug. Vor allem für meine Mutter war es zudem unerhört schwer, nach dem Verlust aller Habe einen Haushalt zu führen und die Kinder zu ernähren.[93]

Für den 17-jährigen Gerhard Lehmbruch jedoch trat derlei „in den Hintergrund vor dem großen Abenteuer, das ich bestanden hatte. [...] Damit hatte ich zugleich meinem Vater bewiesen, daß ich meinen Weg auch ohne seine fürsorglich lenkende Hand machen konnte.“[94] Er hatte, um es mit Karl Mannheim zu formulieren, nolens volens in „das selbstexperimentelle Leben“[95] gefunden.

In Weferlingen versuchte Lehmbruchs Vater, seine Söhne Gerhard und Hans praktische Berufe lernen zu lassen, weil er für eine weitere Schulausbildung mit anschließendem Studium im Deutschland *Nach der Katastrophe*[96] keine Zukunft gesehen habe: Der Ältere sollte die Försterlaufbahn fortsetzen und der Jüngere

---

88 Vgl. GL 2009b, 105ff.

89 Vgl. GL 2009b, 122.

90 GL 2009b, 125.

91 GL 2009b, 128.

92 Die „Provinz Sachsen“ wurde von dem im November 1946 gewählten Landtag in „Provinz Sachsen-Anhalt“, das spätere Sachsen-Anhalt, umbenannt (vgl. Tullner 2006, 94).

93 GL 2009b, 137.

94 GL 2009b, 137.

95 Mannheim 1966, 539.

96 Kielmansegg 2000.

eine Tischlerlehre machen.[97] Tatsächlich arbeitete Gerhard Lehmbruch eine Zeit lang als „Forstanwärter“ in Weferlinger Wäldern.[98] Als die sowjetischen Besatzer jedoch den beruflichen Beamtenstatus abschafften und er einen Antrag auf Wiedereinstellung im Angestelltenverhältnis unterschreiben sollte, weigerte er sich und erklärte seinem Vater, die Schulausbildung fortsetzen und mit dem Abitur abschließen zu wollen. Er trat in die Weferlinger „Freiherr-vom-Stein-Schule“ ein, erhielt dort erste Unterweisungen im Russischen und kam auch, im Philosophie-Unterricht seines Klassenlehrers Dr. Dreyer, erstmals mit Texten von Karl Marx und Friedrich Engels in Berührung:

> Für mich wurde das eine frühe Einführung in sozialwissenschaftliches Denken, die mich lange stark beeinflußt hat, und zugleich begann ich, mich für sozialistische Ideen zu interessieren. Dabei kann man nicht sagen, daß Dreyer uns etwa indoktriniert hätte. Mich ermunterte er dazu, mich in die Geschichte des christlichen Sozialismus einzuarbeiten.[99]

Im Frühjahr 1947 bestand Lehmbruch die Reifeprüfung. Im mündlichen Abitur durfte er in einem Wahlfach ein Spezialgebiet vorbereiten: Er entschied sich für sein „Lieblingsfach Geschichte“ und wählte als Thema „den Vergleich von Marxismus und christlichem Sozialismus“.[100]

Zum SS 1947 nahm Gerhard Lehmbruch an der Kirchlichen Hochschule Berlin-Zehlendorf sein erstes Studium auf, das der evangelischen Theologie. Er wechselte zu Beginn des SS 1948 mit einigen seiner Kommilitonen nach Tübingen und ging dann für ein Jahr (1949/50) nach Göttingen, ehe er die letzten Lehrveranstaltungen wiederum in Tübingen belegte.[101]

Dort habe er „eine solide historisch-philologische Methodenschulung“ genossen.[102] Er hörte nicht nur evangelische Religion bei Lehrern, die der Theologie Rudolf Bultmanns (1884-1976) nahe standen – in Berlin bei Herbert Braun (1903-1991), in Göttingen bei Friedrich Gogarten (1887-1967) und in Tübingen bei Ernst Fuchs (1903-1983) und Gerhard Ebeling (1912-2001), außerdem noch bei dem konservativen, jedoch unkonventionellen Helmut Thielicke (1908-1986) –, sondern auch noch historische und philosophische Fächer – u.a. bei dem Göttinger Philosophen Nicolai Hartmann (1882-1950), dem Tübinger Philosophen Eduard Spranger (1882-1963) sowie den Tübinger Historikern

---

97 Vgl. GL 2010c, 3f.

98 Vgl. GL 2010c, 5f.

99 GL 2010c, 8.

100 GL 2010c, 9.

101 Der öftere Wechsel des Studienortes sei in der damaligen Zeit üblich gewesen (vgl. GL 2010b, 1).

102 GL 2010b, 2.

Hans Rothfels (1891-1976) und Werner Markert (1905-1965) – und einmal sogar Klinische Psychologie.[103]

1952 legte er in Berlin in Theologie und Philosophie die erste kirchliche Dienstprüfung ab.[104] Zum Wintersemester 1952/53 ging er für ein Jahr als Postgraduierter an die Schweizer Universität Basel; zunächst, um dort den berühmten Theologen Karl Barth (1886-1968) zu hören. Davon sei er jedoch wieder abgekommen, nachdem dieser ihm zu verstehen gegeben habe, dass er Lehmbruchs Tübinger akademische Lehrer nicht sehr schätzte.[105] Er hörte dann vor allem den Ökonomen Edgar Salin (1892-1974) und den Philosophen Karl Jaspers (1883-1969).

Dass seine erste Studienwahl auf die Theologie gefallen war, habe, so Lehmbruch, weniger mit direktem väterlichem Einfluss zu tun gehabt, sondern sei gewesen „an intellectual attempt to make sense of the deeply disturbing political experiences of my youth, and of the forces of moral resistance of which I had become aware."[106] Die theologische Ausbildung lenkte Lehmbruchs Interesse schnell auf den historischen Vergleich von Ideen und Institutionen, denn in der evangelischen Theologie waren „Prozesse der Institutionenbildung ein ganz zentrales Thema":[107]

> It was here that I learnt the systematic interpretation of concepts in their broad historical context and became interested in the relationship between the development of belief systems and processes of institution-building. This served as an intellectual bridge to social science.[108]

Es war in Basel gewesen, wo ihm – in der Basler evangelischen Kirche – erstmals eine eigentümliche Institutionenstruktur aufgefallen war: Die dortige protestantische Kirchengemeinde war in einen orthodox-konservativen und einen liberalen Flügel unterteilt; und in jeder Pfarre gab es sowohl einen Pastor für die einen als auch für die anderen (die sonntägliche Predigt wurde im Wechsel bestritten), und auch die Kirchenvereine waren doppelt vorhanden: „Das fiel mir

---

103 Vgl. GL 2010b, 2; UAT 551/104. – Das Studium war damals noch weit weniger reglementiert als die nun auslaufenden Magisterstudiengänge, von Bachelor/Master ganz zu schweigen (vgl. GL 2010b, 32f.).

104 Die kirchliche Dienstprüfung musste in der Heimatprovinz abgenommen werden. Weil Lehmbruch keine Einreisegenehmigung für die SBZ erhielt, verwies ihn das Konsistorium Magdeburg nach Berlin (vgl. GL 2010b, 3). Mit der Prüfung verfügte er über die *licentia concionandi*, d.h. die Berechtigung zu Predigt und Seelsorge. Die zweite, von ihm nicht mehr abgelegte Prüfung hätte ihn zur Sakramentsverwaltung befugt und wäre „Voraussetzung für die Ordination zum Pfarramt" gewesen (GL 2010a).

105 Vgl. GL 2010b, 4f.

106 GL 1997b, 194.

107 GL 1993c, 4. Vgl. auch id. 2003b, 547; 2010b, 2.

108 GL 1997b, 194.

damals auf, ohne dass ich das noch richtig einordnen konnte; aber das gab mir später so einen Schlüssel, weil ich dachte, aha, da steckt mehr dahinter."[109]

Nachdem er aus der Schweiz nach Tübingen zurückgekehrt war, engagierte Lehmbruch sich im *Studentischen Arbeitskreis für Politik*, der 1949 „dank einer Initiative des Tübinger französischen Verbindungsoffiziers zur Universität"[110] entstanden war und wöchentlich zusammenkam – Vorsitzender war lange Zeit der Philosophieassistent Iring Fetscher (*1922).[111] Die Mitglieder waren von einem nicht geringen elitären Anspruch beseelt.[112] Sie „betrieben gewissermaßen ein Selbststudium der Politikwissenschaft [...], und als Theodor Eschenburg zunächst Lehrbeauftragter wurde, war er für uns ein wichtiger Gesprächspartner."[113] Der gebürtige Lübecker und ausgebildete Historiker Eschenburg[114] rekrutierte Lehmbruch dann 1953 – auf Empfehlung Fetschers – aus dem Arbeitskreis als geprüfte wissenschaftliche Hilfskraft (damals hieß es Hilfsassistent) für seinen 1952 an der Tübinger Universität neu eingerichteten „Lehrstuhl für wissenschaftliche Politik" (so die zeitgenössische Titulatur).[115] Die erste Aufgabe bestand für Lehmbruch darin,

> historische und rechtsvergleichende Materialien für eine Antrittsvorlesung zu sammeln, die er [Eschenburg, Anm. CJ] sorgfältig vorbereitete. Sie sollte dem Begriff der ‚Richtlinien der Politik' gelten. Ich arbeitete unter Eschenburgs Anleitung, und damit kam ich in den Genuß eines individuellen ‚Tutorial'.[116]

Zeitgleich nahm Lehmbruch in Tübingen ein neues Studium auf, und zwar in den Fächern Politikwissenschaft, osteuropäische Geschichte und Soziologie.[117]

---

[109] GL 2010b, 5. – Diese Beobachtung hat auch Eingang in seine *Proporzdemokratie*-Schrift gefunden (vgl. GL 1967a, 55).

[110] Vgl. GL 1990b, 55 (Zitat ibid.). – Lehmbruch setzte durch, dass auch Frauen zugelassen waren, „schon um den Umgangston zu heben [...] und erstes weibliches Mitglied wurde meine Schwester, damals Anglistikstudentin und AStA-Mitglied." (GL 2010a).

[111] Vgl. auch die autobiografische Erinnerung Fetschers (1995, 430ff.).

[112] Vgl. GL 2003f, 36; id. 2010b, 6.

[113] GL 1990b, 55.

[114] Eschenburg hat seinen Doktorgrad mit einer historisch-politischen Dissertation über Ernst Bassermann (1854-1917) und das Ende des nationalliberal-konservativen Reichstagsbündnisses erworben (Eschenburg 1929). – Zu Eschenburgs Lebenslauf und Wissenschaftskarriere vgl. einerseits seine – höchst kurzweiligen – Memoiren (Eschenburg 1995; 1999), andererseits GL 1999c; 2003f; Noetzel 1991 u. Stammen 2004.

[115] Vgl. GL 1999c, 665.

[116] GL 1990b, 55.

[117] Der relativen Neuheit der Politikwissenschaft als Studienfach ist es geschuldet, dass nur etwa 65 % der von Arendes untersuchten politologischen Universitätslehrerinnen und -lehrer dieses Fach auch studiert haben (vgl. Arendes 2005, 175, n=446). Lehmbruch gehörte in Tübingen zu den ersten Studierenden des Faches.

Von Eschenburg lernte Lehmbruch vieles. Der Lübecker war nicht nur ob seiner familiären Herkunft von klein auf mit Politik in Berührung gekommen,[118] sondern hatte selbst reichhaltige berufliche Erfahrungen in Industrieverbänden und der deutschen (Nachkriegs-)Politik gemacht;[119] er hatte also das praktische politische Handwerk mit der universitären Lehrkanzel vertauscht. Die Studierenden „beeindruckte die enge Verbindung zwischen der Rolle des Zeitzeugen und der des sozialwissenschaftlichen Analytikers in ganz besonderem Maße."[120] Eschenburgs Stärke war – in der Vorlesung wie in den von ihm verfassten Pressekommentaren[121] – „nicht so sehr der systematische Vortrag, sondern eher die exemplarische Analyse von Fällen, vorzugsweise aus der aktuellen Praxis des Regierens, auf darin zutage tretende ‚Grundsatzfragen'."[122] Die Betrachtung dieser Grundsatzfragen nahm der „knurrige Tübinger Hanseat"[123] (von dem Lehmbruch im Übrigen erinnert, dass er „ganz unprätentiös war und die Gutsherrenmanieren mancher Kollegen verabscheute"[124]) stets unter einem besonderen Blickwinkel vor: dem institutionalistischen.[125] Politische Institutionen stellten die „zentrale Kategorie von Eschenburgs Politikanalyse"[126] dar. Wichtig war ihm stets, auf „die historische Kontinuität von Institutionen"[127] hinzuweisen; gleichzeitig begriff er sie als ordnende und Verhaltensregeln setzende Strukturen für die politischen Akteure mit ihren unterschiedlichen strategischen Kalkülen (die er zielrational im Sinne Webers auffasste).[128] Eschenburgs *ceterum censeo* galt dabei immer den *Institutionelle[n] Sorgen in der Bundesrepublik*,[129] und insofern war sein Verständnis von „wissenschaftlicher Politik" ohne Zweifel ein demokratienormativistisches – nie wurde er müde, die Einhaltung der *Spielre-*

118 Eschenburg entstammte einer alten lübischen Patrizierfamilie, und einer der Großväter war dereinst Bürgermeister der Hansestadt gewesen (vgl. GL 1999c, 642).

119 1945 wurde Eschenburg Staatskommissar für Flüchtingsfragen in Württemberg-Hohenzollern, und von 1947-1952 wirkte er als Staatsrat und stellvertretender Innenminister dieses Bundeslandes (vgl. Noetzel 1991, 114). Art. 118 GG geht auf ihn zurück (vgl. Weber/Wehling 2007, 112f.).

120 GL 1990b, 58.

121 Eschenburg veröffentlichte ab 1957 viele Jahre lang regelmäßig politische Kolumnen in der Hamburger Wochenzeitung *Die Zeit*; einige seiner frühen Artikel in neuem Abdr. in Eschenburg 1961; 1966; 1972.

122 GL 1990b, 58.

123 So die anerkennend gemeinte Charakterisierung durch Hennis (1999, 370).

124 GL 2003f, 37.

125 Insofern ist es falsch zu behaupten, Eschenburg sei „nie von einer politischen Theorie ausgegangen", wie ein akademischer Schüler, der spätere *Zeit*-Chefredakteur bzw. -Herausgeber Theo Sommer (*1930), meint (Sommer 1990, 106).

126 GL 1990b, 55.

127 GL 1990b, 57.

128 Vgl. GL 1990b, 57f.

129 Eschenburg 1961.

geln der Politik[130] anzumahnen. Dennoch würde man fehl gehen, unterstellte man ihm ausschließlich einen „volkspädagogischen Impetus."[131] In seiner Auffassung politischer Institutionen nahm er gleichzeitig manche theoretische Annahme vorweg, die heute vielfach als Verdienst der neueren, US-orientierten deutschen Politikwissenschaft ausgegeben wird:

> Wenn heute in der Politikwissenschaft [...] von einem ‚neuen Institutionalismus' die Rede ist, dann nahm Eschenburg davon einiges voraus, indem er Institutionen als Schranken für strategische Rationalität beschrieb. Das war deutlich mehr als ‚alter Institutionalismus'.[132]

Dieses retrospektive Urteil Lehmbruchs über seinen einstigen Vorgesetzten weist gleichzeitig auf die wichtigste politikwissenschaftliche Prägung hin, die er als Schüler durch seinen akademischen Lehrer erfuhr (und selbst so empfindet): Bei Eschenburg habe er gelernt, Institutionen als Begrenzungen strategischer Rationalität zu begreifen, indem „institutions define rules and duties and, hence, appropriate behaviour, and that institutional engineering is constrained by what today is called path dependency."[133] Dazu trug nicht zuletzt die Lektüre von Schriften des Historikers Otto Hintze (1861-1940) bei, die ihm Eschenburg nachdrücklich empfohlen hatte.[134]

Weil sich die bundesdeutsche Politikwissenschaft noch in statu nascendi befand, strebte Lehmbruch – wie viele andere – ein Gaststudium im Ausland an: „Wollte man professionalisierte Politikwissenschaft kennen lernen, dann mußte man ins Ausland."[135] Da Tübingen damals in der französischen Besatzungszone lag, ging er nicht – wie viele andere – in die USA, sondern bewarb sich – dank entsprechender Kontakte – erfolgreich um ein Stipendium des französischen Staates am Pariser *Institut d'Études Politiques*.[136] Unter dem Einfluss vor allem

---

130 Eschenburg 1987. – Vgl. auch seinen aus einem Vortrag hervorgegangenen Essay *Herrschaft der Verbände?*, der sowohl Eschenburgs Vortragsstil wie sein normativistisches Verständnis demokratischer Institutionen exemplifiziert (id. 1955).

131 Vgl. oben Kap. 1, Fn. 65. – Ferner ist zu bedenken, dass für die Lehmbruch'sche Alterskohorte in Deutschland „die institutionellen Voraussetzungen für die friedliche und geregelte Austragung von Konflikten und die Gewährleistung bürgerlicher Freiheit [..] noch keineswegs selbstverständlich [waren]. Theodor Eschenburg vermittelte das Verständnis dafür und lehrte [..], daß demokratische Politik nur als rationaler Prozeß funktionieren könne – rational gerade auch in der institutionellen Einbindung des Handelns." (GL 1990b, 59).

132 GL 1990b, 68.

133 GL 1997b, 196; vgl. GL 2000a, 200.

134 Vgl. GL 2003b, 547f. – Dieser Hinweis Eschenburgs war kein Zufall: Dessen Dissertation war von Fritz Hartung (1883-1967), dem wichtigsten akademischen Schüler Hintzes, betreut worden (vgl. ibid., 547).

135 GL 1993c, 4.

136 Vgl. GL 1993c, 5.

des Parteienforschers Maurice Duverger (*1917) und des Ideengeschichtlers René Rémond (1918-2007)[137] richtete er sein Interesse zunehmend auf eine spezifische politische Institution: die Parteien.

In Basel hatte Lehmbruch noch geplant, in Theologie zum Thema marxistische Anthropologie zu promovieren – „a topic that was then *en vogue* under the influence of existentialist philosophy“[138] –, zumal er sich seit seinem Abitur intensiv mit marxistischem Denken auseinander gesetzt hatte, woraus u.a. seine erste allein verfasste Monografie resultierte: das 90-seitige Büchlein *Kleiner Wegweiser zum Studium der Sowjetideologie* (1958), das seine profunde Kenntnis der relevanten zeitgenössischen Literatur (in vier Sprachen) belegt und einen bibliografischen Überblick sine ira et studio bietet.[139]

Um sich während der Dissertationsphase das Studium zu finanzieren, übersetzte Lehmbruch gegen Bezahlung Texte. Unter anderem vermittelte ihm sein Studienkollege Iring Fetscher die Übertragung eines französischen Textes, der mittelbar mit marxistischer Philosophie in Verbindung stand: die Schrift *Hegel – Eine Vergegenwärtigung seines Denkens* des in Moskau geborenen Franzosen Alexandre Kojève (1902-1968).[140]

Der Studienaufenthalt in Frankreich aber bewirkte bei Lehmbruch einen Sinneswandel, und er begann nun eine Doktorarbeit über den *Prozess der politischen Willensbildung in einer französischen Partei* (Untertitel) am Beispiel des *Mouvement Républicain Populaire in der IV. Republik* (so der Titel),[141] in welcher er bereits – damals eine Novität – den heute fest etablierten dreigliedrigen englischen Politikbegriff anklingen lässt und „wie selbstverständlich auch Politik im Sinn von Institutionen, im Sinn von Konflikt und Konsens sowie im Sinn von Staatstätigkeit in der Innen- und Außenpolitik analysiert.“[142] Betreut wurde die 1962 als Dissertation von der Philosophischen Fakultät der Universität Tübingen angenommene Arbeit von Prof. Eschenburg, als Zweitgutachter fungierte der Soziologe Prof. Ralf Dahrendorf (1929-2009). Beide rieten zu Kürzung (das

---

137 Vgl. GL 1962, 14.

138 GL 1997b, 195; vgl. auch GL 1993c, 3.

139 GL 1958. – Eine frühere, erheblich kürzere Fassung hatte er zusammen mit dem evangelischen Theologieprofessor Helmut Gollwitzer (1908-1993) verfasst (Gollwitzer/Lehmbruch 1956).

140 Kojève 1958; Neuauflage: 1975. Vgl. zur Entstehungsgeschichte der Übersetzung Fetscher 1995, 377ff.

141 GL 1962.

142 Schmidt 2003, 577. Im Rückblick meint Lehmbruch (2010b, 7): „[I]m Grunde, glaube ich, bin ich damals mit dieser Arbeit [der Dissertation] schon auf das gekommen, was dann Jahrzehnte später mit den kognitivistischen Ansätzen in der Politikwissenschaft neu entdeckt wurde. Was zuvor die behavioristische Politikwissenschaft nicht gesehen hatte, lag aber für jemanden, der durch die Schule der Theologie gegangen war, vom Ansatz her schon damals nahe.“

maschinenschriftliche Original umfasst über 400 Textseiten)[143] und Veröffentlichung;[144] dennoch hat Lehmbruch die Schrift nie publiziert.[145]

Die Promotionsprüfung im Hauptfach Politikwissenschaft (Prüfer: Prof. Theodor Eschenburg) und in den Nebenfächern osteuropäische Geschichte (Prüfer: Prof. Werner Markert) und Kirchengeschichte (Prüfer: Prof. Karl August Fink, 1904-1983) bestand Lehmbruch mit der selben Note, die Eschenburg und Dahrendorf auch der Dissertation zuerkannten: magna cum laude.[146]

1960 bis 1967 war Lehmbruch bei seinem *Pater dissertationis* in Tübingen als wissenschaftlicher Assistent tätig.[147] Im Sommer 1960 nahm er an einem vierwöchigen Kursus des *Salzburg Seminar in American Studies* teil, wo er durch Lehrende aus den USA erstmals mit der US-amerikanischen Politikwissenschaft und ihren Arbeitstechniken und -gewohnheiten – v.a. dem Anspruch enormer Literaturverarbeitungskapazität – vertraut geworden sei.[148]

In die Zeit seiner Assistententätigkeit am Eschenburg'schen Lehrstuhl fällt die einzige Phase, in der sich Lehmbruch als parteipolitischer „homo activus" hervorgetan hat. Nachdem der Versuch, 1957 der Westberliner SPD beizutreten, wohl aufgrund seines theologischen Studiums nicht auf die Gegenliebe der Ortspartei gestoßen sei, wurde er Mitte der 1960er Jahre tatsächlich Mitglied in der deutschen Sozialdemokratie.[149] Aus dieser Zeit resultieren seine einzige Teilnahme an einer größeren parteipolitischen Podiumsdiskussion – vor Tübinger Publikum gegen den CDU-Politiker Heiner Geißler (*1930) – und die Ausarbeitung eines Antrags an den SPD-Bundesparteitag, dass die Bundesrepublik Deutschland den Alleinvertretungsanspruch für das deutsche Volk aufgeben solle.[150] Damit gelangte er als „Verzichtpolitiker" bis in die Nachrichten-Rubrik von *DER SPIEGEL*.[151] Die Kür eines aus seiner Sicht höchst ungeeigneten Parteikandidaten für die Tübinger Oberbürgermeisterwahl habe ihn schließlich bewogen, sich aus der sozialdemokratischen Partei wieder zurückzuziehen.[152]

---

143 Das Manuskript hatte ursprünglich sogar 550 Seiten umfasst; doch Eschenburg retournierte es ungelesen mit der Auflage, 150 Seiten zu kürzen (vgl. GL 2010a).

144 Vgl. die Promotionsgutachten Eschenburgs und Dahrendorfs in UAT 131/2429.

145 Der damalige Dekan der Philosophischen Fakultät Tübingen Prof. Wolfgang Kimmig (1910-2001) vermerkte in einem Schreiben vom 3.7.1962: „Eine Drucklegung entfällt, da die Arbeit vor Inkrafttreten des Druckzwangs eingereicht wurde." (UAT 131/2429).

146 Vgl. UAT 131/2429.

147 Zunächst noch als „Verwalter einer Assistentenstelle", da er noch nicht promoviert war (vgl. GL 2010b, 10).

148 Vgl. GL 2010b, 12.

149 Vgl. GL 2010b, 28.

150 Vgl. GL 2010b, 28f.

151 Vgl. Der Spiegel 1966.

152 Vgl. GL 2010b, 29.

1967-69 erhielt er als Unterstützung für seine Habilitation ein Stipendium der DFG. (In dieser Zeit lernte er durch Frieder Naschold (1940-1999) – seinen Nachfolger auf der Tübinger Assistentenstelle – auch dessen Schwester Ursula (*1935), eine promovierte Historikerin, kennen, die er 1967 heiratete.[153]) Lehmbruch wurde kumulativ, d.h. auf Grundlage mehrerer Schriften bzw. Aufsätze, habilitiert.[154] Als erster Hauptgutachter fungierte wiederum Eschenburg; zweiter Hauptgutachter war der neu als Ordinarius nach Tübingen berufene Prof. Klaus von Beyme (*1934). Als Nebengutachter traten der Neuzeithistoriker Prof. Gerhard Schulz (1924-2004), der Musikwissenschaftler Prof. Walter Gerstenberg (1904-1988) und der Altorientalist Wolfgang Röllig (*1932) auf; alle fünf Wissenschaftler befürworteten in ihren Gutachten ohne Einschränkung die Habilitation Lehmbruchs.[155]

Am 10. Juli 1969 wurde ihm die Urkunde für die Venia Legendi im Fach Politikwissenschaft verliehen.[156] Als Habilitationsleistung wurde zuvorderst seine schmale, doch wegweisende Publikation über *Proporzdemokratie* berücksichtigt.[157]

In dieser 58-seitigen Monografie zeigt der Autor, dass er neueste theoretische Ansätze der US-amerikanischen Politikwissenschaft, insbesondere das von Gabriel Almond (1911-2002) und Sidney Verba (*1932) geprägte Konzept über *Civic Culture*,[158] über „politische Kultur“, rezipiert hat – allerdings nicht unkritisch. Seine Untersuchung über *Politisches System und politische Kultur in der Schweiz und Österreich* – so der Untertitel – ist auch als explizite Kritik am damaligen Verständnis von „richtiger“ (i.e. non-defizitärer) Demokratie im

---

153 Vgl. GL 2009c u. 2010a sowie zu Frieder Nascholds wissenschaftlicher Biografie GL 2000c. – Gerhard und Ursula Lehmbruch haben zusammen zwei Töchter, Barbara (*1968), eine studierte Politikwissenschaftlerin und Hochschuldozentin, und Eva (*1970), eine studierte Juristin und Rechtsanwältin (die außerdem für die Grünen als Tübinger Gemeinderätin tätig ist) (vgl. GL 2009c).

154 Lehmbruchs kumulative Habilitation war damals für die Fakultät ein Präzedenzfall; das Verfahren war noch wenig bekannt (vgl. GL 2010b, 17). Kumulative Habilitationen sind zwar auch heute nicht die Regel, doch haben unter den von Arendes (2005, 177f.) untersuchten *habilitierten* Politikwissenschaftlern (n=353) immerhin 30 Personen (8,5 %) ihre Lehrbefugnis mithilfe dieses Verfahrens erhalten.

155 Vgl. UAT 551/104.

156 Vgl. UAT 551/104. – Anders als bei seiner politikwissenschaftlichen Dissertation und Habilitation entsprach Lehmbruch bei Erreichen seiner ersten Professur ziemlich genau dem von Arendes für deutsche Politikwissenschaftler ermittelten Durchschnittsalter von „etwas über 41 Jahren“ (Arendes 2005, 179, n=544).

157 GL 1967a. – Zu den weiteren angerechneten Forschungsleistungen zählten GL 1968b; 1969a; 1970b und ein unveröffentlichtes Ms. mit dem Titel *Der Konsensusbegriff in der Theorie der Parteiensysteme* (Gesuch Lehmbruchs vom 24.1.1969 an den Dekan der Philosophischen Fakultät Tübingen um Zulassung zur Habilitation, in UAT 551/104).

158 Almond/Verba 1963.

Sinne der anglo-amerikanischen Mehrheits- bzw. Wettbewerbsdemokratie zu lesen,[159] wie es nicht nur unter US-amerikanischen, sondern auch vielen bundesdeutschen Politologen jener Zeit vorherrschte – z.B. sehr deutlich bei Ferdinand Hermens (1906-1998) und Dolf Sternberger.[160]

Lehmbruch hatte vor der Abfassung Forschungsreisen in beide Staaten unternommen und einschlägige Experten konsultiert: bezüglich Österreichs v.a. den Historiker Hans Mommsen (*1930), der mit einer Arbeit über *Die Sozialdemokratie und die Nationalitätenfrage im habsburgischen Vielvölkerstaat* promoviert worden war,[161] und hinsichtlich der Schweiz zuvorderst den eidgenössischen Historiker und Politologen Erich Gruner (1915-2001).[162]

Der Stellenwert der Lehmbruch'schen Schrift lässt sich (auch) daran ablesen, dass ihr Erscheinen der – damals noch im embryonalen Stadium befindlichen – österreichischen Politikwissenschaft wesentliche Impulse verliehen hat.[163] „Endlich gab es ein Buch, das österreichische Politik nicht mit Berufung auf Artikel des Bundes-Verfassungsgesetzes erklären wollte, sondern mit einem Konzept, das in der weiten Welt außerhalb Österreichs sich gerade etabliert hatte – mit der ‚Politischen Kultur'."[164] In seiner Wirkung prägte Lehmbruchs Ansatz „dauerhaft das Verständnis vom politischen System Österreichs, in seiner reduzierten Wettbewerbs- und seiner forcierten Kompromißorientierung",[165] und – in den Worten des Wiener Politologen Peter Gerlich (*1939) – „helped us to understand ourselves better."[166] Eine ähnliche Wirkung hatte die Publikation in der deutschsprachigen Schweiz, wo sich die Politikwissenschaft gleichfalls erst im Laufe der 1970er Jahre universitär etablieren konnte.[167]

Neben vielen anderen Verdiensten darf sich Lehmbruch also anrechnen, einer der „Geburtshelfer" der modernen Politikwissenschaft in den beiden Alpenrepubliken gewesen zu sein – und dies nicht nur in fachinhaltlicher, sondern auch organisatorischer Hinsicht: „He was also very helpful in a practical way, by introducing us, his young Austrian colleagues, to the German Political Science Association",[168] wie Peter Gerlich vermerkt. Versinnbildlicht wird die Bedeu-

---

159 Vgl. GL 1967a, 10f. u. 58; 1974, 90.

160 Vgl. GL 1971a, 46; 1971b, 174ff. (jeweils m.w.H.); Rupp 1991, 101. – Klaus von Beyme (1997, 208) spricht in diesem Zusammenhang gar von „Anglomania."

161 Mommsen 1963.

162 Vgl. GL 2010b, 11f.

163 Vgl. auch Abb. 7. – Zur Genese der Politikwissenschaft als Universitätsdisziplin in Österreich vgl. Karlhofer/Pelinka 1991 u. Pelinka 1996.

164 Pelinka 2003, 213; vgl. auch Karlhofer/Pelinka 1991, 410.

165 Pelinka 1996, 139.

166 Gerlich 1997, 221.

167 Vgl. Linder 1996, 146 u. 150.

168 Gerlich 1997, 221.

tung von und Wertschätzung für Lehmbruch durch seine Ehrenmitgliedschaften in der Österreichischen Gesellschaft für Politikwissenschaft (ÖGPW) und der Schweizerischen Vereinigung für Politische Wissenschaft (SVPW).[169]

Das Interesse an non-majoritären Konfliktregelungsmechanismen in Demokratien betrachtet Lehmbruch als logische Weiterentwicklung seines Interesses am Parlamentarismus.[170] Eine der ersten von ihm an der Universität Tübingen abgehaltenen Veranstaltungen trug den Titel *Institutioneller Schutz der Minderheiten* (SS 1962).[171] Die Diskussion über supermajoritäre Regierungskoalitionen fand im Laufe der 1960er Jahre in Deutschland allmählich den Weg in eine breitere Öffentlichkeit. So diskutierte *DER SPIEGEL* in einer Titelgeschichte 1965 Österreichs große Koalition unter der Fragestellung: *Modell für Bonn?*[172]

Zur gleichen Zeit, als Lehmbruch über *Proporzdemokratie* nachdachte, forschte ein junger holländischer Nachwuchswissenschaftler in den USA über das politische System seiner Heimat: Arend Lijphart (*1936). Er nannte das beobachtete Phänomen zunächst *Politics of Accommodation* bzw. *Verzuiling.*[173] Erst auf dem Weltkongress der IPSA 1967 in Brüssel (auf den Lehmbruch vom niederländischen Politikwissenschaftler Hans Daalder (*1928) eingeladen worden war, nachdem dieser über Robert Dahl (*1915) und Stein Rokkan (1921-1979) eine Vorfassung des Manuskripts, *Amicabilis Compositio,*[174] in die Hände bekommen hatte),[175] lernten sich Lehmbruch und Lijphart kennen und konnten sich über die fast identischen Forschungsinteressen und sehr ähnlichen wissenschaftlichen Schlüsse des jeweils anderen informieren.[176] Später hat Lijphart in

169 Vgl. Anhang 9.4.

170 Vgl. GL 2010b, 11.

171 Da Lehmbruch noch nicht promoviert war, ist im Vorlesungsverzeichnis „Eschenburg mit Assistent“ verzeichnet.

172 Der Spiegel 1965.

173 Lijphart 1968a; 1968b.

174 Lehmbruch 1966.

175 Vgl. GL 2010b, 15. – Das Brüsseler Manuskript wurde später in einem Sammelband publiziert; es ist Lehmbruchs erste englischsprachige Veröffentlichung zum Thema (GL 1974).

176 Diese Forschungskoinzidenz bestätigt die Erkenntnis, dass wissenschaftliche Entdeckungen nur ganz selten einzigartig sind (vgl. Merton 1973, Kap. 16). Sie weist im Übrigen darauf hin, dass die weithin rezipierte Theorie von Thomas Kuhn (1922-1996) über wissenschaftlichen Erkenntnisgewinn durch revolutionäre „Paradigmenwechsel“ (Kuhn 1976) (auch) in den Sozialwissenschaften zu hinterfragen ist (vgl. Beyme 1985, 24; 1992, 245ff.; 2010a, 7). Es liegt hier ein Fall vor, der Parallelen etwa zur „Entdeckung“ der Evolution und Selektion von Lebewesen durch Charles Darwin (1809-1882) und Alfred R. Wallace (1823-1913) hat (vgl. Hemleben 1968, 97ff.): Zwei Forscher kommen unabhängig voneinander auf demselben Gebiet zu sehr ähnlichen Schlüssen, und zwar mithilfe empirischer Beobachtungen, die, für sich genommen, keineswegs Neuigkeiten darstellen. Die ungewohnte, kreative und innovative Kombination und Interpretation be-

einem autobiografischen Essay den großen Einfluss betont, den Lehmbruchs Schrift auf seine weitere Forschung zum Thema hatte.[177]

Während Lehmbruch sich schon bald danach anderen Untersuchungsbereichen widmete und die Gelegenheit, seine Erkenntnisse über *Proporzdemokratie* für die globale Forschungsgemeinschaft rasch auf Englisch zu publizieren, verstreichen ließ, wurde der Name Lijphart dank nachfolgender englischsprachiger Aufsätze in großen Fachzeitschriften schnell international mit dem Begriff *consociational democracy* verbunden.[178] (Nachfolgende, weithin rezipierte Publikationen zum Thema stellten sicher, dass sich daran bis heute nichts geändert hat.[179])

1968 veröffentlichte Lehmbruch – unter Mitarbeit der beiden damaligen Tübinger Institutskollegen Frieder Naschold und Peter Seibt (1929-1990),[180] die einige Unterkapitel beisteuerten – im Stuttgarter Verlag Wilhelm Kohlhammer eine *Einführung in die Politikwissenschaft.*[181] Das Buch, das aus Erfahrungen des Lehrbetriebs hervorging, stellt – im Urteil des Hamburger Politikwissenschaftlers Jürgen Hartmann – „auch nach heutigen Standards ein höchst informatives, geschliffenes Werk“[182] dar, welches die „Kanonisierung der Politikwissenschaft [..], die in den [19]80er Jahren begann“,[183] bereits antizipierte und sachlich und klar darlegt, dass Wissenschaft das methodisch angeleitete Verfahren zur Gewinnung von Erkenntnissen auf erfahrungswissenschaftlicher Grundlage ist,[184] sich also der empirisch-analytischen Wissenschaftsauffassung ver-

---

kannter erfahrungswissenschaftlicher Tatsachen und Erkenntnisse ist die Novität (vgl. auch Streeck 2006, 7f.). Alte Forschung konstituiert auf diese Weise gleichsam den „Humus“, aus dem Neues emergiert (für diese schöne Metapher danke ich *mater mea*).

177 Vgl. Lijphart 1997, 247.

178 Zuerst Lijphart 1968c; 1969. – Wie er auf den Begriff *consociational democracy* gekommen ist, beschreibt Lijphart in seinem autobiografischen Text von 1997 (252, Endnote 3). – Dieses Beispiel illustriert im Übrigen den eminenten Stellenwert, den das Englische als weltweiter „Diffusions-Faktor“ (Berger/Luckmann 1980, 10) politikwissenschaftlicher Erkenntnis hatte und hat (vgl. auch McKay 1991, 460).

179 Vgl. Lijphart 1977; 1984; 1999; 2001 sowie zuletzt 2008a.

180 Peter Seibt war ab dem WS 1971/72 Professor für Internationale Politik an der Universität Bremen.

181 GL 1967b. – Das Buch ist die wesentlich erweiterte Fassung eines gedruckten Manuskripts, das Lehmbruch unter Mitarbeit von Seibt 1965 für Tübinger Politikwissenschaftsstudierende herausgab (GL 1965).

182 Hartmann 2003, 155.

183 Arendes 2005, 119; vgl. auch Mohr 2003, 121.

184 Vgl. GL 1968a, 32ff. – Die ausführliche Besprechung von Methoden war damals ein positives Novum (vgl. die Auswertung von Westle 2009, 44).

pflichtet sieht,[185] wie sie heute in der deutschen Politikwissenschaft als hegemonial bezeichnet werden darf.[186]

Lehmbruchs Publikation war zwar nicht die erste politikwissenschaftliche Einführung in deutscher Sprache,[187] doch für einige Jahre die erfolgreichste und wurde – wiederum im Urteil Hartmanns – „verdientermaßen zum Verkaufsrenner."[188] Bis 1971 erschienen drei weitere (unwesentlich veränderte) Auflagen,[189] ehe das Buch Mitte der 1970er Jahre von einer rasch steigenden Zahl neuer Konkurrenzprodukte vom Lehrbuchmarkt verdrängt wurde.[190]

Zum Wintersemester 1969/70 erhielt Lehmbruch einen Ruf auf die (neu geschaffene) Stelle eines Wissenschaftlichen Rates (Hochschulbeamten-Besoldungsgruppe C2) am Institut für Politische Wissenschaft an der Heidelberger Ruperto Carola.[191] Zu professoralen Kollegen zählten in dieser Zeit u.a. Dolf Sternberger (der 1972 emeritiert wurde) und Hans-Joachim Arndt (*1923). Manfred G. Schmidt (*1948) war als junger Student zu jener Zeit politikwissenschaftlicher Eleve Lehmbruchs. Er sollte ihm später als wissenschaftlicher Mitarbeiter und Assistent an die Universitäten Tübingen und Konstanz folgen.

---

185 Lehmbruch selbst hat dazu später vermerkt: „Als meine ‚Einführung in die Politikwissenschaft' von 1967 schnell den Ruf erwarb, sie stehe für eine entschieden erfahrungswissenschaftlich orientierte Politikwissenschaft, da war das nicht zuletzt den wissenschaftstheoretischen und methodologischen Abschnitten zu verdanken, die Frieder Naschold beigesteuert hatte." (GL 2000c, 313).

186 Vgl. oben S. 29.

187 Außer einigen einführenden Sammelbänden lagen zu dem Zeitpunkt Einführungswerke in deutscher Sprache von Carl Joachim Friedrich (1901-1984), Georges Burdeau (1905-1988), Otto Heinrich von der Gablentz (1898-1972) und Manfred Hättich (1925-2003) vor (Friedrich 1961; Burdeau 1964; Gablentz 1965; Hättich 1967). All diese Publikationen waren jedoch als Orientierung für Erstsemester inhaltlich mehr oder weniger defizitär und in ihren Gliederungen für studiencurriculare Zwecke wenig geeignet. Darüber hinaus hatten sie allesamt den formalen Nachteil, als Hardcover erschienen zu sein. Viele damalige Studierende dürfte daher (mit Blick in ihre Geldbeutel) auch der günstigere Kaufpreis der Lehmbruch'schen Publikation überzeugt haben, die als Paperback erschienen war.

188 Hartmann 2003, 155. – Es dürfte sich tatsächlich um Lehmbruchs bestverkauftes und meistgelesenes Buch handeln. Informationen über die Druckauflage konnte mir der Verlag „aus organisatorischen Gründen" nicht mitteilen.

189 GL 1967b; 1968a; 1970a; 1971c. (Die 4. Auflage war ein unveränderter Nachdruck der 3. Auflage.)

190 Die erste Alternative stellte die von Dirk Berg-Schlosser, Herbert Maier und Theo Stammen verfasste und 1974 als Paperback bei C.H. Beck in München publizierte Einführung dar (iid. 1974).

191 Auf diese akademische Stelle wurde danach Dieter Nohlen (*1939) berufen, der Lehmbruch unmittelbar nachfolgte und 2004 ebenda in den Ruhestand ging.

Die Zeit, in der Lehmbruch seine erste Professur antrat, fiel zusammen mit dem Höhepunkt der rebellischen, sich gesellschaftsverändernd gerierenden sogenannten 1968er-Bewegung.[192] Viele damalige Studierende hätten es ihren akademischen Lehrerinnen und Lehrern (auch und gerade in Heidelberg) alles andere als leicht gemacht, wie sich Lehmbruch erinnert:

> Heidelberg [...] was then a stronghold of student radicalism. For some time I was the only professor of political science who continued to give lectures, and in my seminars the diverse Marxist factions confronted not only me but each other. Although I refused to compromise on the institutional foundations of academic freedom I considered it an intellectual duty of a university teacher to accept any challenge to established scientific thought as long as it was based on sufficiently articulated arguments. There were brilliant intellectuals among our radical students, and if one wanted to hold one's ground in these controversies a sufficient familiarity with Marxist theory and political economy was of course indispensible.[193]

Diese Protestgeneration war in ihren Erfahrungen und Prägungen von jener in NS- und Trümmerdeutschland sozialisierten Lehmbruchs sehr verschieden, und so „befremdete mich manches an der emanzipatorischen Emphase dieser jüngeren Altersklasse".[194] Während andere Institutsangestellte zeitweilig entnervt ihren Lehrbetrieb einstellten und von einigen wenigen Linksextremisten regelrechter Psychoterror ausgeübt wurde (der sich auf seelisch labilere Dozentinnen und Dozenten fatal auswirkte),[195] übernahm Lehmbruch, nachdem Arndt sich zurückgezogen hatte, im März 1971 als einziger noch in Frage kommender Habilitierter den Institutsvorstand. Ihm sei dabei wichtig gewesen, ein Mindestmaß an Kommunikation aufrecht zu erhalten und sich der Diskussion mit linken Gruppen nicht zu verschließen (auch um den schlimmsten Fall – die im Raum stehende Institutsschließung[196] – abzuwenden):

> Ich habe mich immer auch den Leuten von der Linken gestellt. Ich habe ja Seminare gemacht, die waren abenteuerlich, da im Haus Riesen. Mit 80 Teilnehmern oder mehr, wo die beiden Fraktionen – die Heidelberger SDS hatte sich ja gespalten: die eine Fraktion war die orthodox-kommunistische, auf der anderen Seite waren die

---

192 Vgl. hierzu die grundlegende Literatur, die in Kap. 1, Fn. 70 angegeben ist; vgl. ferner speziell zu Heidelberg Katja Nagels (2009) Dissertation, die aber in mehrerlei Hinsicht unbefriedigend ist: Die Autorin geht auf die Geschehnisse an den einzelnen Instituten mit höchst unterschiedlicher Intensität ein; das IPW wird konsequent ausgespart (unbefriedigende Quellenauswahl resultiert eben in „blinden Flecken"...). Außerdem vermisst man eine systematische Einordnung der Heidelberger Ereignisse im Vergleich zu anderen deutschen Universitätsstädten – für die im Übrigen einige ähnlich gelagerte Studien vorliegen (vgl. ibid., 23, Fn. 40; Klimke/Scharloth 2007, 6f.).

193 GL 1997b, 200.

194 GL 2000c, 6.

195 Vgl. Arndt 1978, 368f., 376; Mohr 2008, 50f.

196 Vgl. Mohr 2008, 48.

Quasi-Maoisten, Kommunistischer Bund Westdeutschlands und so weiter – sich homerische Redeschlachten geliefert haben. Ich habe ein Seminar über die SPD und Sozialdemokratie gemacht, [...] da haben die dann die verschiedenen Interpretationen gegeneinander gestellt. Da dachte ich, das ist eigentlich ganz produktiv. [...] Ich war sozusagen der Schiedsrichter. [...] Es entsprach nicht ganz dem, was wir früher von einem Seminar erwartet hätten. Aber ich konnte doch immer das Gefühl haben, es war gerechtfertigt, das so zu machen, denn es war eine intellektuell durchaus fundierte Auseinandersetzung. Für mich war es auch wichtig, dass da im Laden weiterhin ein Gesprächsklima bestand.[197]

Während Lehmbruch sich seit dem Abitur gute Kenntnisse in marxistischer Philosophie angeeignet hatte, stellte die Konfrontation mit der neomarxistischen Politischen Ökonomie für ihn Neuland dar. In direkter Auseinandersetzung mit ihr, und gleichzeitig sich erinnernd an die herausragende Stellung mancher Interessenverbände in Konkordanzdemokratien, bereitete Lehmbruch in Heidelberg ein Diskussionspapier über demokratische Staat-Verbände-Beziehungen vor, das er zuerst 1974 bei einem „Round Table" der IPSA in Jerusalem vorstellte und ein Jahr darauf in ähnlicher Fassung bei einem Workshop in Genf präsentierte. Bei letzterer Gelegenheit war ein US-amerikanischer Kollege zugegen, der mit ähnlichen theoretischen Prämissen auf dem gleichen Interessengebiet forschte: Philippe Schmitter (*1936).[198] Sie beschlossen sogleich, das gemeinsame Forschungsfeld „(Neo-)Korporatismus" als „joint venture"[199] zu betreiben. Während Schmitter seinen Ausgangspunkt im brasilianischen und portugiesischen Korporatismus autoritärer Prägung genommen hatte, galt Lehmbruchs Interesse von Beginn an korporatistischen Institutionen in Demokratien, welche er zur begrifflichen Abgrenzung „liberalen Korporatismus" taufte.[200] Der Kooperation mit Schmitter entsprossen unter anderem zwei bereits in Kapitel 1 erwähnte und in der fachwissenschaftlichen Zunft viel beachtete Herausgeberschaften.[201]

Lehmbruch verstand (und versteht) seinen korporatistischen Forschungsansatz zunächst explizit als bessere Erklärungsalternative für eine von Neomarxisten vehement thematisierte Problemstellung:

I found that one of the most striking shortcomings of mainstream neo-Marxist political economy in those years was its neglect of the autonomy of politics which led it to

197 GL 2010b, 19.

198 Vgl. GL 2010d. – Vgl. zu Schmitter Köppl 2006, 275; O'Donnell 2006; Stöver 2004 sowie autobiografisch Schmitter 1997.

199 GL 2010b, 20.

200 Zuerst GL 1977. – Das Konferenzpapier von 1974 wurde 1979 veröffentlicht (GL 1979a).

201 Schmitter/Lehmbruch 1979; Lehmbruch/Schmitter 1982.

overlook the importance of cross-national variations in the political management of capitalist economies.[202]

Er erkannte in der Korporatismusthematik aber grundsätzlich auch ein Interessengebiet, auf das sich Politologinnen und Politologen unterschiedlicher wissenschaftstheoretischer Provenienz einigen konnten.[203] Die Korporatismusdiskussion „contributed much to bridge the political schisms that have divided the discipline since the late 1960s",[204] wie Lehmbruch im Rückblick meint. Klaus von Beymes Ausführungen in *Theorie der Politik im 20. Jahrhundert* über die Korporatismusforschung stützen diese Sichtweise nachdrücklich.[205]

Im Jahr 1973 wurde Lehmbruch als Nachfolger seines emeritierten Lehrers Eschenburg auf dessen Lehrstuhl an die – im Vergleich zu Heidelberg sehr ruhige – Tübinger Universität berufen.

Zu Beginn seiner zweiten Tübinger Dozententätigkeit arbeitete Lehmbruch vor allem an der Fertigstellung einer Monografie, deren Thematik erstmals während der sozialdemokratisch-liberalen Koalition virulent geworden war: Es ging um den deutschen *Parteienwettbewerb im Bundesstaat.*[206] Das Buch erschien erstmals 1976 und sollte im Laufe der Zeit zu einer „klassischen Studie"[207] über den Föderalismus und das Parteiensystem Deutschlands aus entwicklungsgeschichtlicher Perspektive avancieren. Davon zeugen zwei spätere Neuauflagen.[208] Die erste Auflage erhielt allerdings nicht gleich jene Aufmerksamkeit, die sich der Verfasser gewünscht hätte.[209] Lehmbruch führt die anfänglich geringe Resonanz darauf zurück, dass der Verlag Kohlhammer die Schrift „in einer Taschenbuchreihe von sehr ungleichmäßigem Niveau versenkte."[210]

In Tübingen hielt es Lehmbruch nicht sehr lange. Schon nach fünf Jahren, 1978, nahm er einen Ruf als Ordinarius für Politik- und Verwaltungswissenschaft an die zwölf Jahre zuvor gegründete Universität Konstanz an. Kurz zuvor hatten dort Fritz Scharpf (*1935) und andere ein neuartiges Curriculum „Verwaltungswissenschaft" initiiert. Unzufrieden mit der Arbeitsatmosphäre am Tübinger Institut und eingedenk seiner neuen Forschungsinteressen im Bereich der Public-Policy-Forschung, entschied er „it was time to move into an en-

---

202 GL 1997b, 200.

203 Vgl. GL 2010b, 14f.

204 GL 1997b, 202; vgl. auch GL 1996c, 735f.

205 Vgl. Beyme 2007, 129ff.; ähnlich bereits id. 1980, 48f.; 1984, 212f.; 1992, 201.

206 GL 1976.

207 Kriesi 2001, 123.

208 GL 1998c; 2000a.

209 Die erste Auflage wurde z.B. nicht in der von der DVPW herausgegebenen PVS rezensiert.

210 GL 2010a.

vironment offering some new challenges."[211] Den Ruf, so erinnert sich Lehmbruch, habe er aufgrund seines Probevortrags Anfang 1977 über Korporatismus erhalten, einem Thema, das damals noch nicht bis Konstanz vorgedrungen gewesen sei, das aber den antagonistischen „Lagern" des Instituts, dem links (und teilweise neomarxistisch) orientierten akademischen „Mittelbau" wie der eher „konservativen" professoralen Tête mit Thomas Ellwein (1927-1998) und anderen, einen attraktiven gemeinsamen Forschungsnenner bot.[212] Mit der Präsentation der korporatistischen Thematik sei er sogleich „everybody's darling"[213] gewesen und einmütig an die erste Stelle der Berufungsliste gesetzt worden.[214]

Lehmbruch zog nicht allein an den Bodensee: Neben seinem Assistenten Manfred Schmidt begleitete ihn auch eine Reihe von Tübinger Studenten, die später unter seiner Betreuung promoviert (und manche auch habilitiert) wurden, um dann ebenfalls die politikwissenschaftliche Hochschullehrer-Laufbahn einzuschlagen – u.a. Klaus Armingeon (*1954),[215] Roland Czada (*1952) und Edgar Grande (*1956).

In der Konstanzer Zeit forschte und publizierte Lehmbruch zunächst in einem von der Volkswagen-Stiftung geförderten Projekt weiter über Korporatismus (ab 1982) und wandte sich dann, nach der christdemokratisch-liberalen Regierungswende 1982/83, einem stark *policy*-orientierten Projekt über „wirtschaftspolitischen Strategiewechsel" zu.[216] Im Zuge der deutschen Wiedervereinigung war er nicht nur partiell – vor allem in Leipzig, Potsdam und Frankfurt/Oder – in den organisatorischen und personellen Aufbau der ostdeutschen Politikwissenschaft eingebunden;[217] er beschäftigte sich auch – als einer der ersten – politikwissenschaftlich mit dem Prozess der Eingliederung der DDR in das bundesdeutsche Staatsgebiet.[218] In diesem Zusammenhang prägte er die – danach immer wieder aufgegriffene[219] – Bezeichnung „Institutionentransfer".[220] Daneben beschäftigte ihn in der jüngeren Forschungstätigkeit zunehmend der wirtschaftspolitisch-staatsadministrative Vergleich zwischen Japan und Deutschland.[221]

---

211 GL 1997b, 202.

212 Vgl. GL 2010b, 23.

213 GL 2010b, 23.

214 Vgl. GL 2010b, 23.

215 Vgl. Armingeon 2008.

216 Vgl. GL 1989b, 2010b, 24.

217 Vgl. GL 1995c; 2009d, 39f.; 2010b, 26ff.

218 Zuerst GL 1990a; vgl. weiter GL 1991a; 1992a; 1993a; 1993b; 1994a; 1994b; 1994c; 1995b; 1996b; 1996d; 1997a; 1998b; 2000b; 2002c; Lehmbruch/Mayer 1998.

219 Vgl. z.B. Greven 2003, 60.

220 Z.B. GL 1993a.

221 Vgl. u.a. GL 1995a; 1997a. – 1990 war Lehmbruch für mehrere Monate Gastwissenschaftler an der Tokioter Universität (vgl. Anhang 9.4.).

Beide Themenkomplexe sind theoretisch wie inhaltlich konsequente Fortführungen bzw. Ergänzungen seiner bisherigen Forschungsleistungen.

Während seiner Zeit als Hochschullehrer hatte Gerhard Lehmbruch zahlreiche bedeutende hochschulische wie außeruniversitäre wissenschaftliche Positionen und Ämter inne.[222] Auf internationaler Ebene ist sein stellvertretender Vorsitz in der IPSA 1988-1991 hervorzuheben;[223] auf nationaler Ebene seine Tätigkeit als DVPW-Vorsitzender 1991-1994. Dieser Vorsitz sei, erinnert sich Lehmbruch, an ihn herangetragen worden mit der – mehr oder weniger expliziten – Hoffnung, das organisatorische Schisma der deutschen Politikwissenschaft zu überwinden und die 1983 abgespaltene DGfP wieder zu integrieren. Lehmbruch hatte gute Gesprächskontakte zu DGfP-Mitgliedern. Zwar gelang ihm die „politikwissenschaftliche Wiedervereinigung" nicht, doch hätten sich mittlerweile – so meint er heute – hüben wie drüben die Gemüter entspannt, und die Aufgaben seien nun klar verteilt: Während die DVPW ohne Anfechtung die fach- und hochschulpolitische Vertretung beanspruche, sei die DGfP heute vor allem ein Verein für persönliche Kontaktpflege.[224]

Mit Ende des Wintersemesters 1995/96 wurde Gerhard Lehmbruch kurz vor seinem 68. Geburtstag an der Universität Konstanz emeritiert.[225] In der bisherigen Zeit seines Ruhestands sind ihm zwei große Ehrungen für sein Lebenswerk als politikwissenschaftlicher Forscher zuteil geworden: 2003 wurde ihm von Vorstand und Beirat der DVPW in Mainz der damals neu ins Leben gerufene *Theodor-Eschenburg-Preis* „für ein großes politikwissenschaftliches Lebenswerk" verliehen,[226] und 2009 wurde er vom ECPR in Potsdam mit dem *Lifetime Achievement Award* ausgezeichnet.[227]

Wenn an dieser Stelle ein Resümee über Gerhard Lehmbruchs Lebenslauf und wissenschaftlichen Werdegang gezogen werden soll, darf dieses – bei aller interpretatorischen Vorsicht – doch mit guter Begründung zwei Tatsachen herausstellen. Zunächst fällt die frühe sozialisatorische Prägung auf, die Gerhard Lehmbruch – einesteils – das Zusammenleben in einer soziokulturell heterogenen Umwelt erfahren ließ, die ihm später aber – andernteils – auch die Fragilität

222 Vgl. Anhang 9.4.

223 Vgl. Coakley/Trent 2000.

224 Vgl. GL 2010b, 25.

225 Da er noch vor Inkrafttreten des Hochschulrahmengesetzes (1976) auf seine erste Professur berufen worden war, durfte er für sich in Baden-Württemberg zwischen der alten und neuen Regelung wählen. Letztere sah den Ruhestandseintritt zum 65. Geburtstag vor, das alte Reglement stellte den Pensionsantritt zwischen dem 65. und 68. Geburtstag frei. Lehmbruch optierte für die alte Regelung (vgl. GL 1993c, 2).

226 Weitere Preisträger seither waren 2006 Helga Haftendorn (*1933) und 2009 Wilhelm Hennis (*1923) (vgl. DVPW 2010).

227 Vgl. Abb. 10. – Erste Preisträger des *Lifetime-Achievement-Awards* des ECPR waren 2005 Giovanni Sartori (*1924) und 2007 Philippe Schmitter (vgl. ECPR 2010).

desselben nahe brachte. Friedliches oder jedenfalls gewaltfreies Zusammenleben ist offensichtlich keine Selbstverständlichkeit – das wurde dem Heranwachsenden während des Nationalsozialismus auf vielerlei Weise, teilweise recht drastisch, vor Augen geführt. Im Zusammenwirken mit dem väterlichen Vorbild hat diese Prägung seinen akademischen Werdegang – die Entscheidung zunächst für die evangelische Theologie – beeinflusst und spiegelt sich deutlich in seinen politikwissenschaftlichen Forschungsinteressen, die in den folgenden Abschnitten beleuchtet werden.

Die zweite Conclusio, die aus den vorangegangenen Ausführungen gewonnen werden kann, lässt sich am besten in Gerhard Lehmbruchs eigenen Worten zusammenfassen: „Ich galt eigentlich immer als jemand, der mit allen möglichen Leuten kann.“[228] Das ist zu einem guten Teil auf sein konziliantes und gesprächsbereites Auftreten zurückzuführen, in dem sich – so darf man plausibel vermuten – Erfahrungen aus Kindheit und Jugend, da Menschen „nicht mehr miteinander redeten“, ins Positive gewendet spiegeln. Dieser Wesenszug beschränkt sich aber nicht nur auf seinen persönlichen Charakter, sondern kann – das ist frappant – bis in die konkrete politikwissenschaftliche Forschung verfolgt werden: Seine Forschungsleistungen über „liberalen Korporatismus“ waren *auch* der Versuch, die Vertreter der antagonistischen wissenschaftstheoretischen Ansätze in der bundesdeutschen Politikwissenschaft wieder in ein gemeinsames Gespräch zu bringen.

So ist der wissenschaftliche Werdegang Gerhard Lehmbruchs nicht nur der eines Forschenden über verhandlungsdemokratische Konfliktregelungsmuster und -mechanismen. Er ist auch – jedenfalls ein gutes Stück weit – gelebter Ausdruck verhandlungsdemokratischer Moderation.

[228] GL 2010b, 25.

3. Vergleichende Regierungslehre: Konkordanzdemokratie

3.1. Von der Proporz- zur Konkordanzdemokratie, oder: Politische Konfliktregelung in „gütlichem Einvernehmen“

Gelegentlich kommt es vor, dass kleine Bücher große Wirkung entfalten. Gerhard Lehmbruchs *Proporzdemokratie* – das zentrale Werk seiner Habilitation – ist hierfür ein Beispiel in der Vergleichenden Politikwissenschaft.[1] In dieser Abhandlung, die der Verfasser als einen „Beitrag zur empirischen Theorie der politischen Systeme“[2] verstanden wissen will, ist in nuce sein theoretischer Ansatz enthalten, den er kontinuierlich weiter entwickeln und verfeinern sowie später auch als Erklärungshilfe auf andere politisch-institutionelle Zusammenhänge anwenden sollte: Es ist die zusammenführende Anwendung von entwicklungsgeschichtlich-institutionalistischem[3] und politisch-kulturellem Erklärungsansatz.[4] Damit legte er den Grundstein für eine innovative theoretische Forschungsperspektive und führte das angelsächsische Konzept über „Politische Kultur“ in modifizierter Form in die deutschsprachige Forschung ein.[5]

Unter Zugrundelegung einer von David Easton (*1917) geprägten[6] (und bis heute wirkmächtigen) Begriffsbestimmung von Politik (im Sinne von *politics*), die Lehmbruch in seiner *Einführung in die Politikwissenschaft* paraphrasiert als

---

1 GL 1967a. – „Proporz“ leitet sich ab von Proportionalität, das wiederum die lateinische *proportio* als Wurzel hat und Verhältnismäßigkeit impliziert (z.B. Verhältniswahlrecht). Konterpart ist der Majorz (abgeleitet von Majorität, lateinisch *major* = größer), i.e. das Mehrheitsprinzip (etwa Mehrheitswahlsystem).

2 GL 1967a, 11.

3 Lehmbruch selbst spricht von einem „genetische[n] Ansatz“ (GL 1969a, 156), „da die höchst unterschiedlichen individuellen historischen Entstehungsumstände uns nur unter gewissen gemeinsamen strukturellen Merkmalen interessieren, die wir als genetische Bedingungen identifizieren.“ (ibid., 157, Fn. 73). In der Vergleichenden Politikwissenschaft ist dieses Vorgehen als *configurative analysis* bekannt geworden (vgl. Katznelson 1997). (Zur grundsätzlichen wissenschaftsgeschichtlichen Herkunft und sozialwissenschaftstheoretischen Verortung des Historischen Institutionalismus gegenüber anderen Herangehensweisen vgl. auch Immergut 1997.)

4 Der Lehmbruch'sche Ansatz ist also ein klar neoinstitutioneller: „Hauptunterschied zum älteren Institutionalismus: es wird nicht alles mit Institutionen erklärt.“ (Beyme 1992, 76, H.d.O.obl.; vgl. ferne die detaillierte Gegenüberstellung von altem und neuem Institutionalismus bei Helms 2004, 29).

5 Lehmbruch nahm hierbei Anleihe bei Gabriel Almond, der sein Konzept der „political culture“ erstmals 1956 präsentiert hatte; er veränderte dieses allerdings in einigen Punkten (vgl. GL 2003a, 10). Dazu s. das Folgende.

6 Vgl. Easton 1953, 129ff.

gesellschaftliches Handeln (d. h. Handeln, das zweckhaft auf das Verhalten anderer bezogen ist), welches darauf gerichtet ist, *gesellschaftliche Konflikte über Werte* (einschließlich materieller Güter) *verbindlich zu regeln*[7],

definiert er „Proporzdemokratien" bzw. „Proporzsysteme"[8] als politische Systeme, die

dadurch charakterisiert sind, daß hier ein eigentümliches ‚Muster' (pattern) der Regelung von Konflikten zwischen den wichtigsten politischen Gruppen vorherrscht: Das Prinzip der Mehrheitsentscheidung wird weitgehend zugunsten jenes Grundsatzes ausgeschaltet, der im Westfälischen Frieden ‚amicabilis compositio' heißt.[9]

Dieses Prinzip des „gütlichen Einvernehmens" werde vor allem sichergestellt, indem „alle wichtigen Minderheitsgruppen"[10] an der Regierung teilhaben und öffentliche Ämter sowie Stellen im öffentlichen Dienst (und unter Umständen auch in staatsnahen Unternehmen) nach Proporz- oder Paritätsregeln unter Mitgliedern der verschiedenen Gruppen vergeben werden; dieser Proporz könne formal festgeschrieben sein; er könne aber auch in Wahlen ermittelt werden.[11] Außerdem sei es möglich, dass die verschiedenen Gruppen in Belangen, die nur sie selbst betreffen, über ein gewisses Maß an autonomer Regelsetzung und -anwendung verfügen.[12] (Bereits kurz nach Erscheinen der *Proporzdemokratie-*

---

7 GL 1968a, 17 (H.i.O.).

8 GL 1967a, 7 u. passim.

9 GL 1967a, 7f. – Obwohl der Habilitations-Nebengutachter Gerhard Schulz, ein Historiker, Lehmbruchs Leistungen der Fakultät zur Annahme empfiehlt, moniert er hinsichtlich der *amicabilis-compositio*-Analogie, die er für nicht angemessen hält, „daß begriffliche Prägnanz und logische Genauigkeit der Politologie durch eine zuverlässige Verfügung über historisches Erfahrungsmaterial noch gewinnen könnten". (S. 2 des Gutachtens in UAT 551/104). Schulzes Detailkritik gibt allerdings Lehmbruchs Darstellung nicht korrekt wieder, sodass der Verdacht bleibt, hier empfinde ein Historiker den Vertreter der neuen Universitätsdisziplin Politikwissenschaft als unerwünschten „Eindringling" in „facheigenes Revier" (vgl. für ähnliche geschichtswissenschaftliche Befürchtungen Ritter 1959; vgl. ferner aus zeitlichem Abstand resümierend Beyme 2010b).

10 GL 1992b, 207.

11 Vgl. GL 1967a, 8 u. 41ff.; 1992b, 207. – In seinen neueren Beiträgen zum Thema definiert Lehmbruch die formale oder informelle Verständigung in wichtigen Entscheidungsprozessen „nach der Maxime des gütlichen Einvernehmens" auf der Ebene der Zentralregierung zum zentralen Kennzeichnungsmerkmal von Proporzsystemen (id. 1992b, 208).

12 Zum Beispiel in der Verwaltung, der Armee, der Polizei oder staatsunmittelbaren Massenmedien (vgl. GL 1967a, 42). – Lehmbruchs Konzept der Konkordanzdemokratie unterscheidet sich insofern etwas von Lijpharts Definition der *consociational democracy*, für die dieser zwei prinzipielle und zwei ergänzende Kriterien definiert: „shared decision making by representatives of all significant segments with regard to matters of common concern and autonomous decision making by and for each separate segment on all other issues. Two additional characteristics are proportionality in political representation, civil

Schrift, nämlich 1969, substituierte Lehmbruch den Titel gebenden Terminus durch die – im Schweizerischen Sprachgebrauch geläufige – Bezeichnung „Konkordanzdemokratie",[13] die das interessierende Phänomen treffender charakterisiere, „weil proportionale Ämterverteilung nur ein Element der hier erörterten Strategie der Konfliktregelung ist."[14] Dieser solcherart konzeptionell fruchtbar gemachte Begriff hat sich in der Folge in der deutschsprachigen Politikwissenschaft fest etabliert.[15])

Die Definition von Konkordanzsystemen beinhaltet zugleich Lehmbruchs zentrale These, derzufolge in manchen demokratisch verfassten Staaten politische Streitfragen nicht durch Mehrheitsbeschluss, sondern einen zwischen den Konfliktgruppen ausgehandelten Kompromiss entschieden werden. Dieses Konfliktregelungsmuster sei in verschiedenen Staaten in unterschiedlicher Intensität und Reichweite zu beobachten, doch stellten die alpenländischen Republiken Schweiz und Österreich – 1967! – die „in gewisser Beziehung reinsten Ausprägungen des Typus" dar.[16] Um die von wettbewerbsdemokratischen Orientierungen abweichende Regelungsnorm zu erklären, führt Lehmbruch das Konzept der „Politischen Kultur" ein; diese definiert er als historisch entwickeltes System „jener expliziten und impliziten Leitvorstellungen, die sich auf die politischen Handlungszusammenhänge beziehen",[17] wobei er zwei Aspekte unterscheidet: Einerseits die kognitiven, emotionalen und wertenden Zielvorstellungen der verschiedenen gesellschaftlichen Gruppen, aus welchen sich deren politische Präferenzen ableiteten. Diese konstituierten den Bereich der gesellschaftlich-politischen Konflikte, die „Interessenstruktur", welche – nach der Easton'schen Unterscheidung – den *input* des politischen Systems aufnehme. Andererseits, so Lehmbruch, existierten davon „teilweise unabhängige Normen betreffend die Modalitäten der politischen Regelung gesellschaftlicher Konflikte"; diese wiederum bilden den Bereich institutionalisierter Konfliktregelung, die „Regierungsstruktur", welche die verbindlichen Entscheidungen, den politischen *output*, produziere.[18] Sie sei im Wesentlichen nicht kodifiziert, sondern

---

service appointments, and the allocation of public funds, and the minority veto for the protection of vital minority interests." (Lijphart 2001).

13 GL 1969a.

14 GL 1969a, 144, Fn. 19. Dem Proporz-Begriff war (und ist) zudem im landläufigen Gebrauch oft eine negative Konnotation zu eigen (vgl. GL 1967a, 7), der dem Konkordanz-Begriff nicht anhaftet. Dieser leitet sich vom lateinischen *concordantia* ab; das bedeutet „Übereinstimmung". Eine Konkordanzdemokratie ist also wörtlich eine „Übereinstimmungsdemokratie" (Schmidt 2010b, 308).

15 Vgl. GL 1992b. – Daher verwende auch ich im Folgenden diesen Begriff anstelle von „Proporzdemokratie".

16 GL 1967a, 9.

17 Vgl. GL 1967a, 13.

18 Vgl. GL 1967a, 32. – Diese Unterscheidung korrespondiert mit den beiden Feldern Gesellschaftssystem und Politisches System auf der von Dirk Berg-Schlosser in Anleh-

„in einem funktionierenden Gemeinwesen Bestandteil eines gelebten Einverständnisses, das den gegenseitigen Beziehungen der politischen Akteure zugrunde liegt".[19] Bei seiner vergleichenden Analyse der Schweiz und Österreichs konstatiert Lehmbruch, dass Konkordanzdemokratien ein bestimmtes, ihnen eigentümliches Konfliktregelungsmuster aufweisen („‚bargaining'-Prozeduren"),[20] durch das sie sich von anderen demokratischen Systemen unterscheiden. Analytisch differenziert er zwischen drei verschiedenen „Stilen der Konfliktregelung" oder „Regelsystemen", die sich zwar – wegen ihres Charakters als typologische Forschungsheuristik[21] – empirisch nie in reiner Form, aber doch in deutlich unterschiedlichen Mischungsverhältnissen (bzw. Dominanzen) präsentierten:

(1) das hierarchisch-bürokratische Regelsystem der autoritären Konfliktentscheidung,

(2) das Regelsystem der Konkurrenz bzw. des Parteienwettbewerbs mit der Mehrheitsentscheidung als „fundamentaler Spielregel" und

(3) das Regelsystem der Konkordanz bzw. des Verhandelns („Verhandlungsdemokratie"), mit der Konsensbildung durch den Ausgleich widerstreitender Interessen als Konfliktentscheidung (*bargaining*).[22]

Da Lehmbruch bereits im Rahmen seiner Definition der politischen Kultur die historische Entwicklung als Erklärungsvariable angedeutet hat, versucht er folgerichtig, die Gemeinsamkeiten bzw. Unterschiede nationaler politischer Kulturen (im Sinne verschiedener dominanter Regelsysteme) aus entwicklungs-

---

nung an Talcott Parsons' (1902-1979) AGIL-Schema (Parsons 1951) vorgeschlagenen Vierfelder-Matrix zur erschöpfenden Analyse aller Bereiche von Politischer Kultur (die beiden weiteren Felder sind das Ökonomische und das Sozio-kulturelle System) (vgl. Berg-Schlosser 2010, 794f.).

19 GL 2000a, S. 14.

20 GL 1967a, 15.

21 Anders als Lijphart (2001), der „pure consociationalism and pure majoritarianism" als „ideal types" (im Sinne von Max Weber: 1973a, 190ff.) mit einem eben solchen Kriterienkatalog definiert, schlägt Lehmbruch eine erfahrungswissenschaftlich geerdete, realtypische „Skala" vor, „an deren einem Ende insbesondere das politische System Großbritanniens mit starker Dominanz der erwähnten kompetitiven Strategien steht, am Ende die hier zu diskutierenden Fälle der ‚amicabilis compositio'." (GL 1969a, 144).

22 Vgl. GL 2000a, 15, sowie ganz ähnlich bereits in id. 1967a, 57; 1974, 97. – Für das richtige Verstehen der Verhandlungsdemokratie ist entscheidend, dass Aushandeln nicht mit Kooperation gleichgesetzt wird. Bei kooperativem Handeln wirken mehrere Akteure arbeitsteilig zur Realisierung eines gemeinsamen Ziels zusammen, während das Verhandeln auf stabilitätsorientierten, längerfristigen Interessenausgleich durch politische Tauschgeschäfte (*log-rolling*, Junktims) fokussiert ist (vgl. Czada 2000, 26f., 40; GL 2000a, 17). (Insofern ist die Charaktisierung von Konkordanzstrategien als „kooperative[n] Strategien" – so Lehmbruch in einer frühen Publikation: GL 1969a, 147 – nicht korrekt.)

geschichtlicher Perspektive zu deuten. Er widerspricht damit dem (in den 1960er Jahren politikwissenschaftlich weit verbreiteten) Denkmuster, dass Demokratien mit stark konkordanzdemokratischen Zügen sich auf einer entwicklungsgeschichtlich niedrigeren (und also qualitativ minderen) Stufe befänden als Demokratien mit stark ausgeprägter Wettbewerbsintensität.[23] Lehmbruch will mithilfe seiner Studien über Konkordanzsysteme belegen, „daß verschiedene Modelle der Konfliktregelung mit hohem industriellem Entwicklungsstand kompatibel sein können."[24] Die Dominanz bestimmter politischer Konfliktregelungsmuster sei nicht unterschiedlichen Entwicklungsstufen geschuldet, sondern begründe sich vielmehr durch „eigentümliche kulturelle Voraussetzungen mit komplexen historischen Wurzeln."[25]

Danach enstamme das hierarchisch-bürokratische System dem Zeitalter des aufgeklärten Absolutismus, als gesellschaftliche Gegensätze nicht im direkten Umgang der Konfliktparteien ausgetragen, sondern von einer übergeordneten Autorität (der hierarchischen Verwaltungsorganisation) entschieden wurden. Wie der französische Soziologe Michel Crozier (*1922) herausgearbeitet hat, ist dieses Regelungsmuster für den französischen Bürokratenstaat charakteristisch;[26] außerdem hat dieses Regelsystem nach Lehmbruch auch den monarchischen preußischen Beamtenstaat gekennzeichnet.[27]

Der Modus des Wettbewerbs hingegen sei charakteristisch für politische Systeme, in denen Konkurrenz nicht nur um die Parlamentssitze herrsche, sondern darüber hinaus die diversen Parteien tatsächlich um den (zeitlich befristeten) Erwerb von Regierungsmacht und politischen Führungspositionen wetteifern. Der Ausgleich von Interessen könne erfolgen, weil die von Wahl zu Wahl grundsätzlich unsicheren und fluktuierenden Mehrheitsverhältnisse die siegreiche Partei (oder Parteienkoalition) zwingen, Minderheiteninteressen zu berücksichtigen.[28]

Im Gegensatz zu stark wettbewerbsorientierten Demokratien nach dem Vorbild Großbritanniens eigneten sich bestimmte politische Systeme nicht für die Konfliktregelung nach Mehrheitsentscheid, weil sie von einer (oder mehreren) tiefgehenden gesellschaftlichen Spannungslinie(n) (*cleavages*) durchdrungen

23 Dieser Sichtweise lag das Jahrhunderte alte, aus England herrührende liberale Paradigma der Demokratie als einer Ordnung der gleichgewichtigen Konkurrenz zugrunde (vgl. GL 1967a, 18f.; 1969a, 146f.; außerdem Schmidt 2010b, 306ff.).

24 GL 1967a, 11. – Dies wurde in der wissenschaftlichen Debatte offenbar des Öfteren missverstanden als Parteinahme des Autors für seine Untersuchungsobjekte; von dieser Unterstellung hat sich Lehmbruch etwas später ausdrücklich distanziert (vgl. GL 1971a, 54, Fn. 59).

25 GL 1967a, 58.

26 Vgl. Crozier 1963.

27 Vgl. GL 2000a, 15f.

28 Vgl. GL 1999b, 405; 2000a, 16.

und „vertikal segmentiert“ bzw. „versäult“ seien.[29] In einem solchen System betrachte jede Seite ihre jeweiligen Interessen bzw. politischen Präferenzen als unvereinbar mit jenen der Gegenseite(n).[30] Der gesamtgesellschaftliche Interessenausgleich könne daher nicht durch Wettbewerb um die Regierungsmacht hergestellt werden, weil aufgrund der festen Konfliktfront eine Gesellschaftsgruppe gegenüber der anderen strukturell permanent minorisiert würde und „Minderheiten normalerweise keine Chance haben, in Wahlen zur Mehrheit zu werden.“[31] In dem Moment aber, in dem dieser Interessenkonflikt von allen relevanten gesellschaftlichen Gruppen als legitim perzipiert werde (sodass Assimilation oder Unterdrückung von Minderheiten nicht mehr in Frage kommen), „bleibt nur noch der ausgehandelte Kompromiß als Grundelement des Verfahrens.“[32]

Die Ausbildung unterschiedlicher Regelsysteme führt Lehmbruch auf historische Lernprozesse der beteiligten Kollektivakteure zurück, die im Rahmen jeweils spezifischer institutioneller Arrangements (etwa konstitutioneller Bestimmungen) stattfinden, welche restringierend auf die potenziellen Strategierepertoires der Akteure wirken und die Wahl bestimmter „Handlungslogiken“ entweder wahrscheinlicher oder unwahrscheinlicher machten.[33] Die Qualität der institutionellen Strukturen wird dabei von Lehmbruch ihrerseits durch die jeweiligen historischen Entstehungs- und Ausbildungsvorgänge erklärt.

Mit diesem Erklärungsansatz wendet sich Lehmbruch gegen die Ahistorizität der „behavioralistischen Wende“[34] in der Politikwissenschaft, in deren Zusammenhang auch das von Gabriel Almond und anderen US-amerikanischen Politologen entwickelte Konzept über „politische Kultur“ zu sehen ist, das insofern einen *bias* aufweist, weil empirische Befunde dort gleichzeitig in ein „angelsächsische[s] Ideal“ münden.[35] Diese normative Verzerrung versuchte Lehmbruch in seinen Studien zu korrigieren.[36] Gleichzeitig stellt seine Herangehens-

---

29 Beide Zitate: GL 1969a, 146. Vgl. auch id. 1971a, 39.

30 Vgl. GL 1967a, 14. – Natürlich muss die jeweilige Konfliktlinie nicht zwingend zu einer bipolaren gesellschaftlichen Frontstellung führen; möglich ist auch Multipolarität mit mehr als zwei sozialen Konfliktgruppen.

31 GL 2000a, 17; vgl. id. 1967a, 21f.

32 GL 2000a, 17.

33 Vgl. GL 2000a, 17. – Er regt an, diese Lernprozesse unter Rückgriff auf spieltheoretische Modelle (Gefangenendilemma, „Tit for Tat“) zu analysieren (id. 1991c, 20f.).

34 Vgl. Beyme 2010a, 13f.; Easton 1985. – In der aus den USA kommenden behavioralistischen Wende spiegelt sich auch die eigentümliche Konzentration der amerikanischen Politikwissenschaft auf *politics* und *policies*, während der *polity*-Aspekt tendenziell weniger berücksichtigt wurde und wird (vgl. Bleek 2001, 402).

35 Vgl. Beyme 1992, 85 u. 167ff. (Zitat: S. 168, H.d.O.obl.); Sturm 2004, 305ff.

36 Theodor Eschenburg vermerkt in diesem Sinne anerkennend in seinem Gutachten (S. 8) zu Lehmbruchs Habilitation: „Den modernen amerikanischen Theorien ist er [Lehm-

weise eine vehemente Kritik an all jenen behavioralistischen Politikwissenschaftlerinnen und -wissenschaftlern dar,[37] die nicht nur hochfliegende Erwartungen bezüglich der Fachwissenschaftsentwicklung (in Richtung sparsamer Modelle quasi-gesetzlicher Prognosequalität) hegten,[38] sondern damit auch – z.B. im Anschluss an Anthony Downs' (*1930) einflussreiche Studie *An Economic Theory of Democracy*[39] – große sozialtechnologische Hoffnungen verbanden, insbesondere in Bezug auf eine Änderung des Wahlsystems.[40] Ein zentrales Argument der Proponenten mehrheitsdemokratischer Wahlregeln war dabei die als höher angenommene politische Stabilität (mit einhergehender größerer Leistungs- sowie Entscheidungsfähigkeit). Lehmbruch warnt vor derartigen „technokratischen Prätentionen" und argumentiert, dass eine Wahlrechtsreform „nicht als ‚Optimierungsproblem' begriffen werden [kann]", weil sowohl die „Wertsysteme" der politischen Akteure als auch „gegebene konkrete Bedingungen" der *polity* in Rechnung zu stellen seien.[41] Politische Stabilität dürfe nicht funktionalistisch als „Selbstzweck" verstanden werden, und die jeweilige Leistungs- und Entscheidungsfähigkeit von so komplexen Systemen wie den politischen könne nur derjenige ernsthaft beurteilen, der nicht nur die Wählerorientierungen in den Blick nehme, sondern auch die „eigentümlichen Orientierungen und Strategien [...] der politischen Eliten."[42]

In seiner *Proporzdemokratie* unternimmt Lehmbruch eine solche historisch-institutionalistische und elitenkulturelle Untersuchung am Beispiel zweier Fälle.[43] Bei der Schweiz führt er die Einübung von konkordanzdemokratischen

bruch] wie mancher andere nicht erlegen, sondern hat sich selbständig und kritisch mit ihnen auseinandergesetzt und hat durch seine Forschungsergebnisse über sie hinausgeführt", und der zweite Hauptgutachter Klaus von Beyme meint in seinem Gutachten (S. 7): „Die Typenbegriffe des Verfassers [Lehmbruch] unterscheiden sich von den *statischen* und *ahistorischen Modellen* mancher amerikanischen Forscher. Von amerikanischen Behavioristen ist Lehmbruch ‚Historismus' vorgeworfen worden. Der Gutachter neigt dazu, darin aber ein Lob zu sehen" (H.i.O. unterstrichen; beide Zitate aus: UAT 551/104).

37 Klaus von Beyme nennt die Untersuchung von Harry Eckstein (1924-1999) über Norwegen als Beispiel (Eckstein 1966), welche die nordische *polity* „mit der Hypostasierung einer politischen Kultur zu erklären versucht, die einer romantischen Wikingerphilosophie nicht mehr fern ist." (Beyme 1992, 87; vgl. auch GL 2010b, 16).

38 Vgl. oben Kap. 1, Fn. 69.

39 Downs 1957; vgl. auch die kritische Besprechung bei Schmidt 2010b, 205ff.

40 Über eine Wahlrechtsreform wurde in der zweiten Hälfte der 1960er Jahre sowohl in der BRD wie in Österreich intensiv debattiert (vgl. die bei GL 1971a, 46, Fn. 29 [für Österreich] u. GL 1971b [für die BRD] zitierte Literatur).

41 Alle Zitate aus: GL 1971b, 195.

42 Beide Zitate: GL 1971a, 41.

43 Der Ruf der US-amerikanischen Politikwissenschaft in den 1980ern nach *Bringing the State Back In* (Evans/Rueschemeyer/Skocpol 1985) und *Rediscovering Institutions*

Praktiken einerseits auf die ursprüngliche Regelung des religiösen Gegensatzes durch Paritätsformeln zwischen Katholiken und Evangelischen in gemischtkonfessionellen Kantonen seit dem 18. Jahrhundert zurück, andererseits auf die ebenfalls schon früh, im 19. Jahrhundert, eingerichtete „Staatswillensbildung [...] als ein Zusammenwirken von Gruppen", bei der, zunächst auf kantonaler Ebene, dann auch in der Bundesregierung (dem Bundesrat), die Exekutive sich nach einem „freiwilligen Parteienproporz" konstituierte.[44]

Hinsichtlich der österreichischen Republik ruft Lehmbruch wesentliche institutionelle Merkmale der 1918 zerbrochenen k.u.k.-Monarchie in Erinnerung: das Kurienwahlrecht, das „eine freie, mehrheitsbildende Interessenaggregation" verhinderte, sowie die politische Konfliktschlichtung zwischen den verschiedenen Nationalitäten mittels ausgehandelter Kompromisse – ein Verfahren, das zwischen zis- und transleithanischer Reichshälfte auch formal institutionalisiert war („Ausgleich"). Indem auch die k.u.k.-Bürokratie durch „Ämterpatronage zugunsten der verschiedenen Nationalitäten" charakterisiert gewesen sowie (in Ländern und Kommunen) als „Domäne politischer Parteien" beansprucht worden sei, habe „das formelle autoritär-hierarchische Entscheidungsmodell" gegenüber „informelle[n] Gruppenkompromissen" zurückgestanden.[45]

Die genetische Analyse ist allerdings nicht hinreichend, um zu erklären, weshalb sich in den beiden Alpenrepubliken jeweils ein stabiles konkordanzdemokratisches Muster der Konfliktregelung etablieren konnte. Hier führt Lehmbruch nun die politisch-kulturelle Komponente als Explanandum ein. Dabei zielt er weniger auf die Orientierungen der allgemeinen Wählerschaft – er konstatiert, dass der Grad der elektoralen Polarisierung dies nicht erklären könne –;[46] vielmehr richtet er sein Augenmerk auf den vergleichsweise kleinen Kreis der politischen Eliten. Unter Rückgriff auf das in der Soziologie und Sozialpsychologie beheimatete sozialkonstruktivistische Konzept der „sozialen Rolle" formuliert er die – 1967 empirisch noch unzulänglich geprüfte – Hypothese, dass „mit dem Eintritt in politische Elitegruppen ein spezifischer Sozialisationsprozeß verbunden ist",[47] in welchem an die neu Hinzugekommenen die jeweils besonderen, als vorteilhaft perzipierten Normen politischer Interaktion durch Lernprozesse weitergegeben werden. Sind diese Normen und Interaktionsschemata internalisiert, ist die Wahrscheinlichkeit groß, dass sie „auch auf veränderte Problemstel-

---

(March/Olson 1989) berührte Lehmbruch nicht: Er hatte dies nie aus dem Blick verloren. (Die explizit auf Deutschland bezogenen Ausführungen von Göhler et al. (2009, 383f.) über die Abwesenheit politischer Institutionenforschung in den 1960ern sind daher unzutreffend, und zwar nicht nur in Bezug auf Lehmbruch. Auch Klaus von Beyme etwa kann das Nämliche schwerlich vorgeworfen werden: vgl. z.B. Beyme 1970; 1988).

44 Vgl. GL 1967a, 15ff. (Zitate: S. 16 u. 17).

45 Vgl. GL 1967a, 20ff. (Zitate: S. 20 u. 26).

46 Vgl. GL 1967a, 29f.

47 GL 1967a, 27; vgl. auch id. 1971a, 40.

lungen angewendet werden."[48] In konkordanzdemokratischen Systemen wie der Schweiz und Österreichs sei besonders oft ein politischer Persönlichkeitstypus zu beobachten, dem eine „vermittelnde Tendenz" innewohne, der also – in der wenig schmeichelhaften österreichischen Diktion – ein „geborener ‚Packler'" sei.[49] Hinzu komme, dass in diesen kleinen Staaten eher intensiver informeller Austausch, oft „abgeschirmt gegen die Nichteliten", stattfinde, „weil hier die Kommunikationsstrukturen weniger komplex, die Kommunikationskanäle kürzer und die Elitegruppen weniger zahlreich sind."[50]

Zu diesen „internen Bedingungen" kommen „externe Bedingungen", die konkordanzdemokratische Regelungsmuster entweder beförderten oder behinderten: Hierfür stellt Lehmbruch in einem Aufsatz von 1969 Hypothesen auf.[51] Es sei entweder denkbar, dass die politischen Eliten ihr System als nicht von außen bedroht perzipierten; dies sei tendenziell „eine ermöglichende Bedingung der Einführung von Konkordanzstrategien."[52] Werde hingegen die Umwelt als bedrohlich aufgefasst, seien verschiedene Wirkungen vorstellbar. Seien die konkordanzdemokratischen Institutionen im Inneren hinreichend gefestigt, „können die Eliten solche Strategien wählen, um die desintegrierende ‚Penetration' des Systems abzuwehren."[53] Ebenso sei aber möglich, dass die systemimmanenten Konfliktlinien – etwa religiöse oder ethnische –

> ihre Entsprechung in kulturellen Konflikten zwischen verschiedenen benachbarten politischen Einheiten haben, [...] dann kann es zu einer mehrseitigen Penetration des Systems kommen, die zu einer kumulativen Verschärfung der internen Konflikte führt.[54]

Umgekehrt könne es geschehen, dass andere Staaten oder die internationale Staatengemeinschaft in die Konfliktregelung eines Staates eingreife, weil sie um die grenzübergreifende politische Stabilität besorgt seien: „[D]abei sind von der Vermittlung bis zum Octroi verschiedene Formen des Eingriffs denkbar."[55] Die „externen Bedingungen" konkordanzdemokratischer Systeme seien also ambivalent und müssten im konkreten Einzelfall empirisch genau geprüft werden.

Wie wirken sich nun diese genetischen und politisch-kulturellen Eigenarten des konkordanzdemokratischen Regelungsmusters auf den politischen Prozess aus? Dies untersucht Lehmbruch im zweiten Teil seiner *Proporzdemokratie*.

---

48 GL 1971a, 40; vgl. auch id. 1969a, 147.

49 Vgl. GL 1967a, 29 (Zitate ibid.).

50 GL 1969a, 149.

51 GL 1969a (englische Übersetzung: GL 1975).

52 GL 1969a, 154.

53 GL 1969a, 151.

54 GL 1969a, 151f.

55 GL 1969a, 153.

Zunächst analysiert er die „Interessenstrukturen" in beiden Staaten. In der Schweiz erkennt er eine „sektionalistische" Struktur, in welcher die zentralen eidgenössischen Konfliktlinien von Konfession und sprachlich-kultureller Zugehörigkeit innerkantonal verarbeitet beziehungsweise, soweit die gesamtstaatliche Ebene betroffen ist, durch die Kantone als Territorialkörperschaften vertreten werden. Hinzu komme, dass die beiden Konfliktlinien nicht parallel verlaufen, sondern Überschneidungen aufweisen – auch im Zusammenspiel mit geografisch-wirtschaftsstrukturellen Unterschieden. Die Interessenartikulation erfolge deshalb in der Schweiz vornehmlich „sektional". Für die Mehrheitsfähigkeit seien deshalb immer „Interessenallianzen" notwendig, wodurch dem System ein vergleichsweise hohes Maß an „Flexibilität" zu eigen sei, weil die Interessenkoalitionen „vergleichsweise locker" seien und auch wechselten.[56] Dagegen zeichne sich die österreichische Interessenstruktur dadurch aus, dass die zentrale Konfliktlinie, die ideologische, in der Ersten Republik weitgehend deckungsgleich mit wichtigen anderen sozialen Scheidelinien – der religiösen und der geografisch-ökonomischen – gewesen sei, was zu einer starken vertikalen Segmentierung bzw. „Versäulung" im organisatorischen Bereich – weit über die politischen Parteien hinaus – geführt habe, der, obwohl die Gegensätze in der Zweiten Republik „spürbar nachgelassen" hätten, sich in beträchtlichem Umfang konserviert habe und „immer noch recht wirksam [ist]."[57] Das habe eine „außerordentlich schwerfällig[e] [...] Interessenaggregation" zur Folge, weil nicht nur die vertikale Versäulung, sondern auch die Parteidisziplin überaus hoch sei und sich zunächst die beiden großen weltanschaulichen „Lager" SPÖ und ÖVP innerorganisatorisch abstimmen müssten – gewissermaßen *itio in partes* –,[58] um auf dieser Grundlage in der Bundesregierung einen Koalitionskompromiss auszuhandeln.[59]

Die sektionalen bzw. versäulten *cleavages* haben, in Verbindung mit der politisch-kulturellen Orientierung der Eliten, die den Proporz, d.h. die „Garantie des Kompromißcharakters der politischen Entscheidungen",[60] aufrecht erhält, besondere Folgen für die Erfüllung der wesentlichen Regierungsfunktionen (zu diesen zählt Lehmbruch einerseits die politische Integration, andererseits die

[56] Vgl. GL 1967a, 34 (Zitate: S. 37, 38 u. 49).

[57] Vgl. GL 1967a, 34ff. (Zitate: S. 35); 1971a, 37.

[58] Das *itio in partes* bezieht sich auf eine Regelung, wie sie im Religionsfriedensschluss von Osnabrück 1648 festgehalten ist. Danach durften Angelegenheiten, deren Regelung konfessionellen Streit hervorbringen konnte, nur in gütlicher Übereinkunft zwischen den beiden „Religionsparteien" entschieden werden, welche sich zuvor in getrennten Beratungssitzungen (eben *itio in partes*) auf eine Verhandlungsposition einigen sollten (vgl. GL 1967a 8, Fn. 1a; vgl. ferner id. 1999b, 406f.; 2000a, 84).

[59] Vgl. GL 1967a, 38 (Zitat: ibid.).

[60] GL 1967a, 41.

Bewältigung politischer Sachaufgaben, i.e. die Leistungsfunktion).[61] Politische Entscheidungen können nicht nach dem Down'schen Entscheidungsmodell getroffen werden, weil in Konkordanzsystemen „die Ansprüche der Gruppe A und der Gruppe B sich gegenseitig ausschließen".[62] Deshalb werde in Konkordanzdemokratien versucht, Streitfragen in „Paketen" miteinander zu verbinden: Sachlogisch getrennte Entscheidungskomplexe werden so junktimiert.[63] Diese Strategie, so Lehmbruch weiter, werde besonders in jenen politischen Systemen mit Nachdruck verfolgt, wo „im wesentlichen zwei ‚versäulte' Gruppen miteinander rivalisieren und viele Streitfragen in diesem Gegensatz polarisiert werden (Österreich)"; wenn eine Streitfrage zwischen den beiden Konfliktgruppen nicht durch Junktim entschieden werden könne, „droht der Konflikt ungelöst zu bleiben."[64] In der Schweiz hingegen, wo die sozialen Konfliktstellungen multipolarer Natur mit mehrerlei Überlagerungen seien, bleibe in der politischen Entscheidungsfähigkeit aufgrund potenziell wechselnder Mehrheiten größerer Spielraum, was außerdem zur Folge habe, dass „Stimmenmaximierungsstrategien" für die Parteien tendenziell eher von Erfolg gekrönt seien.[65]

Sind Konkordanzdemokratien also weniger leistungsstark (im Sinne adäquater politischer Problemlösungskapazitäten) – oder, mit Lehmbruchs Worten: „Inwieweit geht hier Stabilität auf Kosten der Leistungsfunktionen?"[66] Mit Bezug auf Österreich war verschiedentlich – auch in der politischen Berichterstattung – attestiert worden, dass der Proporz ein politisches Innovationshemmnis darstelle und die politische Kontrolle in Regierung, Verwaltung und staatseigenen Unternehmen aufgrund der „Parteibuchwirtschaft"[67] höchst defizitär sei.[68] Lehmbruch konstatiert aber, dass sich damit das Schweizerische Beispiel bereits nicht mehr erklären lasse: Die Eidgenossenschaft mache deutlich,

> daß man den Ausfall von Leistungsfunktionen nicht einfach monokausal erklären kann, sondern daß hier verschiedene Faktoren so sehr miteinander verbunden sind, daß eine kausale Zurechnung erheblich erschwert [...] wird.[69]

---

61 Vgl. GL 1967a, 40. – Die Stabilitäts- bzw. Systemerhaltungsfunktion lässt er außer Betracht, „weil die Proporzkonstruktion als solche die Systemstabilisierung anstrebt" (ibid., 48).

62 GL 1967a, 44; vgl. auch id. 1971a, 39.

63 Vgl. GL 1967a, 45; 1971a, 42f.. – Das Wortpaar junktimieren/Junktim ist vor allem im Österreichischen gebräuchlich. Es hat seine sprachliche Wurzel im lateinischen *iunctus*, das wörtlich „zusammengefügt" oder „vereinigt" bedeutet.

64 Beide Zitate: GL 1967a, 46.

65 Vgl. GL 1967a, 46 (Zitate: ibid.); 1971a, 44f.

66 GL 1967a, 48.

67 Zur sozialen Bedeutung der Parteimitgliedschaft in Österreich vgl. Ulram 1996.

68 Vgl. als (vergleichsweise) jüngeres Beispiel aus der bundesrepublikanischen Berichterstattung den *SPIEGEL*-Artikel von Kogelfranz 1985.

69 GL 1967a, 49.

Zu diesen systemischen Faktoren oder „Strukturelementen“ zählt er – erstens – die unterschiedlichen Parteiensysteme: in der Schweiz ein „Vielparteiensystem“ mit Multipolarität, in Österreich dagegen einen bipolaren „Parteiendualismus“; sodann – zweitens – die starke föderale Eigenständigkeit der Kantone, die mit der stärkeren Zentralisierung im österreichischen Bundesstaat kontrastiert; ferner – als dritten Punkt – die helvetische Institution des Referendums, die allerdings ambivalente Wirkung habe, weil durch sie „alle möglichen Sonderinteressen“ berücksichtigt werden müssten; schließlich – viertens – die Mitwirkung von Interessenverbänden in wirtschaftschaftspolitischen Belangen in beiden Staaten.[70] Insbesondere im österreichischen Fall konstatiert er, dass die Verbändezusammenarbeit sogar „auf Kosten der Konfliktregelungsfunktionen des Parteiensystems geht“ und sich die Exekutive „nicht selten auf die Rolle eines Notars zu beschränken [scheint].“[71] In jedem Fall, so betont Lehmbruch, müsse man „das Zusammenwirken der verschiedenen Faktoren im Augen behalten.“[72] Die Hinweise auf wirtschaftliche Interessengruppen und ihre staatsadministrative Einbindung weisen bereits den Weg zu Lehmbruchs Korporatismusforschung. Davon handelt das nächste Kapitel. Am Schluss dieses Abschnitts soll auf knappem Raum eine kritische Würdigung von Lehmbruchs frühen Arbeiten zu Konkordanzdemokratien erfolgen.

3.2. Würdigung

Mit seinen Untersuchungen über *Proporzdemokratie* sowie den weiteren, thematisch damit zusammenhängenden Artikeln und Beiträge seiner Habilitation[73] betrat Gerhard Lehmbruch Ende der 1960er Jahre politikwissenschaftliches Forschungsneuland. Er wollte mit diesen Studien zeigen, dass es sich bei dem interessierenden Thema „nicht bloß um eine donau- oder alpenländische Kuriosität, sondern auch um bestimmte Strukturprobleme der industriellen Demokratie“ handle.[74] Bis dahin waren konkordanzdemokratische Regelungsmuster in bestimmten kleinen Demokratien wenig beachtet worden: Die Politikwissenschaft widmete sich vor allem großen Staaten, zuvorderst den USA, und wenn im Zuge einer politologischen Einordnung konkordanzdemokratische Systeme doch erwähnt wurden, klassifizierte man sie oft als rückständig empfundene „deviant cases“[75] gegenüber der (implizit oder explizit) angenommenen Idealnorm der Wettbewerbsdemokratie nach angloamerikanischem Vorbild. Lehmbruchs frühe Forschung über Konkordanzdemokratien stellt den ersten politik-

[70] Vgl. GL 1967a, 49ff. (Zitate: S. 49, 50 u. 53).

[71] Vgl. GL 1971a, 47ff. (Zitate: S. 47 u. 49).

[72] GL 1967a, 51.

[73] Angeführt in Kap. 2, Fn. 157.

[74] GL 1967a, 11.

[75] McRae 1974, 2.

wissenschaftlichen Versuch dar, das konkordanzdemokratische Konfliktregelungsmuster ohne normativen *bias* zu analysieren – ohne deshalb gleich Partei für sie ergreifen zu wollen. Darin unterscheidet er sich von Arend Lijphart und dessen *consociational democracy*: Der US-Amerikaner holländischer Herkunft versteht seinen Ansatz explizit nicht nur als erklärenden, sondern auch als „prescriptive theory".[76] Der Unterschied zwischen Lehmbruch und Lijphart hängt eng zusammen mit den unterschiedlichen Prämissen ihrer Ansätze. Analytisch kann man mit dem kanadischen Politikwissenschaftler Kenneth McRae drei verschiedene analytische Zugänge zur *consociational* bzw. Konkordanzdemokratie unterscheiden: „the structural, the behavioral-attitudinal and the historical-traditional components".[77] Während Lijphart davon ausgeht, dass das konkordanzdemokratische Regelungsmuster im Wesentlichen von „the capacity and the good will of the [political] elites"[78] abhänge und *consociationalism* also auch „a creative invention" auf Basis von „rational choice" sein könne,[79] ist in Lehmbruchs Erklärungsansatz das Verhalten der politischen Eliten zwar ebenfalls wichtig, doch nimmt er dabei an, dass dieses entscheidend von entwicklungsgeschichtlich zu erklärenden Regelungen „gütlichen Einvernehmens" abhänge, durch welche konkordanzdemokratische Interaktionsnormen über lange Zeit eingeübt und innerhalb der politischen Eliten weitergegeben werden: Die zeitliche Komponente spielt bei Lehmbruch eine überragende Rolle (wogegen sie bei Lijphart als Erklärung für stärker habitualisierte soziale Interaktionsmuster von Bedeutung, aber insgesamt doch nachgeordnet erscheint).[80] „The difference is not simply a matter of timing, but of causal relationships", wie McRae feststellt:[81] Bei Lijphart ist politisches Elitenverhalten Explanans, bei Lehmbruch Explanandum.[82]

Entsprechend skeptisch begegnet Lehmbruch Lijpharts enthusiastischer Empfehlung konkordanzdemokratischer Konfliktregelungsmuster „to any country that aims at establishing a democratic system of government"[83] – er ist stattdessen der Ansicht: „Solche Dinge müssen tiefere kulturelle Wurzeln haben, man kann sie nicht aufpfropfen."[84]

76 Lijphart 2008b, 269. – Vgl. auch die kritische Besprechung zu Lijphart 1999 bei Schmidt 2010b, 326ff.

77 McRae 1974, 5.

78 McRae 1974, 8.

79 Lijphart 2008b, 278f.

80 Vgl. McRae 1974, 9.

81 McRae 1974, 12.

82 Vgl. auch GL 1969a, 156, Fn. 70.

83 Lijphart 2008b, 269.

84 GL 2010b, 22.

Diesbezüglich sind jedoch Zweifel anzumelden: Lehmbruchs genetischer Erklärungsansatz ist zwar hinsichtlich der Schweiz nicht nur stringent argumentiert, sondern auch empirisch gut abgesichert; bezüglich Österreichs ist dies aber nicht in gleichem Maße der Fall, weil konkordanzdemokratische Praktiken in der Ersten Republik (1918-1938) mit dem Bruch der Koalition von Christlich-Sozialen und Sozialisten 1920 ihr Ende fanden und stattdessen ein sich stetig verschärfender politischer Gegensatz zwischen den oppositionellen Sozialisten und der bürgerlichen Regierung (bei gleichzeitig geringer elektoraler Volatilität) zu beobachten war, der nicht nur zur Einrichtung jeweils paramilitärischer Verbände führte, sondern im Februar 1934 auch zu bürgerkriegsähnlichen Zuständen (und dem demokratischen Zusammenbruch). Die Sorge, die Besetzung Österreichs durch die Alliierten würde die Alpenrepublik – ähnlich wie Deutschland – dauerhaft in eine westliche und eine sowjetische Zone teilen, hat ohne Zweifel als „externer" bzw. außenpolitischer Katalysator gewirkt, doch vermerkt Lehmbruch selbst, dass außerdem

> [d]iese Erfahrungen [...] des Jahres 1934 [...] den Anstoß für die Etablierung der Allparteienregierung [1945] und [...] für die Fortsetzung der schwarz-roten Koalition [ab 1947] bis zum Staatsvertrag [1955] und darüber hinaus [gaben].[85]

An dieser Stelle ist eine gewisse Nähe zum Lijphart'schen Ansatz voluntaristischer elitenkultureller Orientierungen nicht zu leugnen, auch wenn zu bedenken ist, dass unter der österreichischen politischen Elite von 1945 nicht wenige ihre politische Sozialisation noch in der Monarchie erfahren hatten (wie Karl Renner, 1870-1950) und also unmittelbar mit den von Lehmbruch beschriebenen seinerzeitigen politischen Praktiken vertraut waren (weshalb auch McRaes Urteil, dass „the Austrian case is perhaps the clearest example of consociationalism as an innovative pattern of elite cooperation",[86] überzogen erscheint). Dennoch überzeugt Lehmbruchs Analyse im österreichischen Fall nicht in demselben Maß wie hinsichtlich der Schweiz.[87]

In seinem Habilitationsgutachten benennt Klaus von Beyme einen weiteren Kritikpunkt. Nach Beymes Dafürhalten

---

85 GL 1967a, 25.

86 McRae 1974, 18.

87 Man mag in diesem Zusammenhang auch an jüngere Fälle gelungener konkordanzdemokratischer Konfliktregelung denken, z.B. an Nordirland, wo ab 1969 zeitweilig bürgerkriegsähnliche Zustände bestanden. Auch in diesem Fall waren „externe Bedingungen" – das Einwirken Großbritanniens, der USA und der Republik Irland – ein bedeutsamer Faktor für den *peace process* (wobei die Rolle der jeweiligen Staaten als über den Zeitverlauf variabel angenommen werden muss und daher intertemporal zu untersuchen ist); die conditio sine qua non für dessen Gelingen waren jedoch die veränderten politischen Orientierungen der politischen Eliten in den antagonistischen Gruppen von Sinn Féin einerseits und UUP bzw. DUP andererseits (vgl. Tonge 2005; 2008).

wird der Ansatz, die Stabilität des Systems nur am überkommenen Perzeptionsrahmen der Eliten zu messen, [gefährlich,] wenn das politische Verhalten der Nichteliten – durch außerparlamentarische Protestbewegungen und systemilloyale Gruppen – sich in bewußten Gegensatz zu den Konfliktschlichtungsmustern der Eliten setzt. Lehmbruchs Modell ist vielleicht ein bißchen zu sehr auf ‚Schönwettersysteme' zugeschnitten.[88]

Damit wird die Frage aufgeworfen, was passiert, wenn z.B. in einer volkswirtschaftlichen Krise das konkordanzdemokratische Konfliktregelungsmuster in der Bevölkerung an Legitimität verliert, weil es von politischen „Außenseiter[n]" [89] glaubhaft als Ursache für eben diese Krise verantwortlich gemacht wird.[90] Der Frage über die Funktion von „politischen Außenseitern" in Konkordanzdemokratien hat sich Lehmbruch jedoch bewusst nicht gewidmet.[91] Angesichts der Tatsache, dass er mit seinen konkordanzdemokratischen Pionierstudien wissenschaftlich weitgehend unerschlossenes Gebiet betrat,[92] sodass er vieles als „exploratorische Hypothesen"[93] formulieren musste, erscheint dies gerechtfertigt.

Am Schluss dieses Kapitels bleibt noch die eingangs aufgeworfene Prüffrage zu beantworten, inwieweit Lehmbruchs frühe Studien über Konkordanzdemokratien das Gütesiegel „bester Politikwissenschaft" – im Sinne der Berücksichtigung und erklärenden Verknüpfung der drei Dimensionen *polity*, *politics* und *policies* – erfüllen. Der Charakter von Lehmbruchs Analysen als erste Gehversuche auf einem politikwissenschaftlich noch unbeackterten Forschungsfeld ist dabei zu berücksichtigen. Seine Konzentration auf die Teilbereiche der politischen Strukturen und der politischen Prozessabläufe ist daher angemessen, zumal seine Ausführungen grundsätzlich anknüpfungsfähig für *policy analysis* sind, indem z.B. gefragt werden kann, wie sich konkordanzdemokratische Muster der Konfliktregelung auf die Staatstätigkeit auswirken. In der Folgezeit stiegen die Forschungsaktivitäten über kleine Demokratien hinsichtlich aller drei Dimensionen in der politologischen Zunft schwunghaft an und zählen mittler-

---

88 Habilitationsgutachten Klaus von Beymes, S. 2, in: UAT 551/104.

89 GL 1967a, 47.

90 Wie dies etwa in Österreich die FPÖ unter ihrem Vorsitzenden Jörg Haider (1950-2008) ab 1986 erfolgreich kommuniziert hat (vgl. Haider 1994). – Damit ist auch die grundlegende Frage nach Persistenz und Wandel konkordanzdemokratischer Systeme berührt (vgl. GL 1967a, 51ff.), der hier nicht weiter nachgegangen werden kann. Es sei aber auf Kapitel 6.2 verwiesen, in welchem der Lehmbruch'sche theoretische Ansatz grundsätzlich in Bezug auf die Erklärungskraft von politischer Stabilität und politischem Wandel besprochen wird.

91 Vgl. GL 1967a, 47.

92 Vgl. seine Feststellungen bezüglich des Mangels empirischer Studien über politische Prozessabläufe in den untersuchten Staaten: GL 1967a, 41; 1971a, 53.

93 GL 1969a, 152.

weile zum festen Bestandteil der Vergleichenden Politikwissenschaft.[94] Man darf ohne Übertreibung konstatieren, dass Gerhard Lehmbruchs Untersuchungen über *Proporzdemokratie* hierfür bahnbrechende Dienste geleistet haben.

---

94 Anstelle vieler Einzelnachweise sei auf die umfangreiche Literatur verwiesen, die in Schmidt 2010b, Teil III, verarbeitet wurde.

4. Vergleichende Forschung zu Staat-Verbände-Beziehungen

4.1. Die (Wieder-)Entdeckung des Korporatismus:[1] Liberaler Korporatismus, oder: Interessenvermittlung in freiheitlichen Demokratien

Der Politikwissenschaftler Jürgen Hartmann vermerkt in seiner *Geschichte der Politikwissenschaft*, dass die „Initialzündungen" der modernen Korporatismusforschung von US-amerikanischen Sozialwissenschaftlern ausgegangen seien.[2] An anderer Stelle schreibt er, dass Lehmbruch die „von Schmitter eröffnete Debatte" aufgegriffen habe,[3] und Klaus von Beyme notiert, Lehmbruch sei „auf den schon fahrenden Korporatismuszug" aufgesprungen.[4] Wir haben in Kapitel 2 gesehen, dass Philippe Schmitter und Gerhard Lehmbruch dieses Themenfeld zeitgleich – und zunächst unabhängig voneinander – für sich entdeckt haben; insofern hat die moderne Korporatismusforschung Wurzeln auf beiden Seiten des Atlantiks, oder, um in Beymes Bild zu bleiben: Der „Korporatismuszug" wurde von Schmitter und Lehmbruch gemeinsam ins Rollen gebracht.[5] Allerdings waren ihre „Startbahnhöfe" unterschiedlich positioniert.[6] Schmitters Ausgangspunkt bildete der autoritäre „state corporatism", den er in Lateinamerika, vor allem am Beispiel Brasiliens, und in Portugal unter der Herrschaft António de Oliveira Salazars (1889-1970) analysiert hatte.[7] Für Lehmbruch stellten beobachtete Phänomene in liberalen Demokratien den Anknüpfungspunkt zum Korporatismus dar. Bereits in seiner Studie über *Proporzdemokratie* hat er die eigentümliche Entsprechung des verhandlungsdemokratischen Konfliktrege-

1 Im Folgenden verwende ich in Anlehnung an Beyme (1984, 211: „Der ‚Korporativismus' älterer Prägung hatte sich zum ‚Korporatismus' verkürzt, was eigentlich den Zusatz ‚Neo' auf die Dauer überflüssig macht") den Korporatismusbegriff der modernen Vergleichenden Politikwissenschaft ohne Präfix oder Adjektiv, soweit nicht speziell auf die Lehmbruch'sche Terminologie oder bestimmte Korporatismusarten Bezug genommen wird.

2 Hartmann 2003, 84.

3 Hartmann 2003, 183.

4 Beyme 1984, 216, Fn. 14.

5 Lehmbruch hat seine ersten Forschungsergebnisse etwas später als Schmitter durch Publikation in einer Fachzeitschrift einer breiten Öffentlichkeit bekannt gemacht (vgl. Lehmbruch 1977; Schmitter 1979 [1974]), daher rührt vermutlich Hartmanns und Beymes Irrtum (vgl. aber zutreffend Reutter 1991, 104; 2005, 238).

6 In diesem Kapitel soll und kann keine systematische Gegenüberstellung von Lehmbruchs und Schmitters Korporatismusansätzen geleistet werden (siehe hierzu Köppl 2006; Köppl/Nerb 2006; Reutter 1991; Sebaldt 2006, 27f., sowie aus der Frühzeit der Diskussion Alemann/Heinze 1981, 47ff., und den kritisch-ablehnenden, aber gerade deswegen instruktiven Aufsatz von Kastendiek 1981).

7 Vgl. Schmitter 1979; 2001, 175.

lungsmusters auf der Ebene der großen, in Verbänden organisierten sozialen Interessen festgehalten.[8] Inbesondere den österreichischen Fall der Verbändezusammenarbeit hielt er für bemerkenswert, weil er dort eine „Tendenz der Depossedierung der politisch verantwortlichen Instanzen" durch die drei Kammerorganisationen und den ÖGB erkannte,[9] durch welche die Regierung „nicht selten auf die Rolle eines Notars [...], der gleichsam Verträge zwischen Kammerorganisationen beglaubigt", beschränkt werde.[10] Zugleich fiel ihm auf, dass durch die herausgehobene Stellung der vier Organisationen „die Gefahr einer verkürzten Berücksichtigung gesellschaftlicher Interessen [besteht], beispielsweise im Bereich der Infrastruktur, zumal der sogenannten sozialen Infrastruktur."[11] Diese Beobachtungen ließen sich kaum mit den gruppentheoretischen Ansätzen über Verbände in der Demokratie in Einklang bringen, die in den USA vor allem David B. Truman (1913-2003) im Anschluss an die liberale Pluralismuskonzeption Arthur Bentleys (1870-1957) formuliert hatte,[12] und für die in Deutschland – bei freilich anderer Schwerpunktsetzung – der remigrierte Ernst Fraenkel stand.[13] In den gruppentheoretischen Ansätzen wurden Interessenverbände als dem politischen Entscheidungssystem vorgelagert aufgefasst, und ihr Einfluss auf Regierungshandeln wurde im Wesentlichen unidirektional im Sinne von *pressure politics* begriffen. Nicht nur die mutuellen Einflüsse zwischen Staat und Verbänden fanden dabei kaum Beachtung, auch die institutionellen Formen funktionaler Interessenvermittlung wurden in dieser Perspektive vernachlässigt.[14] Im Laufe der 1960er und frühen 1970er Jahre wurde deshalb – von verschiedenen wissenschaftlichen Standpunkten aus – Kritik an den pluralismustheoretischen Ansätzen artikuliert.[15]

---

8 Vgl. GL 1967a, 33ff., 51 u. 56f.

9 Die drei Kammern (mit Pflichtmitgliedschaft für die entsprechenden Berufsgruppen) waren bzw. sind die Bundeskammer der gewerblichen Wirtschaft (heute Wirtschaftskammer Österreich), die Kammer für Arbeiter und Angestellte und die Landwirtschaftskammer Österreich.

10 GL 1971a, 48f.

11 GL 1971a, 51.

12 Vgl. Beyme 1980, 21ff.; Reutter 1991, 29ff.; Schmidt 2010b, 210ff. (jeweils m.w.H.).

13 Fraenkel verstand sein Pluralismuskonzept als Widerpart gegen eine „monistische Staatsauffassung", insbesondere das Werk Carl Schmitts (1888-1985) (vgl. Fraenkel 1974; vgl. ferner Beyme 1980, 26f.; Beyme/Helms 2004, 198f.; Göhler et al. 2009, 376; GL 1996c, 736, Fn. 4; Reutter 1991, 45ff.; Schmidt 2010b, 216ff.; Sebaldt 2006, 18).

14 Vgl. Alemann/Heinze 1981, 45; Berger 1981, 4ff.; Reutter 1991, 60f.

15 Vgl. Beyme 1980, 30ff.; Reutter 1991, 56ff. – Als besonders wirkmächtig erwies sich neben der korporatistischen Kritik die Schrift des US-amerikanischen Sozialwissenschaftlers Mancur Olson (1922-1965) über *Die Logik kollektiven Handelns* (1968), die – in Beymes Worten – „eine späte Frucht utilitaristischen Denkens im modernen Rational Choice-Gewand" darstellte (Beyme/Helms 2004, 199). Sie hob besonders darauf ab, „dass nicht alle Interessen gleichermaßen organisiert seien und nicht in vergleichbarem

Auch Gerhard Lehmbruch zweifelte mit seinem zuerst 1974 präsentierten Manuskript über *New Corporatism*, den *liberal corporatism*, diese Theorierichtung an.[16] Die fachgeschichtlichen Parallelen zu *Proporzdemokratie* sind augenscheinlich: Ähnlich wie die angloamerikanische Mehrheitsdemokratie, die im politikwissenschaftlichen Diskurs nicht selten (implizit oder explizit) zur Idealnorm erhoben worden war, zog sich durch das Schrifttum der Pluralismustheoretiker die (stille oder offene) Gleichsetzung pluralistischer Interessenvermittlung mit einem erstrebenswerten Zustand. Auch aus pluralismustheoretischer Sicht mussten daher Fälle wie Österreich oder Schweden als *deviant cases* erscheinen.[17]

Die außergewöhnlich erfolgreiche Beschleunigung des „Korporatismuszuges" und die rasch steigende Zahl an Forschungsmitreisenden hing mit wissenschaftsinternen wie -externen Faktoren zusammen. Bei den externen Einflusskräften ist zuvorderst der politische Trend in den 1960er und 1970er Jahren zu (quasi-) keynesianisch angeleiteter Wirtschaftspolitik zu nennen, der mit der Vorstellung einher ging, dass durch staatliche Steuerung („Globalsteuerung") ein makroökonomisches Gleichgewicht erreicht werden könne („Kreislauftheorie").[18] Weil der Staat in seiner Steuerungskapazität aber begrenzt sei, so die Annahme der ersten Korporatismustheoretiker (auch Lehmbruchs), beziehe er die großen Interessenverbände von Kapital und Arbeit mit in die Planung ein.[19] Als wissenschaftsintern förderlich erwies es sich, dass die Diskussion über Korporatismus nicht nur in der Politikwissenschaft, sondern auch benachbarten sozialwissenschaftlichen Disziplinen (insbesondere der Soziologie) und sogar darüber hinaus[20] (aus jeweils unterschiedlichen Gründen) für die Vertreter und Vertreterinnen aller drei metatheoretischen Wissenschaftsauffassungen interessant erschien, für neomarxistische Ansätze (die sich vor allem mit dem Legitimationsproblem des kapitalistischen Staates beschäftigten: Korporatismus als Erklärung,

---

Maße in der Entscheidungsarena repräsentiert seien" (ibid.), weil sich Interessen unterschiedlich gut für effektive Organisierung eigneten.

16 GL 1979a [1974]. – 1977 erschien eine wesentlich elaboriertere, auf Schmitter 1979 [1974] rekurrierende Fassung (GL 1977; wieder veröffentlicht als GL 1979b).

17 Der Soziologe Wolfgang Streeck (*1946) hat nicht unrecht, wenn er hinsichtlich der Korporatismusdebatte formuliert: „As always in the social sciences, analytical and normative concerns were closely interwoven" (Streeck 2006, 4). Das Konzept der „pluralist democracy" sei gewesen „both descriptive and normative – one might say: more descriptive as far as the USA was concerned, and more normative with respect to the rest of the world." (ibid., 7).

18 Vgl. GL 1979a, 55; 1984a, 67 (mit Fn. 8).

19 Vgl. GL 1977, 97f.; 1979d, 51 u. 56f., sowie im historischen Rückblick – GL 1988, 11ff.; 1996c; Streeck 2006, 12ff.

20 Vor allem die Geschichtswissenschaft nahm sich ebenfalls verstärkt der Thematik an (vgl. z.B. Maier 1984; Nocken 1981; Puhle 1984).

weshalb die inhärenten Widersprüche des „Spätkapitalismus“[21] noch nicht zur revolutionären Umwälzung geführt hatten[22]) ebenso wie für konservativere Zeitgenossen (die vor allem das Steuerungsproblem – die „Unregierbarkeit“ bzw. das „Staatsversagen“[23] – umtrieb). Die Korporatismusdebatte wurde im Nu zur „growth industry“.[24] Daraus resultiert auch die unübersichtliche Fülle verschiedener Korporatismusansätze bzw. -theorien,[25] welche die Parteigänger und Parteigängerinnen der Diskussion vor allem als positive wechselseitige Befruchtung auf dem Weg zu gesteigertem Erkenntnisgewinn interpretierten,[26] die aber von anderen vehement kritisiert wurde.[27]

Gerhard Lehmbruchs Forschungsleistungen sind dagegen dem empirisch-analytischen Wissenschaftsverständnis verpflichtet. In seinen frühen Beiträgen zum Thema ging er allerdings – wie anfangs auch Schmitter[28] – davon aus, dass sich industriestaatenübergreifend eine funktional begründete Konvergenz zu korporatistischer Wirtschaftspolitik mit entsprechenden Staat-Verbände-Beziehungen entwickeln würde.[29] Zugrunde lag dieser Prognose einerseits Schmitters

---

21 Habermas 1973.

22 Dies ist natürlich eine grobe Vereinfachung von unterschiedlichen Einzelpositionen (vgl. detaillierter Beyme 1980, 30ff., sowie speziell zu dem vielleicht prominentesten marxistischen Korporatismusforscher Leo Panitch (*1945) Alemann/Heinze 1981, 54; Reutter 1991, Kap. 3.3., dort m.w.H.)

23 Vgl. Hennis/Kielmansegg/Matz 1977; 1979 (erstes Zitat); Jänicke 1986 (zweites Zitat). – Auch dies ist natürlich eine Verallgemeinerung für im Einzelnen variierende Auffassungen (vgl. eingehender Beyme 1981).

24 Panitch 1980.

25 Dieses Kapitel soll und kann auch kein Resümee der politikwissenschaftlichen Korporatismusdiskussion bieten (vgl. hierzu Czada 1992; 1994; GL 1996c; Reutter 1991; Streeck 1999b; 2006). Die oben in Kap. 1, Fn. 29, angeregte Untersuchung über Forschungskonjunkturen erschiene am Beispiel der politikwissenschaftlichen Korporatismusdebatte der 1970er und 1980er Jahre meines Erachtens besonders lohnenswert (aber auch verwickelt: vgl. unten Kap. 4.2.); nicht nur weil sie seinerzeit „one of the most important and lively contemporary debates in the social sciences“ war (Grant 1985, 2), sondern auch, weil ganz offensichtlich inner- wie außerwissenschaftliche Einflussfaktoren aufeinander trafen (vgl. Beyme 1992, 202; 2007, 137f.; Reutter 1991, 12ff.).

26 Vgl. z.B. GL 1979c; 1982; Schmitter 1982.

27 Vgl. z.B. Kastendiek 1981; kritisch auch Beyme, der meint, dass der Korporatismusbegriff „vielfach überdehnt“ (Beyme 1980, 48) und „als Deus ex machina zur Erklärung fast aller Prozesse in westlichen Demokratien strapaziert worden ist.“ (id. 1984, 214).

28 Vgl. Schmitter 1979.

29 Vgl. GL 1977, 95f. u. 122; 1979c, 301 u. 308. – Lehmbruch will dies nicht als „crude ‘historical materialist’ theory“ verstanden wissen: „Rather, we are dealing with problems of ‘social guidance’ which result from the functional relationship of the economic and the political system.“ (GL 1977, 123, Fn. 6).

idealtypisch-dichotome Gegenüberstellung von Korporatismus und Pluralismus;[30] andererseits nahm er an, dass es im liberalen Korporatismus

> vornehmlich um die Regulierung von Verteilungskonflikten, [...] insbesondere um den Verteilungskonflikt zwischen Kapital und Arbeit [geht]: Der liberale Korporatismus stellt primär eine neue Form der staatlich gelenkten Regulierung des Klassenkonflikts dar.[31]

Sowohl die evolutionistische These der Korporatismuskonvergenz wie auch die neomarxistisch-klassentheoretische Herleitung des Verteilungskonfliktes[32] hat Lehmbruch später fallen gelassen (ohne deswegen die Konfliktlinie Arbeit versus Kapital aus dem Blick zu verlieren).[33] Einige Annahmen aus den frühen Texten – etwa aus dem ersten mit Schmitter edierten Sammelband (1979) – finden sich aber in späteren Beiträgen wieder; so auch einige grundsätzliche in Bezug auf den „liberalen Korporatismus".[34] Lehmbruch zufolge ist dieser

> more than a peculiar pattern of articulation of interests. Rather, it is an institutionalized pattern of policy-formation in which large interest organizations cooperate with each other and with public authorities not only in the articulation (or even 'intermediation') of interests, but [...] in the 'authoritative allocation of values' and in the implementation of such policies. It is precisely because of the intimate mutual penetration of state bureaucracies and large interest organizations that the traditional concept of 'interest representation' becomes quite inappropriate for a theoretical understanding of corporatism.[35]

---

30 Ursprünglich hatte Schmitter vier Idealtypen (zusätzlich: Monismus, Syndikalismus) entworfen (vgl. Schmitter 1977; 1979). Trotz der enorm breiten Rezeption seines *Still the Century of Corporatism?* verdichtete sich die Korporatismusdiskussion aber rasch auf das Duopol Korporatismus-Pluralismus (vgl. GL 1985, 90).

31 GL 1979d, 55; vgl. id. 1977, 109; vgl. ähnlich auch Berger 1981, 13.

32 Ohne politökonomische Verbeugung kam in den 1970er Jahren offenbar auch Gerhard Lehmbruch nicht aus (obgleich er nicht Marx' „reine Lehre" vertrat: vgl. GL 1979c, 302). Es genügte jedenfalls Hans Kastendiek, um ihn (zusammen mit Schmitter) als „Quasi-Neo-Marxisten" zu bezeichnen (Kastendiek 1981, 115, Fn. 7).

33 Ebenfalls fallen gelassen hat er später die – Schmitter (1979) ähnelnde – Unterscheidung zwischen „autoritärem" und „liberalem" Korporatismus, die er „of limited use [...] and [...] even misleading" (GL 1984a, 61; vgl. id. 1985, 87) befand, zumal er feststellte, dass Korporatismus ideengeschichtlich keine Exklusivität faschistischer Denker war, sondern auch sozialistische und liberale Wurzeln für sich reklamieren darf (vgl. GL 1984a, 63; 1988, 14). (Sein Analysekonzept des „liberalen Korporatismus" berührte dies insofern, als er auch in korporatistischen Demokratien mit faschistischer Vorgeschichte (wie Österreich) dieser keine größere Erklärungskraft beimaß (vgl. GL 1984b, 44).

34 Es sei nicht verschwiegen, dass Reutter (1991, Kap. 3.2.) eine 30-seitige Zusammenfassung von Lehmbruchs Korporatismusansatz bietet, die brauchbar ist und manches ausführlicher darstellt, als es mir hier möglich ist.

35 GL 1977, 94. – Damit grenzt er sich von Schmitter ab, der den strukturellen Aspekt des Korporatismus betont (vgl. auch GL 1982, 8).

Im Fokus stehen für Lehmbruch dabei vor allem die „Großorganisationen der Produktionssphäre", die Arbeitgeber- und Arbeitnehmerverbände (landwirtschaftliche Spitzenverbände erwähnt er lediglich beiläufig[36]), deren Verhandlungen über Löhne und Gehälter den liberalkorporatistischen „Kernbereich der Einkommenspolitik" konstituieren.[37] Sie werden am häufigsten staatlich „‚inkorporiert', [so]daß ihre institutionalisierte Abstimmung Funktionen der Interessenaggregation übernehmen kann, die herkömmlicherweise dem traditionellen Staatsapparat oblagen."[38] Als empirisches Material dienen ihm dabei neben Österreich, das in seinen frühen Korporatismustexten einen herausgehobenen Platz einnimmt, weil es „one of the most elaborate examples of liberal corporatism" sei,[39] vor allem die skandinavischen Staaten Schweden und Norwegen sowie die Niederlande, die insofern eine Ausnahme darstellen, als dort im Gegensatz zu anderen liberalen Korporatismen ein hoher Grad an (formaler) Institutionalisierung bestehe.[40] Dagegen seien in der Alpenrepublik und auch den nordischen Staaten die Verhandlungen zwischen den Verbandsvertretern untereinander wie auch mit Regierungsunterhändlerinnen und -unterhändlern („two-step bargaining"[41]) von informellem Charakter – und als „top-level bargaining"[42] überdies mit einem überschaubaren Personenkreis.[43] Dieser sei auf Seiten der Verbände noch dazu von einer „ausgeprägten Verwissenschaftlichung der Verbandspolitik"[44] und einem „fundamental consensus in economic analysis"[45] mit makroökonomisch-keynesianischem Antlitz getragen. Deutschland rangiert (noch) am Rande der Lehmbruch'schen Betrachtung, weil sich dort „nur eine sozusagen aufklärerisch verwässerte Form des Korporatismus ausbilden" habe können.[46] Überhaupt sei der liberale Korporatismus in großen Staaten kaum ausgeprägt, sondern konzentriere sich auf kleine Staaten. Lehmbruch vermutet, „daß in kleineren Ländern die innergesellschaftlichen Kommunikationsnetze enger, Rollenkumulation in Organisationen häufiger und die persönlichen Kontakte dichter sind",[47] was sich förderlich auf liberalkorporatistische Arrangements auswirken könne. Eine weitere Eigentümlichkeit fällt ihm auf: Überall dort, wo sich liberaler Korporatismus etablieren konnte, schienen enge

---

36 Vgl. GL 1979d, 55; 1984b, 43.

37 GL 1979d, 55 u. 57.

38 GL 1979d, 55.

39 GL 1979a, 58; vgl. auch Marin 1985.

40 Vgl. GL 1977, 108f.; 1979d, 60f.

41 GL 1977, 107.

42 GL 1977, 112.

43 Vgl. GL 1977, 95; Grande 1985, 228f.

44 GL 1984b, 54.

45 GL 1977, 114.

46 GL 1979d, 57.

47 GL 1979d, 61; vgl. auch Grant 1985, 7.

Verbindungen zu sozialistischen oder sozialdemokratischen Parteien zu existieren, die entweder – wie in den skandinavischen Staaten – eine dominante Stellung im Parteiensystem einnahmen oder – wie in Österreich und den Niederlanden – nach konkordanzdemokratischer Spielart an der Regierung beteiligt waren.[48] Dadurch gehen liberaler Korporatismus und Parteienregierung eine „symbiotic relation"[49] miteinander ein. Parteien und ihre Funktionäre orientieren sich vornehmlich am kurzen Takt der Wahlen, Konsensfindung in einem umkämpften Bereich wie der Wirtschaftspolitik aber sei zeitintensiv. Langwierige Verhandlungen seien zudem kompetitiven Wahlstrategien wenig förderlich, sodass Parteien geneigt sein können, potenziell höchst konfliktive wirtschaftspolitische Materien auf korporatistische Arrangements abzuwälzen, etwa – wie in Österreich während der ersten Großen Koalition (1947-1966) – „to reduce the problem loads upon coalition leadership."[50] Der „politische Flankenschutz"[51] der sozialdemokratischen Regierungsbeteiligung bilde dabei für die Gewerkschaften die Sicherheit, für mäßige Forderungen in kollektiven Lohn- und Gehaltsverhandlungen politisch anderweitig „belohnt" zu werden: etwa in der Steuer- oder Arbeitsmarktpolitik, bei der Gesetzgebung zur betrieblichen Mitbestimmung oder – wie in Österreich – sogar bei ökonomischer Ordnungspolitik.[52] Hier ist bereits die makrokorporatistische Tauschhypothese angedacht, die er später unter dem Stichwort „generalized exchange" (kontrastierend zum *tit-for-tat*-bezogenen *barter*) bei Annahme rationaler Akteurkalküle noch spezifizieren sollte.[53] Begünstigend komme eine starke personelle Verflechtung bzw. Ämterkumulation zwischen Verbänden auf der einen und politischen Parteien auf der anderen Seite hinzu:[54] Im österreichischen „Extremfall" könne man sogar von einer „Parlamentarisierung der Sozialpartnerschaft" sprechen.[55] Deshalb sei auch die Annahme einer Entmachtung der Legislative nicht haltbar, wie Lehmbruch in späteren Schriften feststellt:[56] Sozialpartnerschaft nach österreichischer Spielart könne „nur funktionieren [...], wenn sie sich auf eine parlamentarische Machtbasis abstützen kann."[57] Dennoch müsse das lohnpolitisch zurückhaltende Auftreten der Gewerkschaftsspitze erst von der Gewerkschaftsbasis akzeptiert

48 Vgl. GL 1977, 111.

49 GL 1977, 122.

50 GL 1977, 120.

51 GL 1979d, 62.

52 Vgl. GL 1977, 116ff.; 1984b, 60.

53 Vgl. GL 1984a, 66ff.; 1984b, 57ff.; 1988, 24ff.

54 Vgl. GL 1983, 159; 1985, 104ff.

55 GL 1984b, 62; vgl. auch id. 1985, 106f.

56 Die Annahme einer „Depossedierung" von Regierung und Parlament hatte er ja in seinen frühen konkordanzdemokratischen und korporatistischen Schriften noch selbst vertreten (vgl. oben S. 86).

57 GL 1984b, 61; vgl. auch id. 1984a, 74.

werden. Den liberalen Korporatismus kennzeichne deshalb eine „fragility of the social bases".[58] Erklärungsbedürftig ist für Lehmbruch in seinen frühen Korporatismusstudien vor allem, warum sich in den beobachteten Staaten die Arbeitnehmerverbände längerfristig und ohne staatlichen Zwang in korporatistische Arrangements begeben,[59] „why union leaders themselves should be ready to cooperate at all."[60] Er konstatiert, dass sich die Gewerkschaften in den liberalkorporatistischen Staaten durch eine besonders hohe Konzentration und ein ausgeprägtes Maß an Zentralisierung auszeichnen;[61] dies sichere die wichtige Gefolgschaft der breiten Mitgliederschaft nach lohnpolitischen Verhandlungen, wohingegen andere Fälle wie Frankreich oder Großbritannien mehr oder weniger stark davon abweichen.[62] In späteren Beiträgen betont er besonders die Gegensätzlichkeit von starker „vertikaler" und schwacher „horizontaler" Institutionalisierung im Korporatismus.[63] Das zielt auf die These vom sozialpartnerschaftlichen „Elitenkartell" (Ralf Dahrendorf) ab, der Robert Michels' (1876-1936) „ehernes Gesetz der Oligarchie"[64] zugrunde liegt (welches Lehmbruch bereits in frühen Texten thematisiert hat).[65] Die Dahrendorf'sche These sei, so Lehmbruch, „eher ein Bonmot als eine analytisch erhellende Kategorie", denn sie lasse die Frage offen, „wie man denn erklären kann, daß die kartellierten Eliten bei ihren Mitgliedern Gefolgschaft finden."[66] Hier sei die starke innerorganisatorische vertikale Integration der Verbände, besonders der Gewerkschaften, erklärungskräftig, die gleichzeitig „mechanisms favouring cohesion and compliance, and institutional constraints preventing disintegration"[67] umfasse, welche beide zugunsten eines „hohe[n] Maß[es] an Verpflichtungsfähigkeit der Verbände"[68] wirken. In scharfem Kontrast dazu stehe der informelle Charakter

---

58 GL 1977, 110.

59 Vgl. GL 1977, 92; 1979c, 305ff.; 1979d, 67.

60 GL 1979c, 304.

61 Vgl. GL 1977, 1979c, 304; 1979d, 63; 1982, 24. – 1984 schränkt er allerdings ein, dass aus der Tatsache einer hohen Konzentration und Zentralisierung nicht automatisch auf Korporatismus geschlossen werden dürfe und beide Variablen analytisch getrennt zu messen seien (vgl. GL 1984a, 65).

62 Vgl. GL 1977, 110; 1979c, 304; 1979d, 63.

63 Vgl. GL 1984a, 68ff.; 1985, 96.

64 Michels 1989.

65 Vgl. GL 1979d, 70.

66 GL 1984b, 56.

67 GL 1984a, 68. – Es sei also ein „hohes Maß an innerverbandlicher Koordinierungsfähigkeit" gegeben (id. 1985, 99). Am Beispiel Österreichs hat Grande detailliert die zugrunde liegenden Voraussetzungen untersucht (vgl. Grande 1985, 243ff.).

68 GL 1984b, 59; vgl. auch id. 1988, 26. – Das impliziert die erfolgreiche organisationale Austarierung von „Mitgliederabkopplung" und „Mitgliedereinbindung" (vgl. Grande 1985, 244; ähnlich auch der organisationssoziologische Unterscheidungsvorschlag von

des horizontalen interorganisatorischen Austausches der Verbandsspitzen in korporatistischen Verhandlungen.[69] Eine weitere wichtige erklärende Variable für korporatismusaffine Gewerkschaften sei die jeweilige historische Entwicklung der Arbeiterbewegung in verschiedenen europäischen Staaten, in Verbindung mit davon abgeleiteten politisch-kulturellen Orientierungen:[70]

> One important element is the historical affinity of organized labor for strong social-democratic parties. Another condition was that this interlocking labor movement (including parties) has become reformist and co-opted into national politics at the government level. The participation of socialist parties […] has been an important condition for the establishment of corporatist networks.[71]

Den Netzwerk-Begriff, ein analytisches Werkzeug aus der Soziologie,[72] führte Lehmbruch in seine Korporatismusuntersuchungen Anfang der 1980er Jahre ein, zusammen mit einigen anderen analytischen Erweiterungen bzw. Differenzierungen. Standen 1979 für Lehmbruch und Schmitter in dem ersten Korporatismus-Sammelband noch Diskussionsbeiträge über Korporatismuskonzepte und konkurrierende Korporatismustheorien im Zentrum, wollten sie, wie Lehmbruch in der Einleitung schreibt, ihren zweiten Band (1982) der „systematic and cumulative empirical research“[73] widmen. Diese wirft aber für die Sozialwissenschaften große Probleme auf, insbesondere hinsichtlich funktionaler Äquivalenz (es gibt eine „extreme cross-cultural variability of patterns of interest intermediation“[74]) und der Operationalisierung von Variablen, welche auf Datenmaterial angewiesen ist, das für Interessengruppen oft spärlich gesät und obendrein häufig nicht vergleichbar ist. Lehmbruch schlägt daher eine „double-track research strategy“ vor, bei der sowohl Aggregatdatenanalysen als auch „configurative analysis“, welche länderspezifische Konfigurationen in den Blick nimmt, zum Zuge kommen solle.[75] Außerdem erscheine die von dem niederländischen Organisationssoziologen Arthur Wassenberg in diesem Band vorgeschlagene Unterscheidung von Makro-, Meso- und Mikroebene als „an extremely interesting aspect of a dimensional analysis“,[76] zumal wenn man sie in Verbindung bringe

---

Schmitter und Streeck: „Mitgliedschaftslogik“ versus „Einflusslogik“: vgl. Streeck 1999b, 288, m.w.N.).

69 Vgl. GL 1984a, 69f.; 1985, 95f.

70 Vgl. GL 1983, 162.

71 GL 1983, 165.

72 Vgl. Jansen 2006.

73 GL 1982, 1.

74 GL 1983, 154.

75 GL 1982, 13. – Eine quantitativ-vergleichende Pionierstudie zum Zusammenhang von Korporatismus und Arbeitslosigkeit unternahm im zweiten Korporatismus-Sammelband von Schmitter und Lehmbruch dessen damaliger Assistent Manfred Schmidt (vgl. Schmidt 1982).

76 GL 1982, 14; vgl. Wassenberg 1982.

mit den analytischen Ansätzen der Arena, welcher politische Prozessabläufe und politische Themenfelder in Beziehung zueinander setze, und der inter-organisatorischen Netzwerke in solchen Arenen, d.h. den spezifischen korporatistischen Arrangements, die wiederum nach der Makro-, Meso- und Mikroebene unterschieden werden können. Dies lasse den Schluss zu, dass „the 'neo-corporatist phenomenon' is more complex and multiform and has to be approached from a plurality of research perspectives."[77]

Diesem eigenen Anspruch eines „pluridimensional concept of corporatism"[78] versucht Lehmbruch etwas später mit seinem Vorschlag gerecht zu werden, typologisch zwischen „sectoral corporatism" und „corporatist concertation" zu unterscheiden.[79] Als sektoralen Korporatismus definiert er

> a corporatist representation of interests [...] that is limited to specific sectors of the economy. Sectoral organizations are centralized and enjoy representational monopoly. Moreover, the granting to such organizations of privileged access to government may result in strong institutional linkages with government.[80]

Ein solcher sektoraler Korporatismus (i.e. Mesokorporatismus) könne tripartistischen Charakter haben, d.h. Gewerkschaften, Arbeitgeberverbände und den Staat involvieren;[81] aber auch andere korporatistische Arrangements, wie die bundesdeutsche *Konzertierte Aktion im Gesundheitswesen*, seien hierzu zu rechnen, weil verschiedene, widerstreitende Interessen – etwa der Ärzteschaft und der Gesetzlichen Krankenkassen – in Einklang zu bringen seien.[82] Verschieden davon sei dagegen die stärker klientelistische Interessenvermittlung in den Fällen, in denen nur ein Verband mit staatlichen Stellen interagiere. Hier könne sektoraler Korporatismus leicht zu einer „Räuberkoalition"[83] auf Kosten Dritter geraten. Davon unterscheide sich korporatistische Konzertierung (i.e. Makrokorporatismus)[84] durch zwei wesentliche Merkmale:

---

77 GL 1982, 27.

78 GL 1984a, 61.

79 Vgl. GL 1984a, 61.

80 GL 1984a, 62.

81 Vgl. GL 1984a, 64.

82 Vgl. GL 1988, 30f.

83 GL 1985, 103; vgl. id. 1988, 31.

84 Der Würdigung greife ich an dieser Stelle vor: Mir scheinen Lehmbruchs neue analytische Begrifflichkeiten unglücklich gewählt – auch wenn sie natürlich von empirischen Phänomenen zu trennen sind: Dass die *Konzertierte Aktion im Gesundheitswesen* gerade *keine* Konzertierung im Lehmbruch'schen Sinne darstellt, sondern sektoralen Korporatismus, trägt einen zusätzlichen Klang zum polytonalen Korporatismuskonzert bei. Diese weiteren (Ver-)Wirrungen wären z.B. mit den Wassenberg'schen Termini (vgl. oben Fn. 76) zu vermeiden gewesen.

(i) it involves not just a single organized interest with privileged access to government but rather a plurality of organizations usually representing antagonistic interests; and

(ii) these organizations manage their conflicts and co-ordinate their action with that of government expressly in regard to the systemic (*gesamtwirtschaftliche*) requirements of the national economy.[85]

Damit weitet Lehmbruch seinen korporatistischen Ansatz beträchtlich aus, weil er ein qualitativ explizit anderes Phänomen inkludiert, das, wie er selbst ausführt, auch andere, gegenüber dem Makrokorporatismus länger zurück reichende historische Wurzeln hat.[86] Außerdem verschiebt sich gegenüber seinen ersten Korporatismusarbeiten und der Diskussion der Akzent von „Steuerung" hin zu „Selbstregelung".[87] Das Konzept des „sektoralen Korporatismus" ist ferner besonders anknüpfungsfähig für die in den 1980er Jahren in der deutschen Politikwissenschaft schwunghaft ansteigende *policy analysis*.[88] Diese Beobachtungen bettet Lehmbruch ein in einen umfassenderen, mehrdimensionalen Ansatz, den er im Laufe der 1980er Jahre zur Analyse von Korporatismus entwirft und der den Fokus

erstens auf die intraorganisatorische Dimension, zweitens auf die interorganisatorische Dimension, und drittens auf deren wechselseitige Bedingungsverhältnisse [..] richte[t]. Wir hätten also zuerst Korporatismus auf der Ebene der Organisationsstruktur und der organisationsinternen Prozesse, zweitens auf der Ebene der Netzwerkbildung und ihrer institutionellen Voraussetzungen und Konsequenzen, und schließlich von ihrer wechselseitigen Abhängigkeit zu untersuchen. Im Ergebnis handelt es sich dabei um komplexe Konfigurationen von hoher Kontingenz.[89]

In den späten 1980er und den 1990er Jahren hat Gerhard Lehmbruch diesen Ansatz in eigener Forschung vor allem am bundesdeutschen Beispiel – aber auch Japans – vertieft,[90] insbesondere in Bezug auf den Zusammenhang von staatlichen Verwaltungsstrukturen und Verbänden und der Bedeutung verbandlicher Selbstregelung als staatlichem „Steuerungssurrogat".[91] „Administrative

85 GL 1984a, 62.

86 Vgl. GL 1984a, 63f.

87 Vgl. GL 1996c, 740. – In diesen Zusammenhang ist auch das Konzept über „Private Interest Government" von Schmitter und Streeck zu stellen (Streeck/Schmitter 1999; vgl. auch Streeck 1999b, 291f.).

88 Vgl. Streeck 1999b, 290f., sowie zur damaligen Debatte über Politikfeldanalyse Hartwich 1985.

89 GL 1988, 18f. (H.d.O.obl.). – Das erschöpft im Übrigen die von Alemann/Weßels (1997, 13ff.) ausgeführten möglichen politikprozessualen Fragestellungen der vergleichenden Verbändeforschung.

90 Vgl. GL 1989a; 1991b; 1993a; 1994; 1994b; 1995a; 1996b; 1997a; 1998a; 1998b; 2000b; Lehmbruch/Mayer 1998.

91 GL 1996c, 744.

Interessenvermittlung" lautet der Terminus, den Lehmbruch in diesem Kontext geprägt hat.[92] Dies aber weist über seine frühen Beiträge zur Korporatismusforschung, die in diesem Abschnitt im Mittelpunkt standen, hinaus. Sie sollen im Folgenden in bündiger Form kritisch gewürdigt werden.

4.2. Würdigung

Viele Korporatismusforscher der ersten Stunde hatten hochfliegende Erwartungen; von Schmitter etwa wurden die Korporatismustheorien als „paradigmatic revolution"[93] angekündigt. Das sollte sich in der Folge als deutlich zu enthusiastisch herausstellen. War der Korporatismus im Gegenteil „eine der kurzlebigsten [...] Theorienmode[n] der Nachkriegszeit",[94] wie dies Klaus von Beyme meint, und ein Teil jener „frenzy of novitism",[95] die Giovanni Sartori beklagt hatte? Ist Korporatismus gar, wie Schmitter während des Vormarsches monetaristisch-neoliberaler Wirtschaftspolitik autoblasphemisch formulierte, „tot"?[96] Das trifft offensichtlich nicht zu, denn sonst müsste angenommen werden, dass eine fachtheoretische Spukgestalt weiter durch die Fachjournale irrlichtert. Korporatismus ist zwar längst nicht mehr das „Thema Nr. 1" in der Vergleichenden Politikwissenschaft.[97] Verschwunden ist er aber gleichfalls nicht: Obwohl Vokabeln wie „Globalsteuerung" und „Kreislauftheorie" bereits in die wirtschaftshistorischen Fachbücher eingegangen sind, seitdem die USA und Großbritannien Anfang der 1980er Jahre auf monetaristisch-neoliberale Wirtschaftspolitik umschwenkten, sei es, wie Lehmbruch 1996 feststellte, „doch auffallend, daß diese politische Entwicklung die Korporatismusforschung nicht schon im Ansatz erstickt hat."[98] Allerdings habe sich der (Makro-)Korporatismus, so die Befunde des Wiener Wirtschaftssoziologen Franz Traxler (1951-2010), „vom starken zum schlanken Muster" gewandelt: Verbandsorganisationale Zentralisierung und Konzentration haben danach an Bedeutung eingebüßt.[99]

---

[92] Vgl. GL 1987; 1991b.

[93] Schmitter 1982, 260. – Fairness gebietet es, zu erwähnen, dass Lehmbruch im Gegensatz zu Schmitter schon zu Anfang der Korporatismusdebatte zurückhaltender auftrat, was die Reichweite seiner Erklärung anbelangte.

[94] Beyme 2007, 137.

[95] Zit.n. Beyme 1992, 123.

[96] Vgl. Schmitter 1989.

[97] Aus meiner subjektiven Perspektive dürfte dies in der komparativen Politikwissenschaft zurzeit das Thema „Transnationale *governance* und Staatlichkeit im Wandel" sein (vgl. für viele Becker/John/Schirm 2007; Bröchler/Lauth 2008; Schirm 2006; Leibfried/Zürn 2006). Auf die eigentümliche inhaltliche Verbindung zu den neueren Korporatismusansätzen komme ich noch zu sprechen.

[98] GL 1996c, 739.

[99] Vgl. Traxler 2001; vgl. auch Armingeon 2007, 117ff.

Die steuerungstheoretischen Hypothesen der Frühzeit sind rasch verblichen, und der zunächst im Fokus des wissenschaftlichen Interesses stehende makrokorporatistische Tripartismus von Arbeit, Kapital und Staat ist nach dem „neoliberal turn“[100] rasch zurückgetreten zugunsten mesokorporatistischer (bzw., in Lehmbruch'scher Diktion, „sektoralkorporatistischer“) Ansätze. Dies spiegelt sich auch in den Korporatismusstudien Gerhard Lehmbruchs, der – wie Schmitter und andere auch – seinen Korporatismusansatz im Laufe der Jahre nicht unwesentlich verändert und analytisch erweitert hat. Anfangs nahm er noch eine aus funktionalen Imperativen der modernen kapitalistischen Industriestaaten begründete („makropolitische Steuerung“) evolutionistische Konvergenz im Korporatismus an. Er schloss sich dabei Schmitters Ausführungen in dessen wegweisendem Aufsatz *Still the Century of Corporatism?* an, dem er als großen Verdienst anrechnet, für die vergleichende Staat-Verbände-Forschung die erste „conceptualization that is truly comparative in character“ vorgelegt zu haben: „it should allow operational measurement in cross-national as well as longitudinal perspective.“[101] Getrennt hat sich Lehmbruch bald auch von der neomarxistisch-klassentheoretischen Herleitung der Konfliktlinie Arbeit versus Kapital. Den theoretisch-konzeptionellen Trennungen auf der einen Seite stand auf der anderen Seite eine wesentliche Erweiterung seines Ansatzes gegenüber, den er zuerst im zweiten mit Schmitter herausgegebenen Korporatismus-Sammelband 1982 erläutert: Korporatismus versteht er fortan nach einer Anregung des Soziologen Wassenberg nicht mehr nur makrokorporatistisch-gesamtwirtschaftlich; es gebe Korporatismus auch auf einer einer mittleren oder Mesoebene, die er „sektoralen Korporatismus“ tauft. Darunter subsumiert er sowohl tripartistischen Korporatismus unterhalb der gesamtwirtschaftlichen Ebene in einem begrenzten Politikbereich, als auch bi-, tri- oder multilaterale Staat-Verbände-Beziehungen in unterschiedlichen Politikfeldern. Theoretisch erschließt er den Untersuchungsgegenstand mithilfe eines komplexen Ansatzes, der auf das soziologische Theoriewerkzeug der Netzwerkanalyse rekurriert und den beteiligten Akteuren rationales Wahlhandeln unterstellt, das er wiederum abhängig von entwicklungsgeschichtlich zu erklärenden Institutionenstrukturen begreift, welche jeweils bestimmte Handlungsoptionen für die Akteure attraktiver als andere erscheinen lassen. Theoretisch, so Lehmbruch, könne man den Einfluss von sektoralen Korporatismus auf *policies* nicht bestimmen, weil die jeweiligen Handlungsnetzwerke zurückgeführt werden müssten „auf historische Kontingenz von pfadabhängiger Institutionenbildung im internationalen Vergleich“.[102] Er bleibt

[100] Streeck 2006, 26ff.

[101] GL 1979c, 300. – Aus zeitlichem Abstand weiterhin: GL 1996c, 742. Das korporatistische Verdienst, erstmals ein verwendungsfähiges Analyseraster für genuin vergleichende Staat-Verbände-Forschung vorgelegt zu haben, betonen im Übrigen auch Korporatismuskritiker wie der Berliner Verbändeforscher Werner Reutter (*1958) (vgl. id. 2001, 24; 2002, 501; 2005, 240f.).

[102] GL 1996c, 742.

damit der „konfigurativen“ Analyse treu und überlässt die zweite, die quantitativ-vergleichende „Spur“ in der „double-track research strategy“ anderen (u.a. seinem Assistenten Manfred Schmidt). Lehmbruchs anspruchsvolle konfigurative Analyse weist darauf hin, dass die ursprünglich von ihm und Schmitter identifizierten methodischen Probleme im Bereich der Interessengruppenforschung (Operationalisierung mit der Frage nach funktionaler Äquivalenz und dem Problem der „many variables, small n“, Datenverfügbarkeit und -vergleichbarkeit) nach wie vor bestehen.[103] Das wird besonders deutlich, wenn man die Leistungen der international vergleichenden Interessengruppen-Forschung mit jener der Parteiensystem- oder Wahlsystem-Forschung kontrastiert.[104] Das wesentliche Problem dabei ist: Die Summe der nationalen Verbände ergibt kein eigenes „System“.[105]

Tendenziell in den Hintergrund tritt für Lehmbruch im Laufe der 1980er Jahre der Makrokorporatismus (er nennt dies in wenig glücklicher Begriffswahl „korporatistische Konzertierung“) mit der zentralen Verbindung von Interessenverbänden, vor allem Gewerkschaften, auf der einen und Parteien auf der anderen Seite. Makrokorporatismus beruhe, so der spätere Korporatismusforscher Lehmbruch, „auf hochgradig kontingenten Bedingungen, die in bestimmten Ländern über längere Zeit stabil geblieben sind“.[106] Deshalb seien die voluntaristischen makrokorporatistischen Versuche in Großbritannien und anderswo auch von Beginn an unter einem schlechten Stern gestanden: Makrokorporatismus könne nicht durch *social engineering* erreicht werden.[107] Im Übrigen untersucht Lehmbruch aber nunmehr die unterschiedlichen Arten und Formen staatlich-verbandlicher Interaktionen in ausgewählten Politikfeldern. Seine Erweiterung ist besonders gut anknüpfungsfähig für *policy analysis*: Welche politikinhaltlichen Auswirkungen zeitigen bestimmte Akteurkonstellationen, Interaktionsformen, Rollenverständnisse? Für Lehmbruch sind Interessengruppen damit mehr als lediglich „Dialogpartner“;[108] sie können auch als *policy*-Mitgestalter

---

103 Vgl. Alemann/Weßels 1997; Reutter 2005. – Nur am Rande sei vermerkt, dass ich den 1983 von Lehmbruch vorgebrachten Vorschlag, „that organized interests in Eastern and Western Europe might fruitfully be put into a comparative analytical perspective that insists on their interdependence with the party system and with government“ (GL 1983, 170), schon deswegen für wenig sinnvoll halte, weil hier zu den bekannten Problemen des Verbändevergleichs innerhalb von Demokratien auch noch das nämliche für den Demokratie-Diktatur-Vergleich hinzu gekommen wäre. Wie und mit welchen Daten hier plausible funktionale Äquivalenzen hergestellt und für den Vergleich geeignete und erhältliche Daten ausfindig gemacht hätten werden sollen, ist mir nicht einsichtig.

104 Vgl. ähnlich Alemann/Weßels 1997, 19; Reutter 2005, 234.

105 Im Sinne von „Mengen von Strukturen und Verfahren, die funktional aufeinander bezogen sind“ (Lehner/Widmaier, zit.n. Alemann/Weßels 1997, 10).

106 GL 1985, 90.

107 Vgl. GL 1984b, 92.

108 So aber Köppl/Nerb 2006.

wirken oder staatliche Aufgaben in der Implementation von Gesetzen übernehmen: An die Stelle staatlicher Steuerung tritt Selbstregulierung. Ist das aber noch korporatistisch? Oder, anders formuliert: Wodurch unterscheidet sich ein solcher Analysezugang (noch) von Pluralismustheorien? Das ist eine schwierige Frage, und zwar vor allem deshalb, weil die mit korporativen und jene mit pluralistischen Ansätzen Forschenden in der wechselseitigen Auseinandersetzung die jeweils andere Seite beschuldigen, ihre Annahmen verkürzt (und also verfälscht) darzustellen sowie den Reichtum der unterschiedlichen *approaches* innerhalb der jeweils eigenen Theorie zu ignorieren.[109] Weiter verkompliziert wird die Debatte, weil die Pluralismustheoretiker in der Regel sowohl empirische Sachverhalte erfassen als auch normative Soll-Sätze formulieren, während Korporatismusansätze in Lehmbruchs (späterer) Manier auf die beschreibende Analyse von Tatsachenverhalten beschränkt bleiben und daher das Terrain der empirisch-analytischen Vergleichenden Politikwissenschaft weder überschreiten noch dies je intendierten. Das wollen einzelne Teilnehmer am Fachdiskurs entweder nicht wahrhaben, oder sie ignorieren es absichtlich.[110]

Damit sind der Wirrnisse der Korporatismusdiskussion aber noch nicht genug: Im Einzelfall beginnen die Unklarheiten schon bei Begriffsdefinitionen *innerhalb* eines Ansatzes, die in mehr oder minder großem Ausmaß voneinander abweichen.[111] Entsprechend scheiden sich in der Frage, ob Mesokorporatismus überhaupt noch „richtiger" Korporatismus sei und der Staat die im Makrokorporatismus angenommene „konstitutive Rolle [...] bei der Organisierung kollektiver gesellschaftlicher Interessen"[112] darin überhaupt noch innehabe, die Forschungsgeister. Während unter den Korporatismusforschern der ersten Stunde der Soziologe Wolfgang Streeck sehr wohl am (Meso-)Korporatismus-Begriff festhält,[113] ist der Politologe Ulrich von Alemann der Auffassung, dass dies nur noch ein „Glasperlenspiel" sei: „Konsens herrscht heute wohl darin, dass Korporatismus den Pluralismus nicht obsolet gemacht hat."[114] Noch stärker akzentuiert Klaus von Beyme seine Kritik am „Meso-" bzw. „sektoralen Korporatismus" –

109 Vgl. Reutter 1991, 25f. u. passim.

110 Ich ziele hier auf die Argumentation Werner Reutters (vgl. id. 1991; 2005, 241).

111 Das führt zu tendenzieller Polysemie (wie sie, zumal in mehrsprachig und interkontinental geführten sozialwissenschaftlichen Diskursen, öfters auftritt: vgl. Helms 2004, 21ff.). Pars pro toto sei der Begriff „Tripartismus" genannt, den Klaus von Beyme mit (Makro-) Korporatismus gleichsetzt (vgl. Beyme 1984, 224; 2007, 138), von dem der englische Politologe Wyn Grant (1985, 9) aber annimmt, dass er „a weak form of liberal corporatism" (weil etatozentrisch) sei, und den Lehmbruch als nicht deckungsgleich mit korporatistischer Konzertierung (Makrokorporatismus) ansieht, weil es auch sektorale Tripartismen geben könne (vgl. GL 1984a, 64).

112 Streeck 1999b, 282.

113 Vgl. Streeck 1999b, 292. – Ähnlich argumentiert auch Czada (1994, 41).

114 Alemann 2000, 3; ebenso Reutters (1991, 214) Tenor.

das hat aber, wir sind wieder beim Problem der Polysemie, entscheidend mit bestimmten Begriffsdefinitionen zu tun.[115]

Ich tendiere dazu, im zeitlichen Abstand jenen Recht zu geben, die – wie Klaus von Beyme – korporatismustheoretische Ansätze zur Analyse von Staat-Verbände-Beziehungen *in Kombination* mit anderen Ansätzen heranzuziehen empfehlen und selbst anwenden.[116] Korporatismus ist demnach ein „Theoriebaustein" (Gerhard Lehmbruch)[117] neben anderen für die sozialwissenschaftliche Analyse. Angesichts der großen methodischen Probleme halte ich die Gefahr eines „hazardous hotchpotch" gegenüber den potenziellen Vorteilen eines „enlightened eclecticism" für weitaus geringer.[118] Welche Rolle kann dabei Gerhard Lehmbruchs (spätere) Korporatismusforschung spielen?

Zunächst: Sie widmet sowohl den politischen Strukturen wie den politischen Prozessabläufen wie den politischen Inhalten ihr Augenmerk. Die Kritik Werner Reutters, Korporatismusstudien hätten in der Regel einen *bias* – sie wiesen eine starke „Strukturorientierung" auf und vernachlässigten „tendenziell [..] politische Inhalte"[119] –, trifft auf Lehmbruchs (spätere) Beiträge nicht zu. In diesem Sinne passieren sie das Gütekriterium „bester" Politikwissenschaft mit sehr guten Noten.

Sie lehren uns ferner, dass auch in der international vergleichenden Forschung über *interest intermediation* institutionelle und entwicklungsgeschichtliche Faktoren eine eminente Erklärungskraft besitzen. Sein komplexer Analyseansatz, der diese Komponenten mit netzwerktheoretischen und *rational-choice*-Elementen verbindet, stellt für die gegenwärtig breit geführte Fachdebatte über *governance* und Staatlichkeit im Wandel einen attraktiven Anknüpfungspunkt dar.[120] Die interessierenden empirischen Phänomene sind mannigfaltig: Fragen nach neuen Aufgabenverteilungen zwischen Staat und Interessengruppen bzw. zwischen Staat, Markt, Gesellschaft (und der Bedeutung des „Dritten Sektors")[121] werden ebenso gestellt wie nach den Ursachen für Kontinuität und

---

115 Vgl. Beyme 2007, 138.

116 Vgl. Beyme 1980, 51.

117 GL 1996c, 735.

118 Vgl. Wolf 2010.

119 Reutter 2005, 508.

120 Vgl. Czada 1994, 55; Streeck 2006, 33ff. – Dabei zeigt sich, dass der oft vorschnell angekündigte „Paradigmawandel" (Beyme 2010c) in der Verbändeforschung so „paradigmatisch" (im Kuhn'schen Sinne) gar nicht ist, weil keine Inkommensurabilität, vielmehr eine Weiterentwicklung mit eklektizistischen Anleihen aus vorangegangenen theoretischen Ansätzen zu konstatieren ist. Das gilt auch für den gegenwärtig einflussreichen, von Klaus von Beyme als „postmodern" apostrophierten „Netzwerkpluralismus" (Beyme 2010c, 185ff.; Beyme/Helms 2004, 206ff.), wie ein Vergleich etwa mit Lehmbruchs späteren Korporatismusstudien ersichtlich macht.

121 Vgl. Straßner/Sebaldt 2006, 327ff., m.w.H.

Wandel kapitalistischer Volkswirtschaften,[122] und Staat-Verbände-Beziehungen in Transitionsstaaten, unter Einfluss der europäischen Integration[123] oder wirtschaftlicher Denationalisierung werden gleichfalls untersucht. Das sind weite, empirisch zerklüftete und und theoretisch unübersichtliche Forschungslandschaften. Gerhard Lehmbruchs Beiträge zur korporatistischen Interessenvermittlung können hier als Wegmarke dienen. Wie der Abenteurer, der segelnd die Weltmeere erkundet, ohne Kompass und Sextant bald verloren wäre, so benötigt auch der politikwissenschaftliches Neuland erkundende Forscher (oder die Forscherin) theoretische und konzeptionelle Hilfsmittel, um sich nach dem Aufbruch zu neuen Erkenntnissen nicht im Dschungel der Empirie zu verheddern. Lehmbruchs Studien über Interessenvermittlung geben hierfür verlässliches Rüstzeug an die Hand.

122 Erinnert sei beispielhaft an die reichen Erträge der *Varieties-of-Capitalism*-Debatte, für die den Startschuss Hall/Soskice 2001 gaben.

123 Vgl. u.a. Beyers/Eising/Maloney 2010; Crouch 2000; Falkner 2003; Schäfer/Streeck 2008; Schief 2006; Streeck 1999a.

5. Politik in der Bundesrepublik Deutschland:[1] Zwischen Konkurrenz und Konkordanz

Parteienwettbewerb im Bundesstaat – so lautet der prägnante Titel eines 1976 erstmals erschienenen, vom Umfang her eher unscheinbaren Buches, das den Anspruch erhebt, durch die zusammenführende Betrachtung zweier Schlüsselgrößen des bundesrepublikanischen Politikprozesses – Föderalismus und Parteiensystem – die wesentliche diesem Prozess inhärente Problematik zu erfassen und auf diese Weise zu erklären, weshalb sich Politikgestaltung auf gesamtstaatlicher Ebene in Deutschland so mühsam und kompliziert darstellt und am Ende häufig langwierig ausgehandelte Kompromisse stehen, die von den beteiligten Akteuren selbst (wie auch von vielen Wissenschaftlerinnen und Wissenschaftlern) als unbefriedigend und problemlösungsinadäquat („suboptimal“) bewertet werden (Fritz Scharpf spricht gar von der „deutschen Malaise“).[2]

Gerhard Lehmbruch, der Autor des Buches, war zur Zeit der Erstveröffentlichung Ordinarius an der Universität Tübingen. Die Publikation von 1976 hat wesentlich seinen Ruf als einer der führenden Politologen im Bereich der Politikforschung über die Bundesrepublik Deutschland begründet. Mittlerweile liegt die Publikation – überarbeitet und ergänzt, aber in ihrer Kernaussage unverändert – in dritter Auflage (2000) vor;[3] auf sie wird im Folgenden rekurriert werden.

In diesem Kapitel möchte ich kritisch untersuchen, ob – und wenn: inwieweit – Lehmbruchs politischer Institutionenanalyse, als deren Ergebnis er die Inkongruenz von Bundesstaat und Parteiensystem in Deutschland konstatiert, nach rund 35 Jahren kritischer Prüfung in der wissenschaftlichen Debatte (noch immer) plausible und hinreichende Erklärungsadäquanz attestiert werden darf. Immerhin hat die Bundesrepublik durch die deutsche Wiedervereinigung von 1989/90 einen tiefgreifenden Umbruch erfahren, der auch außerordentliche Auswirkungen sowohl auf das bundesstaatliche wie das Parteiensystem gehabt hat; ferner sind vorläufige Ergebnisse der Föderalismusreform zu berücksichtigen, deren erste Stufe (Föderalismusreform I) im September 2006 in Kraft getre-

1 Für die Zeit vor 1990 ist mit Deutschland stets die BRD gemeint.

2 Zit.n. Hofmann 1997 (ganz ähnlich: Scharpf 2006, 7). Vgl. ferner GL 2003b, 546; 2004, 82; Reutter 2006, 12ff.; Schmidt 2007, 474ff.; Wachendorfer-Schmidt 2005, 11f. (die beiden Letztgenannten auch auch m.w.N).

3 Damit soll nicht geleugnet werden, dass Lehmbruch bestimmte Aussagen der Erstauflage in der 2. und 3. Auflage verändert bzw. revidiert hat, worauf er übrigens selbst hinweist (vgl. GL 2000a, 200f.). Diese beziehen sich aber auf relative Nebensächlichkeiten. Deshalb und aus Platzgründen verzichte ich auf einen detaillierten Vergleich zwischen der 1. und den nachfolgenden Auflagen.

ten ist und die von sozialwissenschaftlichen Beobachtern als „die weit reichendste Änderung des GG seit 1949" beurteilt wird.[4]

Zu diesem Behufe ist es zunächst unerläßlich, die wesentlichen Punkte der Lehmbruch'schen Argumentation in Erinnerung zu rufen, insbesondere das in einem 2002 publizierten Aufsatz von ihm ausführlich dargelegte theoretisch-analytische Konzept der Pfadabhängigkeit (4.2). Daran anschließend (4.3.) wird die Kritik an seiner Analyse, die sich vor allem an seiner Interpretation des deutschen Parteienwettbewerbs im bundesstaatlichen Gefüge entzündet, dargelegt werden. Zwei Einwände sind dabei von entscheidender Bedeutung: Erstens wird Lehmbruch vorgeworfen, er missdeute die funktionale Stellung der bundesdeutschen Parteien. Nicht als „Bremse" fungierten sie im deutschen Föderalismus, sondern im Gegenteil – durch beträchtliche vertikale Integrationsleistungen – als Problemlöser, und stellten darum weitaus eher einen antreibenden und befördernden „Motor" der deutschen *politics* dar.

Ein zweiter Einwand, in seiner Argumentationslogik aus entgegengesetzter Stoßrichtung kommend, wird seit einigen Jahren im wissenschaftlichen Diskurs thematisiert: Lehmbruch verkürze in seiner Darstellung den Parteienwettbewerb auf Landesebene wesentlich, erkläre ihn ausschließlich durch die parteipolitische Konfrontation auf Bundesebene und degradiere ihn so völlig zu Unrecht zu einem bloßen Anhängsel der bundesparteipolitischen Wechselbeziehungen. Insbesondere, so die Kritiker, sei es eine der vielfältigen Folgen der deutschen Wiedervereinigung, dass mit dem schlagartig höheren Heterogenitätsgrad der Bundesländer auch zunehmende Regionalisierungstendenzen der Parteien auf Landesebene verbunden seien; mithin habe sich die von Lehmbruch vorgenommene Simplifizierung in ihrer Unangemessenheit sogar noch bedeutend gesteigert.

Diese beiden Kritikpunkte, prominent artikuliert von Wolfgang Renzsch (*1949) auf der einen und Roland Sturm (*1953) auf der anderen Seite, sollen, Lehmbruchs Text fest im Blick behaltend, auf ihre theoretische Plausibilität und empirische Gültigkeit hin überprüft werden. Daran anschließend wird diskutiert, wie sich die Ergebnisse der Föderalismusreform von 2006 auf den von Lehmbruch in *Parteienwettbewerb im Bundesstaat* untersuchten Sachverhalt auswirken.

---

4 Reutter 2006, 12. – Die Ergebnisse der Reform der föderalen Finanzverfassung (Föderalismusreform II) bleiben dagegen außer Betracht, da sie erst im August 2009 in Kraft traten. Hinsichtlich der föderalen Finanzverflechtung sind allerdings keine wesentlichen Änderungen zu verzeichnen, und die politischen *outcomes* der sogenannten „Schuldenbremse" (GG Art. 109 u. 115 n.F.) für Bund und Länder können noch nicht seriös bewertet werden, weil die Regelung erst 2011 Gültigkeit erlangt (GG Art. 143d n.F.), sodass die Handlungsreaktionen der politischen Akteure zuvor bestenfalls in prognostischen Szenarien plausibilisiert werden könnten.

5.1. Politische Arenen und Pfadabhängigkeit

Gerhard Lehmbruch legt seiner Untersuchung von *Parteienwettbewerb im Bundesstaat* als theoretischen Erklärungszugang die Verknüpfung von genetisch-institutionellem und politisch-kulturellem Ansatz zugrunde, die er bereits bezüglich seiner konkordanzdemokratischen und korporatistischen Forschung angewendet hatte.[5] In Erweiterung und Verfeinerung dieser Herangehensweise führt er nun den Begriff der „politischen Arenen“ ein: Um Art und Ausmaß institutioneller Handlungsbeschränkungen bemessen zu können, sei es zweckmäßig, das politische System analytisch in (interagierende) Teilbereiche oder „Arenen“ zu gliedern und getrennt zu betrachten.[6] Sinnvoll erscheine insbesondere die gesonderte Prüfung (1) der parteipolitischen, (2) der föderalen und (3) der (neo-) korporatistischen Arena.[7] Diese Trennung erlaube dann die vergleichende Untersuchung von Interaktions- und Verflechtungszusammenhängen (und sich ableitenden Konsequenzen) zwischen Arenen mit divergierenden oder gleichen Handlungslogiken. Das dabei beobachtbare Zusammenwirken könne unterschiedliche Ausmaße annehmen. Lehmbruch führt in diesem Kontext den (aus der Organisationstheorie stammenden) Begriff der „Kopplung“ ein, der auf die Interaktionsqualität rekurriert: Organisationen (hier: Arenen) können verschiedene Grade der Kopplung aufweisen, wobei in extremo, d.h. bei enger Kopplung, eine derart massive Arenenverknüpfung oder -verschränkung vorliegen könne, dass konkrete Entscheidungsfindungsprozesse notwendigerweise mehrere Bereiche durchlaufen müssen, damit ein Entscheidungsresultat erzielt werden könne. In solchen Fällen drohen bei inkongruenten Handlungslogiken, d.h. wenn mit jeweils anderen Entscheidungsregeln operiert wird, Entscheidungsblockaden.[8] Lose Kopplung weise dagegen den Vorzug auf, dass eine Arena nicht an die Vorentscheidungen einer anderen gebunden sei, weil beide nur durch wenige und schwache Variablen miteinander verbunden seien und dadurch „ihre Eigendynamik und ein hohes Maß an Flexibilität“[9] beibehalten.

Wenn man nun das analytische Konstrukt der „politischen Arenen“ auf institutionelle Zusammenhänge anwendet, ist hinsichtlich der Art und des Ausmaßes institutioneller Restriktionswirkungen allgemein festzuhalten, dass sowohl die parteipolitische wie die neokorporatistische Arena in großem Umfang von den – nicht formal kodifizierten – politisch-kulturellen Orientierungen der involvierten Akteure geprägt werden (d.h. deren potentiell einsetzbare Strategierepertoires

5 Vgl. die Ausführungen in Kap. 3.1. – In der jüngeren vergleichenden Föderalismusforschung gilt dieser Ansatz als besonders erkenntnisfördernd (vgl. Benz 2002a).

6 Zum Arenenbegriff vgl. GL 1999b, 403; id. 2000a, 19.

7 Vgl. Czada 2000, 24; GL 1996a, 23.

8 Vgl. GL 2000a, 28f. – Er hebt hervor, dass sich das Konzept der Kopplung nicht nur auf inter-, sondern auch auf intraorganisatorische (d.h. arenenintere) Interaktionsmuster beziehe (ibid.).

9 GL 2000a, 29.

unterliegen verhältnismäßig geringen institutionellen Restriktionen). Dagegen zeichnet sich die föderale Arena (also die Beziehung zwischen Bund und Gliedstaaten) in aller Regel durch eine weitaus stärker formalisierte (zumeist sogar konstitutionalisierte) Institutionenordnung aus, welche die bundesstaatliche Entscheidungsstruktur beispielsweise dank der Installation gegenmajoritärer Kräfte mit verbindlichen Vetopositionen („Vetospieler") zu versehen vermag.[10] Dieser Befund ist offensichtlich stark generalisierend, denn er berücksichtigt nicht den jeweils individuellen Entstehungszusammenhang von Institutionenstrukturen einerseits und angewandten Handlungslogiken der Kollektivakteure andererseits. Verständlich wird dieses wechselseitige Einflussverhältnis unter Zuhandnahme eines historisch-institutionalistischen Forschungsprogramms, das unter dem Begriff „Pfadabhängigkeit" (*path dependency*) ursprünglich im Bereich der Technik- und Wirtschaftsgeschichte entwickelt worden war,[11] in der jüngeren Vergangenheit aber auch zunehmende Beachtung in den Sozialwissenschaften erfahren hat.[12] In seinen neueren Publikationen über das politische System Deutschlands greift Lehmbruch auf dieses Konzept zurück.[13] Es soll zunächst helfen, die Eigenschaften einer bestimmten institutionellen Struktur entwicklungsgeschichtlich zu interpretieren. „Pfadabhängige Prozesse der Institutionenbildung sind in dieser sozialwissenschaftlichen Rezeption dadurch charakterisiert, dass die einmal entstandenen Strukturen selbstverstärkenden Charakter

---

10 Das Vetospieler-Theorem geht auf George Tsebelis zurück. Vetospieler sind (individuelle oder kollektive) Akteure, deren Zustimmung für einen Politikwechsel notwendig ist. Das Theorem besagt, dass die Wahrscheinlichkeit eines Politikwechsels umso mehr abnimmt, je größer die Anzahl der Vetospieler, je größer ihre ideologische Distanz (geringe Kongruenz) und je größer ihre innere Geschlossenheit (Kohäsion) ist (vgl. Tsebelis 1995; 2000). Zu Recht merkt Arthur Benz (*1954) allerdings kritisch an, dass in Tsebelis' Lehrsatz „nicht berücksichtigt [wird], welchen externen Einflüssen diese [Akteure] ausgesetzt sind, welche strategischen Überlegungen sie anstellen und welche blockadelösenden Mechanismen vorhanden sind. Der zweifellos anzuerkennende Vorteil der Theorie, auf unterschiedliche Regierungssysteme anwendbar zu sein und damit einen genuin für die komparative Forschung geeigneten Ansatz zu liefern, wird also erkauft mit dem Nachteil einer zu starken Vereinfachung der Funktionsweise von politischen Systemen. Gerade für die vergleichende Föderalismusforschung, in der verschiedene Typen von Bundesstaaten von Interesse sind, erweist sie sich als problematisch, da sich diese Staaten hinsichtlich der Existenz von Vetospielern oft kaum, in anderen Aspekten ihrer Konfiguration allerdings oft deutlich unterscheiden." (Benz 2002a, 38f.; vgl. auch Czada 2003b, 181).

11 Nach wie vor ist die QWERTY-Tastaturanordnung der „paradigmatische Fall einer anhaltenden Pfadabhängigkeit" (Beyer 2006, 244; vgl. zuerst David 1985).

12 Vgl. Beyer 2006, 14ff.; GL 2002a; Mahoney 2000; Pierson 2000; Thelen 1999, 384ff. – Das Konzept der Pfadabhängigkeit hat – als „Lehre vom Politik-Erbe" – auch Eingang in den Theorienkanon der Vergleichenden Staatstätigkeitsforschung gefunden und ist dort mittlerweile fest verankert (vgl. Schmidt/Ostheim 2007).

13 GL 2002a; vgl. auch id. 2003b.

haben, je länger der Prozess andauert."[14] Im pfadabhängigen Institutionenbildungsprozess lassen sich analytisch drei Entwicklungssequenzen differenzieren:[15]

(1) ein ausschlaggebender Entwicklungsanfangszeitpunkt (*critical juncture*), an dem aufgrund kontingenter Umstände (etwa des strategischen Kalküls eines hegemonialen Akteurs) unter diversen Pfadalternativen (*multiple equilibra*) eine bestimmte ausgewählt und eingeschlagen wird („Weichenstellung");

(2) darauffolgend eine Sequenz, in der spezifische kausale Mechanismen einsetzen, welche diesen Entwicklungspfad durch Reproduktion stabilisieren und über den Zeitverlauf verstärken (*autoreproduction*). Diese Mechanismen positiver Rückkopplung (*feedback effects*, *increasing returns*) haben mit den Antriebskräften, die hinter der ursprünglichen Weichenstellung gestanden haben, oft gar nichts zu tun. Sie können beispielsweise in hohen Startkosten oder Koordinierungseffekten begründet sein (bei Koordinierungseffekten ist der individuelle Nutzen aus einer Tätigkeit desto höher, je mehr Individuen daran partizipieren). Wechsel sind in dieser Phase des Entwicklungspfades möglich, stellen dabei jedoch nie die pfadimmanente Institutionenlogik infrage (*bounded change*);

(3) eine Phase der Erschütterung, die entweder durch eine Störung der pfadinternen (ideellen und/oder materialen) Reproduktionsmechanismen oder durch die Einwirkung externer Faktoren ausgelöst werden kann. Diese Phase des Ungleichgewichts (*punctuated equilibrum*) führt entweder zur Neujustierung des Entwicklungspfades oder, bei völliger Zerstörung der selbstreproduktiven Mechanismen, zu dessen Auflösung.

Das eigentlich Bemerkenswerte am Konzept der Pfadabhängigkeit ist nicht sosehr, dass es dem sozialwissenschaftlich Forschenden ein Werkzeug in die Hand gibt, um gegenwärtige Institutionen genetisch erklären zu können. Bedeutsam ist vielmehr, dass man durch seine Anwendung in die Lage versetzt wird, den genauen Wirkungszusammenhang zwischen Institutionenstruktur und darin agierenden Akteuren zu begreifen: Sobald im ersten Stadium eine bestimmte Pfadalternative gegenüber anderen den Vorzug erhält, wird bei den beteiligten Akteuren ein kognitiver Prozess in Gang gesetzt. Im Zuge dieses Prozesses wird die eingeschlagene Entwicklung von immer mehr Akteuren (und über den Zeitverlauf hin immer stärker) als überlegene Problemlösungsvariante begriffen, und zwar nicht nicht nur im konkreten Einzelfall, sondern zunehmend in verallgemeinerter Form.[16] Parallel dazu trägt die Selbstreproduktion tendenziell auch zur

---

14 GL 2002a, 60.

15 Zum Folgenden vgl. GL 2002a, 59ff., sowie Beyer 2006, Kap. 1; Pierson 2000.

16 Im Extremfall kann auf diese Weise ein (gesamtgesellschaftliches oder gesellschaftsübergreifendes) Paradigma mit universalistischem Gültigkeitsanspruch entstehen. Ein

Ausbildung gewisser Macht- und Interessenkonstellationen bei, welche die Konsensschwelle für einen Pfadwechsel derart ansteigen lassen, dass ein solcher angesichts der aufzubringenden politischen Kosten zunehmend schwieriger und unwahrscheinlicher wird. Wenn sich nun diese beiden Entwicklungen im Rahmen der Selbstreproduktion über einen sehr langen Zeitraum fortsetzen, führt dies bei den beteiligten Akteuren zu einer wachsenden Hegemonie spezifischer politisch-kultureller Orientierungen, die ihren Ausdruck in der Anwendung bestimmter Konfliktregelungsstrategien (Handlungslogiken) finden. Derart internalisierte Orientierungsmuster können im Fall einer Pfaderschütterung die Rezeptionswilligkeit der maßgeblichen Akteure hinsichtlich neuer, plötzlich leicht verfügbarer Pfadalternativen in einem solchen Maß einschränken, dass trotz des Schocks keine grundsätzliche Pfadänderung erfolgt, weil niemand (oder nur wenige) bereit sind, von ihren routinisierten Handlungsweisen abzuweichen. Die kognitive und die institutionelle Dimension der Pfadabhängigkeit stehen daher im Verlauf einer Pfadentwicklung in einem perpetuierenden, selbstverstärkenden Wechselverhältnis; Lehmbruch bezeichnet dies als „‚ko-evolutionäre' Beziehung".[17]

5.2. Lehmbruchs These von der politischen „Verwerfung" in der Bundesrepublik, oder: Die Genese von Föderalismus und Parteiensystem

Gerhard Lehmbruch hat seine entscheidende These über den Parteienwettbewerb im deutschen Bundesstaat bereits in der ersten Auflage seines Buches formuliert und in den nachfolgenden Auflagen praktisch unverändert beibehalten. Sie lautet: Im politischen System der Bundesrepublik Deutschland trete ein durch bestimmte „entwicklungsgeschichtliche Verwerfungen" bedingter „Strukturbruch" auf, der darin bestehe, „daß sich die eigentümlichen ‚Spielregeln' der Konfliktaustragung, wie sie im Parteiensystem einerseits, im bundesstaatlichen Beziehungsgeflecht andererseits vorherrschen, auseinanderentwickelt haben"[18]: Während das bundesstaatliche System eine bemerkenswerte entwicklungsgeschichtliche Konstanz aufweist, ist die Herausbildung des Parteiensystems stärker von Diskontinuität geprägt:

> Die Entwicklung der Bundesrepublik ist gegenüber den früheren Entwicklungsabschnitten zunehmend durch die potentielle *Inkongruenz* zweier zentraler Arenen charakterisiert. In der Arena des Parteiensystems setzt sich jetzt [nach 1945, Anm. CJ]

Beispiel aus der europäischen Geschichte stellt das kirchendogmatisch zementierte geozentrische Weltbild dar, das seinen ideengeschichtlichen Ursprung im antiken Griechenland (Aristoteles, Ptolemäus) hat und dessen Alleingültigkeitsanspruch erst im Zuge der Entdeckungen von Kopernikus, Galilei und Kepler im 17. Jahrhundert erodierte.

[17] GL 2002a, 63.

[18] GL 1976, 11.

nämlich das Modell der Konkurrenzdemokratie durch, und das ist gegenläufig zu den hergebrachten Regeln der Konfliktaustragung im Verhandlungssystem des Bundesstaates. Darin zeigt sich eine *partielle Diskontinuität* der politischen Strukturen.[19]

Die Feststellung dieser Inkongruenz gewinnt ihre Brisanz jedoch erst in Verbindung mit der Tatsache, dass beide Arenen in der Bundesrepublik überaus eng gekoppelt sind, weil wichtige politische Entscheidungsfindungsprozesse hierzulande sowohl die föderale Arena der Bund-Länder-Beziehungen als auch die gesamtstaatlich-parlamentarische Arena des Parteienwettbewerbs durchlaufen müssen:

> Das zentrale Problem [...] besteht nun darin, daß das föderative System institutionell auf Aushandeln angelegt ist, und deshalb kann der Entscheidungsprozeß nur unter der Bedingung funktionieren, daß das Parteiensystem die dem Föderalismus angemessenen Aushandlungsroutinen entwickelt.[20]

Dies aber sei in der Bundesrepublik eben nicht der Fall, weil sich im deutschen Parteiensystem nach dem Zweiten Weltkrieg rasch die Dominanz einer neuen Handlungslogik herausgebildet und verfestigt habe: jene des Wettbewerbs, die „mit der überkommenen Handlungslogik bundesstaatlicher Entscheidungsprozesse nicht ohne weiteres kongruent ist."[21] Lehmbruchs Fazit: „Das Parteiensystem einerseits, das föderative System andererseits sind von tendenziell gegenläufigen Entscheidungsregeln bestimmt und drohen sich [unter bestimmten Bedingungen] wechselseitig lahmzulegen."[22] Er versinnbildlicht diese Argumentation, indem er eine Anleihe aus der Geologie nimmt und von einer „Verwerfung" in der politischen Institutionenstruktur des Staates spricht. Demnach lasse sich das Verhältnis der beiden politischen Arenen mit jenem plattentektonischen Phänomen vergleichen, bei dem zwei Kontinentalplatten gegeneinander geschoben werden und sich Spannung aufbaut: Die von Zeit zu Zeit stattfindenden Spannungsentladungen in Form von Erdbeben fänden im deutschen politischen System ihre Analogie in der gelegentlichen Kollision der unterschiedlichen Regelsysteme – mit anschließendem *deadlock*.[23] Warum Stillstand durch Blockade dennoch nicht die Regel, sondern die eher seltene Ausnahme ist, auf welche Weise (und mit welchen Folgen) Blockade vermieden wird und unter welchen

---

[19] GL 2000a, 19 (H.i.O.). – Er betont an anderer Stelle (ibid., 11), dass „Inkongruenz" nicht als Unvereinbarkeit missgedeutet werden dürfe und er sich überdies ausschließlich auf den „Fall BRD" beziehe und keinesfalls generalisierende Hypothesen über das Zusammenwirken von Parteiensystem und Föderalismus aufstellen wolle. Dennoch wird Lehmbruch beides verschiedentlich zumindest implizit unterstellt (vgl. Renzsch 2000a, 57, für Ersteres und Gabriel 1994, 124, für Letzteres).

[20] GL 2000a, 19.

[21] GL 2000a, 28.

[22] GL 1976, 7. – Die Ergänzung „unter bestimmten Bedingungen" hat Lehmbruch in der 3. Auflage von 2000 (S. 9) eingefügt.

[23] Vgl. GL 2000a, 12f.

Bedingungen Blockade manchmal doch auftritt – diesen Fragen gilt das Untersuchungsinteresse Lehmbruchs.

Im Untersuchungsverlauf zeichnet er zunächst mit Akribie die Entwicklungsgeschichte des deutschen Parteiensystems einerseits und des deutschen Föderalismus andererseits nach.[24] Beide bedürfen im Rahmen der vorliegenden Arbeit keiner ausführlichen Rekonstruktion (und sollen daher im Folgenden nur kurz und stark vereinfacht umrissen werden), da die Kritik an Lehmbruch, der wir uns im nächsten Kapitel widmen wollen, sich sämtlich an jenem der entwicklungsgeschichtlichen Analyse angeschlossenen Teil festmacht, in welchem er in synthesischer Manier die Wechselwirkungen der beiden politischen Teilsysteme im Verlauf der bundesrepublikanischen Geschichte seit 1949 examiniert.

Der Föderalismus deutscher Spielart zeichnet sich durch eine Kombination von Charakteristika aus, die ihn im Kreise föderal verfasster liberaler Demokratien zu einer Besonderheit macht.[25] Es ist „ein exekutivlastiger ‚unitarischer Bundesstaat' mit hochgradiger Politikverflechtung",[26] der sich überdies „als pfadabhängig im strengen Sinne dieses Begriffs erwiesen [hat]".[27] Gerhard Lehmbruch legt dar, dass all diese Strukturmerkmale in nucleo bereits in der Konstruktion des deutschen Bundesstaates von 1871 angelegt waren, welche ihrerseits teilweise – über den Norddeutschen Bund – bis auf die Paulskirchenverfassung vom März 1849 zurückzuverfolgen ist.[28] So gründet die Exekutivlastigkeit des deutschen Föderalismus in jenem Bundesratsmodell, das bereits im Verfassungsentwurf der Frankfurter Nationalversammlung festgehalten war und bei der Reichsgründung 1871 von Otto von Bismarck (1815-1898) als Teil des bundesstaatlichen Institutionengefüges etabliert wurde.[29] Indem die Regierungen der Länder in den politischen Entscheidungsfindungsprozess eingebunden waren, konnten sie gegenüber der Reichsregierung nicht die Rolle eines Widerparts einnehmen, zumal der Reichskanzler (fast immer) in Personalunion das Ministerpräsidentenamt in der preußischen Landesregierung bekleidete. Obwohl Preußen als weitaus größtes Bundesland zusammen mit einigen kleinen, wirtschaftlich abhängigen Staaten über die Mehrheit der Bundesratsstimmen verfü-

---

[24] Die entwicklungsgeschichtliche Analyse des deutschen Parteiensystems wird in der neuesten Auflage (GL 2000a) in Kapitel 2 abgehandelt, jene des deutschen Föderalismus in den Kapiteln 3-4 sowie ausführlich auch in GL 2002a (vgl. auch Scharpf 1994b). Eine knappe, zusammenfassende Betrachtung findet sich in GL 1999b. Das Folgende bezieht sich grundsätzlich auf diese Texte.

[25] Vgl. Grande 2002, 197ff.; Schmidt 2007, 215f.

[26] Schmidt 2000, 5. Vgl. auch Abromeit/Wurm 1996; Benz 1999; Laufer/Münch 1997; GL 2002a; Rudzio 2000, Kap. 8.1 u. 10; Schmidt 2002; id. 2007, 209f.

[27] GL 2003b, 554.

[28] Vgl. GL 2002a, 71ff.

[29] Bismarck sah im Bundesratsmodell vor allem eine Barriere gegen Parlamentarisierungstendenzen auf Länderebene (vgl. GL 2002a, 77).

gen konnte, waren die Entscheidungsfindungsprozesse nicht sosehr von hierarchisch-autoritärem als vielmehr von kooperativ-verhandelndem Stil beherrscht, der freilich nicht eigentlich die Gleichberechtigung der anderen Staaten (mit der partiellen Ausnahme Bayerns) zum Ziel hatte, sondern lediglich die überragende Machtstellung Preußens für die anderen Länder erträglich machen sollte.[30] In Verbindung mit der Tatsache, dass die meisten Bundesratsdeputierten von Landesregierungen entsandt waren, die – wie Preußen – (noch) nicht auf Grundlage des demokratischen Parlamentarismus gebildet wurden, fand das Tagesgeschäft im Bundesrat in administrativ-technokratischer Atmosphäre statt.[31] Insgesamt stellte der Bundesrat des Kaiserreichs eine „Clearingstelle der Bürokratien von Bund und Ländern [dar], die hier den kooperativen Stil der interadministrativen Beziehungen einübten."[32]

Die Institution des Bundesrates lebte auch in der Weimarer Republik (nun als Reichsrat) fort, wenngleich dessen Rolle bei der Reichsgesetzgebung Einschränkungen erfuhr.[33] Allerdings war der politische Rahmen, innerhalb dessen die Kammer nun agierte, von starken Umwälzungen gezeichnet: Auf Länderebene hatte sich der demokratische Parlamentarismus (und mit ihm die Bildung parlamentarischer Parteienregierungen) durchgesetzt, und im bundesstaatlichen Gefüge hatte Preußen seine Vormachtstellung weitgehend eingebüßt. Obgleich sich also nun eine demokratisch-parlamentarisch legitimierte und parteipolitisch begründete Reichsregierung mit Landesregierungen derselben Legitimations- und Konstitutionsbasis konfrontiert sah, war das Zusammenwirken beider Seiten in der politischen Praxis weit weniger stark von Konflikthaftigkeit geprägt, als dies aufgrund der formalen Veränderungen vielleicht zu vermuten gewesen wäre. Mehrere Gründe gaben hierzu den Ausschlag:[34] Erstens waren die (partei-) politischen Mehrheiten in Reichstag und Reichsrat im zentristischen Vielparteiensystem Weimars über die meiste Zeit zumindest teilweise deckungsgleich („Weimarer Koalition"). Zweitens zeichneten sich die Landesregierungen trotz ihrer parteipolitischen Grundlage durch ein entschieden gouvernemental-etatistisches Selbstverständnis aus, das seinen Ausdruck auch im bürokratis-

30 Vgl. Nipperdey 1986a, 82ff.; GL 2000a, 63f. – „Dieser der Konfrontation abholde Stil der Entscheidungsfindung, den Bismarck im bundesstaatlichen System heimisch gemacht hat, ist über alle Funktionsveränderungen hinweg ein Kennzeichen der Institution geblieben." (GL 2002a, 86).

31 Vgl. GL 2000a, 64.

32 GL 2000a, 64.

33 Der Reichsrat hatte in der Reichsgesetzgebung nur mehr Einspruchsrecht; allerdings konnte sein suspensives Veto nur qua Volksentscheid oder einer – realpolitisch äußerst unwahrscheinlichen – Reichstagsmehrheit von zwei Dritteln der Abgeordneten zurückgewiesen werden (vgl. GL 2000a, 68).

34 Zum Folgenden vgl. GL 2000a, 65ff.; id. 2002a, 91ff.; außerdem Steffani 1997, 82ff.

tischen Handeln der Reichsratsabgeordneten fand.[35] Vor dem Hintergrund der chronisch instabilen Mehrheitsverhältnisse des Reichstages erschien der Reichsrat vielen zeitgenössischen Beobachtern als „Einflußreserve der Exekutive gegenüber einem nur beschränkt handlungsfähigen Parteienparlament.“[36] Um Friktionen zu vermeiden, suchte jede Reichsregierung bereits die frühzeitige Verständigung mit den Ländern und bediente sich dabei jener Formen informeller Koordination, die sich schon unter Bismarck ausgebildet hatten. In den krisengeschüttelten letzten Jahren der Weimarer Republik benutzten die regierenden Präsidialkabinette die Zustimmung des Reichsrats gleichsam als „Legitimationssurrogat für die fehlende parlamentarische Mehrheit.“ [37] Diese Erfahrung sollte bei der Neukonstruktion des deutschen Föderalismus nach dem Zweiten Weltkrieg von entscheidender Bedeutung sein: im Zuge der Verfassungsdiskussion 1948/49 einigten sich die beiden großen Parteien SPD und CDU im Parlamentarischen Rat auf die Bundesratslösung. Dabei wurde der Kammer die von den Christdemokraten angestrebte gleichberechtigte Stellung gegenüber dem Bundestag versagt (ein Zugeständnis an die SPD), und jener Bereich der Bundesgesetzgebung, welcher der Zustimmung des Bundesrates unterliegen sollte, auf ein (anfänglich) moderates Maß beschränkt.[38] Die Mitglieder des Parlamentarischen Rats wurden in ihrer Entscheidung für das Bundesratsmodell von der Vorstellung jenes „Sachlichkeitsethos“ geleitet, der nicht nur für den Reichsrat der Weimarer Republik, sondern auch noch die ersten Landesregierungen der jungen Bundesrepublik kennzeichnend war.[39]

Ebenfalls bis zur Reichsgründung (und noch weiter zurück) lässt sich ein Wesenszug des deutschen Föderalismus verfolgen, den der Staatsrechtslehrer Kon-

---

35 Eine sehr schöne Illustration dieses Selbstverständnisses bietet jene Rede, die der damalige Reichsratspräsident Arnold Brecht im Januar 1933 in Erwiderung hielt auf den ersten Auftritt des neuen Reichskanzlers Adolf Hitler (1889-1945) vor dem Reichsratsplenum: „Der Reichsrat soll der Anker im deutschen Uhrwerk sein. Motor, Feder und Unruh zu sein, ist nicht seine Aufgabe. Er soll ein Hort strenger Sachlichkeit sein. Er soll das Gewissen in unruhigen und leidenschaftlichen Zeiten sein. Kein Hemmschuh für energischen Fortschritt, aber ein Hemmschuh für Ausbrüche der Leidenschaft und des überhitzten Kampfes. Eine Stütze für alle sachliche Arbeit, besonders aber eine Stütze für die Reichsregierung in solcher Arbeit.“ (zit.n. Eschenburg 1974, 37).

36 GL 2000a, 76 (mit Bezug auf den Staatsrechtslehrer Carl Bilfinger, 1879-1958).

37 GL 2002a, 94.

38 Vgl. GL 2000a, 79.

39 Vgl. GL 2000a, 80f. – Im Bericht des Verfassungskonvents von Herrenchiemsee heißt es in Bezug auf die Bundesratsalternative an einer Stelle: „Auch wo nur eine Partei die Regierung stellt, werden die Entscheidungen dieser Regierung doch von dem objektiven Gesetz ihrer Stelle geprägt, und die von ihr entsandten Mitglieder werden in Distanz zur Tagespolitik ihrer Partei die politischen Gesamtkräfte des Landes und seine dauernden Interessen zum Ausdruck bringen. Das Bundesratsprinzip sichert daher eine höhere Objektivität der zweiten Kammer gegenüber der laufenden Parteipolitik, als sie durch Senatoren gewährleistet sein könnte.“ (zit.n. GL 2000a, 78).

rad Hesse in einer vielbeachteten Schrift 1962 mit der Bezeichnung „unitarischer Bundesstaat" versah.[40] Bereits die wilhelminische Monarchie war von einer politisch-kulturellen Orientierung durchdrungen, deren „[p]rogrammatisches Kernstück [...] von Anfang an das Postulat der Rechtseinheit"[41] war. Der Unitarismus, also das Streben nach der Vereinheitlichung materieller Regelungen, hat selbst die kritischen bundesstaatlichen Erschütterungen von 1918/19 und 1945/47 überdauert, als die hegemoniale Stellung des größten Bundeslandes Preußen zuerst abgeschwächt und schließlich – durch Zerschlagung des Territoriums – ganz ausgelöscht wurde. In der Bundesrepublik von heute manifestiert sich der Unitarismus empirisch-praktisch in den zahlreichen institutionalisierten Selbstkoordinierungsmechanismen der Länder („Kooperation auf dritter Ebene")[42] sowie Teilen der finanzwirtschaftlichen Verflechtung (Länderfinanzausgleich),[43] und normativ-theoretisch in der konstitutionellen Festschreibung der Wahrung „gleichwertiger Lebensverhältnisse".[44]

Ein drittes Merkmal ist dem bundesrepublikanischen Föderalismus zu eigen: Er weist ein überaus hohes Maß an „Politikverflechtung" auf.[45] Die politischen Strukturen der staatlichen Ebenen – des Bundes und der Länder – sind dergestalt miteinander verknüpft, dass keine Ebene autonom in der Lage ist, weiterreichende politische Entscheidungen zu treffen.[46] Ihren Ursprung hat diese Ent-

---

40 Hesse 1962.

41 GL 2002a, 72. – „Der Föderalismus war für das nationalliberale Bürgertum des 19. Jahrhunderts mit einem historischen Stigma behaftet: Die deutsche ‚Kleinstaaterei' galt als ein entscheidendes Hindernis auf dem Wege zu nationaler Einheit und zu gesellschaftlicher Modernisierung." (GL 2000a, 108).

42 Vgl. GL 2000a, 98ff.; Scharpf 1994a.

43 Vgl. GL 2003a, 182ff.; id. 2000a, 113ff.

44 GG Art. 72, Abs. 2, gestattet dem Bund in bestimmten Bereichen der „konkurrierenden Gesetzgebung" (Art. 74) Gesetzgebung, „wenn und soweit die Herstellung gleichwertiger Lebensverhältnisse im Bundesgebiet [...] eine bundesgesetzliche Regelung notwendig macht."

45 Das theoretische Konzept der „Politikverflechtung" ist Mitte der 1970er Jahre von Fritz Scharpf in die Politikwissenschaft eingeführt worden (zuerst Scharpf/Reissert/Schnabel 1976) und soll der analytischen Erfassung eines Regierungssystems mit „horizontal und vertikal stark differenzierte[r] Entscheidungsstruktur und einer zunehmenden, die einzelnen Zuständigkeitsbereiche übergreifenden Interdependenz der von der Entscheidungsstruktur zu bearbeitenden Aufgaben und Probleme" (Scharpf 1978, 23) dienen (vgl. auch Scharpf 1985; Benz/Scharpf/Zintl 1992 sowie zuletzt Scharpf 2009). – Unverständlich ist, weshalb Lehmbruch Scharpfs Erkenntnisse in den neueren Auflagen von *Parteienwettbewerb im Bundesstaat* nicht zitiert, zumal er selbst wichtige Berührungspunkte konstatiert (vgl. GL 2010b, 21).

46 An dieser Stelle sei die Besonderheit politikverflochtener Verhandlungssysteme gegenüber konkordanzdemokratischen oder korporatistischen Arrangements in Erinnerung gerufen: Anders als diese bieten politikverflochtene Systeme den beteiligten Akteuren (aufgrund ihres ungleich stärkeren Ausmaßes an Verbindlichkeit qua Kodifikation) keine

scheidungsdiffusion in der Zentralisierung der Gesetzgebungszuständigkeiten: Der Bundesgesetzgeber hat, begünstigt durch eine Entscheidung des Bundesverfassungsgerichts im Jahr 1958,[47] in der Vergangenheit immer mehr Legislativkompetenzen an sich gezogen, musste im Ausgleich jedoch jedes Mal den Ländern (genauer: den Landesregierungen) über den Bundesrat Mitentscheidungsbefugnis einräumen. Schon im Kaiserreich hatte unter Bismarck ein derartiger Kompensationsmechanismus Anwendung gefunden.[48] In der Bundesrepublik hat diese Entwicklung zum Ergebnis, dass (im Zeitraum 1949 bis 2005) rund 53 Prozent aller beschlossenen Bundesgesetze von der Zustimmung des Bundesrates abhängig waren.[49] Der deutsche Bundesstaat ist jedoch nicht nur hochgradig *entscheidungs*verflochten, sondern ebenso stark *ressourcen*verflochten.[50] In der Tat erschließen sich Ausmaß und Funktionslogik der deutschen Politikverflechtung erst, „wenn man von einer Dominanz der finanzpolitischen Verflechtungszwänge ausgeht."[51] In diesem Sinne stellt das – in GG Art. 106 festgehaltene – Steuerverbundsystem (zusammen mit dem Finanzausgleich[52]) das Herzstück der deutschen Politikverflechtung dar. Seine heutige Gestalt geht im wesentlichen auf die Reformen der Großen Koalition unter Bundeskanzler Kurt Georg Kiesinger (1904-1988) Ende der 1960er Jahre zurück, durch welche „das Prinzip der wechselseitigen Ressourcenabhängigkeit [...] bis zur Perfektion fortentwickelt"[53] wurde.

Wiederum läßt eine Ex-post-Betrachtung erkennen, dass die entwicklungsgeschichtlichen Wurzeln der finanzwirtschaftlichen Verflechtung weit zurückreichen.[54] Im Kaiserreich von 1871 existierte zunächst eine recht strikte finanzwirtschaftliche Trennung zwischen Reich und Gliedstaaten. Allerdings befand sich

---

„exit-option": „In dieser Hinsicht kann tatsächlich von innerstaatlichen Verhandlungszwängen gesprochen werden. Die Alternative zu Verhandlungen ist hier die Nichtentscheidung." (Czada 2000, 44).

47 In diesem Gerichtsurteil des Verfassungsgerichtes – das dessen Charakter als gelegentlicher „Mitregent" im politischen System Deutschlands illustriert (vgl. Schmidt 2007, 228) – wurde die sogenannte „Einheitstheorie" formuliert, wonach der Wortlaut von GG Art. 84 Abs. 1 a.F. sich bei zustimmungspflichtigen Gesetzen immer auf den Gesamtinhalt beziehe (vgl. Scharpf 2006, 6).

48 Vgl. GL 2000a, 60.

49 Vgl. Reutter 2006, 15.

50 Der gleichzeitige hohe Grad beider Verflechtungsdimensionen macht die deutsche Politikverflechtung im Vergleich mit anderen föderalen Staaten offensichtlich zu einer Besonderheit (vgl. Grande 2002, 197ff.).

51 Scharpf 1994a, 84.

52 Der – vertikale wie horizontale – Finanzausgleich nach Art. 107 GG soll hier nicht näher betrachtet werden. Für Einzelheiten vgl. GL 2000a, 123ff.

53 GL 2000a, 114. Vgl. auch GL 1999a.

54 Allgemein für entwicklungsgeschichtliche Details der deutschen Politikverflechtung vgl. GL 2000a, 60ff. u. 112ff.; Scharpf 1994b.

der Bund praktisch seit seiner Gründung in finanziellen Unpässlichkeiten, da die dem Reich im finanzwirtschaftlichen Verfassungsprovisorium zuerkannten Zölle und Steuern nicht zur Ausgabendeckung genügten. Die vorgesehene Einführung neuer direkter Reichssteuern scheiterte aber an der Ablehnung der Länder, sodass der Bund zur Abdeckung seines Finanzierungsbedarfs auf die altertümliche Lösung der Matrikularbeiträge verfiel, welche ihn faktisch zum „Kostgänger der Länder“[55] machten. Als dann 1906 mit der Erbschaftssteuer die erste große Reichssteuer eingeführt wurde, ließen sich die Länder ihr Einverständnis mit einer anteilsmäßigen Beteiligung an den zu erwartenden Einnahmen sichern: Die erste Verbundsteuer war geboren.[56]

In der Weimarer Republik kam es 1921 mit der – nach dem damaligen Reichsfinanzminister Matthias Erzberger (1875-1921) getauften – Erzberger'schen Finanzreform zu einer beträchtlichen Ausweitung des Steuerverbundes, insbesondere die Einkommens- und Körperschaftssteuer waren davon betroffen.[57]

Als 1949 das Grundgesetz als (provisorische) Verfassung der Bundesrepublik in Kraft trat, war darin eine konsequente Steuertrennung zwischen Bund und Ländern vorgesehen. Zurückzuführen war dies vor allem auf den Einfluss der US-amerikanischen Alliierten und ihrer föderalistischen Vorstellungen. Allerdings bestand diese Trennung nicht lange fort: Bereits 1955 wurde der sogenannte „kleine Steuerverbund“ eingerichtet.[58]

Art und Ausmaß der bundesrepublikanischen Politikverflechtung lassen sich in ihrer *tendenziellen* Wirkung auf den hiesigen Willensbildungs- und Entscheidungsfindungsprozess folgendermaßen zusammenfassen:[59]

(1) die Politikverflechtung kompliziert und verlangsamt den politischen Prozess, weil mehr politische Akteure beteiligt sind und berücksichtigt werden müssen;

(2) sie macht den politischen Prozess für Außenstehende unübersichtlicher und erschwert die Zuordnung politischer Verantwortung;

(3) in Phasen wirtschaftlichen Abschwungs werden finanzielle Kürzungen und Einschnitte (Austeritätspolitik) durch die Ressourcenverflechtung erschwert.

Wir haben gesehen, dass die wesentlichen Strukturmerkmale des deutschen Föderalismus bereits in der bundesstaatlichen Architektur von 1871 angelegt waren. Das bestimmende Konfliktregelungsmuster in dieser Arena war, über

55 Nipperdey 1986a, 82; GL 2000a, 61. – Matrikularbeiträge waren eine einwohnerzahlabhängige Umlage der Länder an den Bund (vgl. ibid.).

56 Vgl. GL 2002a, 91.

57 Vgl. GL 2002a, 95f.

58 Vgl. GL 2000a, 91f.

59 Vgl. auch Schmidt 2007, Kap. 11.

alle Kontinuitätsbrüche hinweg, das Aushandeln – und ist es bis heute geblieben. Daran anschließend soll nun in bündiger Form ein Blick auf die Entwicklungsgeschichte des deutschen Parteiensystems geworfen werden.[60] Lehmbruch zufolge hat dieses politische Teilsystem nach 1945 einen grundlegenden Wandel erfahren, weil die Parteien vom Konfliktregelungsstil des Verhandelns abgegangen sind und sich zunehmend auf kompetitive Verhaltensweisen verlegt haben.

Das Parteiensystem des deutschen Kaiserreichs war charakterisiert durch die Existenz von fünf großen politischen Gruppierungen (Links- und Rechtsliberalismus, Konservatismus, politischer Katholizismus und Sozialdemokratie). Abweichend von anderen europäischen Staaten jener Zeit war die Gesellschaft des Deutschen Reiches nicht ausschließlich entlang der sozialen (Klassen-)Konfliktlinie (Arbeit versus Kapital) gespalten, sondern darüber hinaus auch religiös und wirtschaftlich.[61] Die Spannungslinien wiesen vielfache Überschneidungen auf, sodass die verschiedenen Bevölkerungsteile ihre Zugehörigkeit zu einer sozialen Einheit von einer „komplexe[n] Konfiguration religiöser, sozialer und wirtschaftlicher Faktoren"[62] ableiteten. Die Parteienlandschaft des Kaiserreichs spiegelte diese eigentümliche Mischung gesellschaftlicher Spannungslinien wider: Jede Partei war bestrebt, die Bevölkerungsteile ihres entsprechenden „sozialmoralischen Milieus"[63] möglichst vollständig und fest an sich zu binden. Bei Reichstagswahlen wetteiferten sie zwar alle um die Sitzverteilung im Parlament, aber strebten nicht eigentlich nach Regierungsmacht. Das lag zum einen an der besonderen Verfassung des Kaiserreichs. Zum anderen wollten diese „Milieuparteien" gar keine unmittelbare Regierungsverantwortung übernehmen, sondern bevorzugten ein System der „temporären Gesetzgebungsmehrheiten", in dem jede Reichsregierung sich durch Aushandeln immer wieder neu eine Mehrheit im Reichstag sichern musste. Gerhard Lehmbruch hat dies als „segmentierten Pluralismus"[64] beschrieben.

---

60 Für die nachfolgende Betrachtung erscheint es wichtig, daran zu erinnern, dass ein „Parteiensystem [...] in seiner jeweiligen Entstehung und Erhaltung [...] Ausdruck bestimmter vorpolitischer sozialer Konstellationen [ist], so sehr es auch andererseits Ergebnis von Wahlrechtssystemen und Verfassungsordnungen ist. Es ist Ausdruck und Träger bestimmter politischer Grundorientierungen, die durch soziale Strukturzusammenhänge vorgeprägt sind und konstitutive soziale Konflikte innerhalb einer Gesellschaft reflektieren." (Lepsius 1993, 30).

61 Vgl. Wehler 1994.

62 Lepsius 1993, 38.

63 Diese Bezeichnung hat der Soziologe Rainer Lepsius (*1928) vor rund 40 Jahren in einem (immer noch) wegweisenden soziologischen Aufsatz zur Beschreibung von sozialen Einheiten vorgeschlagen, die „durch eine Koinzidenz mehrerer Strukturdimensionen wie Religion, regionale Tradition, wirtschaftliche Lage, kulturelle Orientierung, schichtspezifische Zusammensetzung der intermediären Gruppen, gebildet werden" (Lepsius 1993, 38).

64 GL 2000a, 34f.

Nach den plötzlichen und gewaltigen Umwälzungen der Jahre 1918/19 – Weltkriegsniederlage, Zusammenbruch der Monarchie, Demokratisierung – änderte sich im deutschen Parteiensystem: nichts Grundlegendes. Die Antagonismen des 19. Jahrhunderts waren nicht nachhaltig erschüttert worden und existierten ebenso fort wie ihre Entsprechungen im Parteiensystem.[65] In der Tat schienen sie in der Parteienlandschaft regelrecht „festgefroren".[66] Auch die veränderten institutionellen Rahmenbedingungen änderten daran nichts: Obwohl Wahlen in der Weimarer Republik, anders als im Kaiserreich, unmittelbar zur demokratischen Legitimierung einer parlamentarischen Parteienregierung dienten, hatten sie „nicht die Funktion eines Kampfes um die Mehrheit und damit um unmittelbare Regierungsmacht, sondern legten nur die Ausgangspositionen für die Koalitionsbildung fest. So blieb das Konfliktregelungsmuster von Aushandeln und Einflußrepartierung [...] dominant."[67] Erst in den letzten, dramatischen Jahren der noch jungen Demokratie erodierte die soziale Segmentierung des Parteiensystems, und extremistische Parteien fanden sprunghaft steigenden Zulauf.

Das Parteiensystem der neuen Bundesrepublik, das sich nach dem Zusammenbruch des nationalsozialistischen Regimes ausbildete, unterschied sich wesentlich vom Vielparteiensystem der Monarchie und Weimars. Die Ursachen hierfür sind vielfältig und reichen zurück bis in die wirtschaftlichen und politischen Krisenjahre der Weimarer Republik.[68] Maßgeblichen Einfluss auf die neue Parteienlandschaft hatte die Gründung einer großen Partei völlig neuen programmatischen Zuschnitts, welche Bürgerlich-Konservative und Rechtsliberale ebenso auf sich zu vereinigen trachtete wie christlichsoziale Protestanten und Katholiken: die Christlich Demokratische Union.[69] Dieses führte, zusammen mit der Neugründung der Sozialdemokratischen Partei, zu einem außergewöhnlichen Konzentrationsprozess in den ersten Jahren der Bundesrepublik: Die vielen Kleinparteien, oft noch im ersten Bundestag von 1949 vertreten, wurden bald von den beiden Großparteien CDU und SPD absorbiert oder eliminiert.[70] Als Folge dieser Konzentrationsbewegung trat bald eine Tendenz zutage, die schnell

---

65 So auch Hans-Ulrich Wehler (*1931): „Das Bemerkenswerte [...] ist, wie lange: nämlich von den 1860er Jahren bis 1929, die Parteien auf ihre ursprünglichen Gesinnungsgemeinschaften, ihre Anfangskonflikte festgelegt blieben, wie lange sie ihre Auseinandersetzungen wegen des Ausschlusses von den ‚Korridoren der Macht' mit dem Zwang zum Kompromiß ritualisiert und damit den gesamtgesellschaftlichen Demokratisierungsprozeß gehemmt haben." (Wehler 1994, 80).

66 Vgl. Lipset/Rokkan 1967, 50ff.

67 GL 2000a, S. 37.

68 Für Einzelheiten vgl. GL 2000a, 37ff.

69 Vgl. Allemann 1956, 260ff.; GL 2000a, 38; Schmidt 2002, 65.

70 Bei der Bundestagswahl von 1949 konnten CDU/CSU und SPD zusammen 60,2 % der Zweitstimmen auf sich vereinigen, 1951 waren es bereits 74 % und 1957 82 % (vgl. Korte 2003, 42).

zu einem weiteren Charakteristikum des bundesdeutschen Parteiensystems werden sollte, und das Lehmbruch als „Polarisierung“[71] bezeichnet hat: Die beiden großen Parteien strebten immer stärker und klarer danach, Regierungsmacht und politische Führungspositionen unter Ausschluss des anderen zu erlangen, sie erhoben jeweils „hegemonialen Führungsanspruch“[72]. Nicht nur Lehmbruch hat als entscheidende Weichensteller dieses bipolaren Wettbewerbsstrebens die beiden ersten Parteivorsitzenden von CDU (Konrad Adenauer, 1876-1967) und SPD (Kurt Schumacher, 1895-1952) ausgemacht.[73]

Dieses neue Regelsystem griff schon Anfang der 1950er Jahre rasch auf die Länder über und erschien bereits Mitte der 1960er Jahre dem Elektorat so selbstverständlich, dass sich die Große Koalition von 1966 einem besonderen Rechtfertigungszwang ausgesetzt sah.[74]

Auch die stärkere Fragmentierung des Parteiensystems in den vergangenen zwei Dekaden – die Postkommunisten konnten sich ab 1990 (mit einer Unterbrechung: der 15. Wahlperiode) ebenso dauerhaft auf Bundesebene etablieren wie Die Grünen bereits 1983 – änderte an der bipolaren Wettbewerbslogik zunächst nichts Wesentliches, weil sich die Kleinparteien einpassten in jeweils eines der „zwei fest gefügte[n] Lager, die sich als klar unterscheidbare Alternativen gegenübertraten.“[75] Damit dies geschehen konnte, musste sich aber doch etwas ändern: die Positionierung der liberalen Kleinpartei FDP, die noch in den 1970er Jahren programmatisch einen nach beiden Seiten hin offenen Bündnispartner darstellte und damit gleichsam „die Funktion eines Scharniers“ innehatte,[76] das als „Oppositionsfilter“[77] die prinzipielle Kompromissfähigkeit gegenüber der Opposition sicherzustellen vermochte – sich aber andererseits (im Fall eines Koalitionswechsels) den Vorwurf der „Umfallerpartei“ gefallen lassen

71 GL 2000a, 37f.

72 GL 2000a, 37. – Dieser Wettbewerb um den ersten Platz bei Wahlen löste bei den Sozialdemokraten ein Umdenken aus: Unter dem Einfluss der Wahlerfolge der (von Anfang an zentristisch im Parteienspektrum verankerten) CDU rückte die SPD allmählich von ihren teilweise noch stark klassenideologischen Positionen ab – zugunsten einer programmatischen Öffnung nach der politischen Mitte hin (vgl. Kirchheimer 1965; Schmidt 2002, 65; id. 2007, 90).

73 Vgl. neben GL (2000a, 40ff.) vor allem Allemann 1956, 244ff.

74 Vgl. GL 1999a, 44ff.; 2000a, 43. – Das hatte sich auch bei der Konstituierung der zweiten Großen Koalition (2005-2009) nur insofern geändert, als die Koalitionäre auf die mangelnde Mehrheitsfähigkeit potenzieller Bündnisalternativen im Bundestag verweisen konnten (die SPD hatte zuvor eine Koalition mit der Linkspartei ausgeschlossen: vgl. Schmidt 2007, 66).

75 Decker 2007, 29. – „Auf diese Weise konnte 1998 zum ersten Male ein kompletter Regierungswechsel ausschließlich von Wählerhand herbeigeführt werden.“ (ibid.).

76 Decker 2007, 28.

77 GL 2000a, 50.

musste. Als im Laufe der 1980er Jahre die Grünen in der Sozial- und Gesellschaftspolitik in immer stärkere inhaltliche Konkurrenz zu den Positionen der Liberalen traten, vollzog die FDP einen programmatischen Schwenk, indem der sozialliberale Flügel („Bürgerrechtspartei“) zurückgedrängt wurde zugunsten einer stärkeren Akzentuierung wirtschaftsliberaler Standpunkte („Partei der Besserverdienenden“). Derart positioniert, entging die FDP fortan dem Vorwurf koalitionspolitischer Illoyalität, hatte indes aber ihre strategische Flexibilität im Parteiensystem verloren.[78] In Verbindung mit den seit der sozialdemokratisch-liberalen Koalition üblich gewordenen informellen koalitionsinternen Koordinationsgesprächen (die in ihrer Neigung, politische Entscheidungen zu antizipieren, spätestens unter Bundeskanzler Helmut Kohl, *1930, dazu führten, den politischen Spielraum der Regierungsfraktionen deutlich einzuengen)[79] verkomplizierte sich tendenziell das Verhältnis der Bundesregierung gegenüber dem Bundesrat, soweit dessen Mehrheit nicht mit jener des Bundestages parteipolitisch deckungsgleich war.

5.3. Im Spannungsfeld von Parteienwettbewerb und Föderalismus

> Die ‚Polarisierung‘ des Bundesrates war [...] in dieser Konstruktion [des Parlamentarischen Rates, Anm. CJ] nicht vorgesehen; vielmehr setzte der Grundgesetzgeber voraus, daß das bundesstaatliche System weitgehend autonom gegenüber dem Parteiensystem bleiben und die ihm zugedachte Rolle eines ‚Widerlagers‘ tatsächlich spielen könnte. Das aber sollte sich als eine folgenreiche Fehleinschätzung erweisen. Vielmehr wurde mit dem als letztes Refugium vor dem Parteienwettbewerb gedachten Bundesrat der mögliche ‚Strukturbruch‘ gleichsam in die Verfassungskonstruktion eingebaut.[80]

In diesem Abschnitt soll jener Teil der Lehmbruchschen Analyse rekapituliert werden, der auf die Folgen dieses „Strukturbruchs“ im Lauf der bundesrepublikanischen Geschichte eingeht.[81]

Die strukturelle Gegenläufigkeit von Parteienwettbewerb und föderalem Aushandeln trat in der jungen Bundesrepublik nicht sogleich offen zutage, weil die betroffenen Akteure – die Parteien auf Bundes- und Landesebene – die Möglichkeiten, die ihnen diese neuartige Institutionenkonstellation eröffnete, erst im Laufe der Zeit einzuschätzen lernten. Zudem verfügte die Regierung von Bundeskanzler Adenauer bis zu ihrem Ende fast ununterbrochen über eine parteipolitisch gleichgerichtete Mehrheit im Bundesrat – für deren Fortbestand freilich

---

78 Vgl. GL 2000a, 48ff.

79 Vgl. GL 2000a, 55ff.; Manow 1996.

80 GL 2000a, S. 82.

81 Weil diese Darlegungen für die Argumentation im nachfolgenden Abschnitt der Arbeit von eminenter Bedeutung sind, habe ich mich entschlossen, wesentliche Passagen wörtlich anzuführen.

schon damals die Bundespolitiker Einfluss auf landespolitische Koalitionsbildungen nahmen.[82] Insgesamt war der Bundesrat in der Ära Adenauer stärker von „länderspezifischen Differenzierungen“ beherrscht, was mitunter dazu führte, dass sich die Bundesregierung in inhaltlichem Gegensatz zu Landesregierungen der eigenen Couleur befand:

> Ernsthaften Widerstand im Bundesrat hatte die Bundesregierung am ehesten dann zu gewärtigen, wenn spezifische Länderinteressen auf dem Spiel standen, also beispielsweise und vornehmlich in Fragen der Finanzverfassung und der Verteilung des Steueraufkommens.[83]

Mit der Bildung der sozialdemokratisch-liberalen Koalition änderte sich die politische Kräfteverteilung auf einen Schlag: Die neue Bundesregierung verfügte im Bundesrat von Beginn an über keine eigene parteipolitische Mehrheit, und bereits 1972 stand der SPD-FDP-Bundesregierung eine absolute Mehrheit der Union im Bundesrat gegenüber.[84] Diese Situation war ein politisches Novum in der Geschichte der Bundesrepublik, und es dauerte nicht lange, bis Vertreter der Bundesregierung in Richtung der Unionsparteien den Vorwurf der Obstruktion äußerten. Lehmbruch sieht das für die Zeit der sozialdemokratisch-liberalen Koalition (bis 1982) nicht für gerechtfertigt:

> Die pauschale Behauptung, der Bundesrat sei für die Interessen der Bundestagsopposition instrumentalisiert worden, ist eine ungebührliche Vereinfachung. [...] In der Mehrzahl der Fälle haben diese Länder lediglich versucht, ihren von der Regierungskoalition abweichenden politischen Vorstellungen Eingang in die Gesetzgebung zu verschaffen. [...] Der Bundesrat sollte also die Regierungskoalition unter Verhandlungszwang setzen und dazu veranlassen, die Vorstellungen der Minderheit weitgehend zu berücksichtigen.[85]

Die sozialdemokratisch-liberale Regierung versuchte ihrerseits, die Zahl der zustimmungspflichtigen Gesetze durch die Anwendung diverser gesetzestechnischer Methoden zu minimieren:

> Insgesamt muß man aber festhalten, daß der Konfliktregelungsmechanismus des dualistischen Parteienwettbewerbs infolge der starken Stellung des Bundesrates bei zustimmungspflichtigen Gesetzen in einen koalitionsähnlichen Aushandlungsmechanismus umschlug.[86]

Dass die Umsetzung großer politischer Reformen unter diesen Umständen besonders dann erschwert wurde, wenn sie umfängliche Komponenten regulativer

---

[82] Vgl. GL 2000a, 135ff. – Vgl. für die parteipolitische Zusammensetzung des Bundesrats die verdienstvolle Datenzusammenstellung von Thomas Bauer und Sven Leunig (Bauer/Leunig 2009).

[83] GL 2000a, 138.

[84] Vgl. Bauer/Leunig 2009.

[85] GL 2000a, 142f.

[86] GL 2000a, 144.

(d.h. verhaltensnormierender) und redistributiver (also umverteilender) Natur beinhalteten, musste die sozialdemokratisch-liberale Koalition im bildungspolitischen Bereich erfahren, wo sie anfänglich ambitionierte Umgestaltungsvorhaben verfolgte:

> Die Bildungsplanung ist ein besonders anschauliches Beispiel dafür, daß die Politikverflechtung von Bund und Ländern kein hohes Konfliktniveau verträgt. Sie wurde in zwei quer zu einander verlaufenden Konflikten regelrecht aufgerieben: auf der einen Seite dem Parteienkonflikt über einen tiefgreifenden Umbau des deutschen Bildungswesens, und auf der anderen Seite dem Ressourcenkonflikt mit der Finanzpolitik über die quantitativen Ausbauziele der Bildungspolitik. [...] Eingriffe dieser Art sind [...] im System parlamentarischer Mehrheitsregierung offensichtlich sehr viel eher möglich als in einem System, das auf Aushandlungsprozessen mit hohem Konsensbedarf beruht.[87]

Mit dem Koalitionswechsel der Freien Demokraten zur CDU/CSU war auf Bundesebene in Bundestag und Bundesrat wieder „parteipolitischer Gleichklang“[88] eingekehrt. Nach Lehmbruch handelte es sich aber nicht um eine spiegelbildliche Wiederkehr der Verhältnisse von vor 1966:

> Die Beteiligten hatten auch aus den Erfahrungen gelernt und hatten ihre Repertoires an Konfliktstrategien erweitert. Vor allem saß jetzt mit dem ehemaligen Ministerpräsidenten von Rheinland-Pfalz ein Virtuose bundesstaatlicher Aushandlungsprozesse im Kanzleramt, der aber zur selben Zeit seine Machtposition der Koalitionsbildung im polarisierten Parteiensystem verdankte. Für ihn kam es darauf an, ein außerordentlich komplexes institutionelles Gefüge politisch immer unter seiner Kontrolle zu behalten. Das erreichte er mit einer hoch entwickelten und bislang so nicht gekannten Technik der informellen Koordination.[89]

Von Beginn seiner Kanzlerschaft an war Helmut Kohl bemüht, föderale Verteilungskonflikte so einzudämmen, dass sein persönliches Gewicht in der Regierungskoalition davon unerschüttert blieb: Bundesstaatliche Auseinandersetzungen sollten sich nicht zusammen mit parteiinternen Spannungen und Koalitionskonflikten zu einer für ihn gefährlichen politischen Krise aufschaukeln können. Dabei war die Wahrscheinlichkeit von Verteilungskonflikten zwischen Bund und Ländern in den 1980er Jahren „unter dem Druck schrumpfender Ressourcen“[90] weitaus höher als noch in den Jahren des Wirtschaftsaufschwungs unter Adenauer und Erhard. Das Ziel von Kohl musste es deshalb sein, die Mehrheit der Länder dauerhaft in die Interessenabklärung bei relevanten Bundesgesetzesvorhaben einzubinden. Solange die CDU/ CSU im Bundesrat über eine Mehrheit der Abgeordneten verfügte, gestaltete sich dies über die informellen Zirkel im

---

87 GL 2000a, 152, 154.

88 GL 2000a, 158.

89 GL 2000a, 159.

90 GL 2000a, 158.

CDU-Präsidium, an denen die Unions-Ministerpräsidenten partizipierten, recht einfach:

> Das Ergebnis berücksichtigte im wesentlichen die Interessen der verschiedenen CDU-Länder [...]. Freilich war die Benachteiligung der sozialdemokratischen Länder eher ein Nebeneffekt der CDU-internen Koordinierung [...]. Es ging dem Bundeskanzler in erster Linie darum, der gestiegenen Heterogenität der Interessen im Unionslager durch Tauschgeschäfte so Herr zu werden, daß sie nicht das Erscheinungsbild der Partei nach außen beeinträchtigen konnte, und das fiel am leichtesten, wenn man sich zu Lasten der Ausgeschlossenen verständigte.[91]

Dieser Interessenausgleich zwischen dem Bund und einem Teil der Landesregierungen dürfe aber, so Lehmbruch, nicht als bloße Überlagerung des föderalen Aushandelns durch eine parteipolitische Mehrheit interpretiert werden. Seiner Ansicht nach stellt sich die Lage komplexer dar:

> Vielmehr waren Parteienwettbewerb und Föderalismus in einer Weise miteinander verknüpft, durch die sich die hergebrachte Logik sowohl der einen wie der anderen Arena eigentümlich veränderte. Der Bundeskanzler wollte den Verbundföderalismus so berechenbar halten, daß er die Machtverteilung im Parteiensystem nicht gefährdete, und deshalb beschritt er in den Bund-Länder-Beziehungen den Weg der *itio in partes* und etablierte auf der Parteischiene ein sekundäres Verhandlungssystem mit den Ländern, das sich für den Bund als sehr kostspielig erwies. Einen parteiübergreifenden Reformansatz [...] unterdrückte er, weil die Erfolgskalküle des Parteienwettbewerbs sein Handeln bestimmten und von daher die Wahrung der innerparteilichen Machtbalance den Vorrang hatte.[92]

Im Jahr 1990 hatte die Bundesregierung unter Kohl ihre parteipolitische Mehrheit im Bundesrat kurzfristig eingebüßt, ab April 1991 war sie (mit der Wahlniederlage in Rheinland-Pfalz) dann bis zum Regierungswechsel auf Bundesebene verloren.[93] Wiederum gelte, dass die politische Situation nicht mit jener der SPD-FDP-Koalition gleichzusetzen sei: Einerseits stand der christlichliberalen Koalition im Bundesrat über lange Zeit keine absolute Mehrheit gegenüber – einige Länder wurden von Parteienkoalitionen regiert, die sich im Bundestag in Regierung und Opposition befanden. Das lag zum einen daran, dass sich durch das Hinzukommen der Grünen und – seit 1990 – der postkommunistischen PDS die Parteienlandschaft wesentlich erweitert hatte. Andererseits war der deutsche Bundesstaat durch die Wiedervereinigung auf einen Schlag deutlich heterogener geworden: Zu alten Gegensätzen zwischen Flächenstaaten und Stadtstaaten, zwischen agrarisch geprägten und stark industrialisierten Ländern trat plötzlich ein eklatanter West-Ost-Kontrast.

---

91 GL 2000a, 160.

92 GL 2000a, 162. – Zum Begriff des *itio in partes* vgl. Kap. 3, Fn. 58.

93 Vgl. Bauer/Leunig 2009.

Zunächst bestand zwischen Bundestagsmehrheit und Bundesregierung auf der einen und dem Bundesrat auf der anderen Seite also ein „polarisiertes Patt“[94], weil die christdemokratisch-liberale Regierung sich zwar auf keine parteipolitisch gleichgerichtete Bundesratsmehrheit (also mindestens 35 Stimmen)[95] mehr stützen konnte, die Sozialdemokraten diese Stimmenzahl jedoch gleichfalls nicht zu erreichen vermochten. Zustimmungspflichtige Gesetzesvorhaben konnten von der SPD daher nicht durch Einspruch verhindert werden, aber die Bundesregierung benötigte ihrerseits die Ja-Stimmen von Landesregierungen mit SPD-Beteiligung, weil im Fall von Zustimmungsgesetzen Stimmenthaltungen in ihrer Konsequenz natürlich dieselbe Wirkung wie Ablehnungen zeitigen.[96]

> Es zeigte sich nun, daß das komplizierte bundesstaatliche Gesetzgebungsverfahren vor allem bei nicht eindeutigen Mehrheitsverhältnisse[n] in seinen Auswirkungen immer schwerer zu berechnen ist. Die SPD fand sich jetzt im Bundesrat in einer Lage, die jener der CDU in der ersten Dekade der Regierungszeit von Helmut Kohl nicht unähnlich war: Auch im Oppositionslager gab es eine erhebliche Heterogenität der Länderinteressen. [...] So kann es nicht wundernehmen, daß sich bei der SPD eine ähnliche informelle Koordinierungstechnik ausbildete, wie sie zuvor der Bundeskanzler praktiziert hatte.[97]

Tatsächlich schlugen erste Versuche der sozialdemokratischen Parteispitze, das Abstimmungsverhalten ihrer in den Ländern regierenden Parteifreunde im Bundesrat nach bundesparteipolitischer Nützlichkeit zu lenken, recht spektakulär fehl:

---

94 GL 2000a, 174. – Um das Verhältnis zwischen Bundestag und Bundesrat im Fall divergierender Mehrheiten zu beschreiben, wird manchmal auf den in den Vereinigten Staaten (für das Verhältnis zwischen Präsident und Kongress [vgl. Czada 2000, 32]) gebräuchlichen Terminus des *divided government* zurückgegriffen (etwa bei Scharpf 1999, 27; Schmidt 2002, 71). Anders als in den USA, wo lediglich zwei Parteien konkurrieren (und daher nur die Alternative des *united government* denkbar ist), gibt es im Mehrparteiensystem Deutschlands aber nicht immer eine klare, der Bundesregierung parteipolitisch gleich- oder entgegengerichtete Mehrheit im Bundesrat. Das gilt im besonderen für die Zeitspanne seit der Wiedervereinigung, in welcher das Parteienspektrum nach den Grünen auch durch die Postkommunisten eine Auffächerung erfuhr.

95 Die Zahl der Bundesratsstimmen, die je Bundesland nur en bloc abgegeben werden können, betrug seit der Wiedervereinigung bis Ende 1995 68 Stimmen, seither (wegen der gestiegenen Bevölkerungszahl Hessens) 69 Stimmen (vgl. Schmidt 2007, 199, Fn. 6). Über wieviele Stimmen die jeweiligen Bundesländer verfügen, ist aufgeführt ibid., 200.

96 Bekanntlich ist in den Koalitionsvereinbarungen jener Landesregierungen, deren Parteien sich im Bundestag in Regierung und Opposition gegenüberstehen, Stimmenthaltung im Bundesrat für den Fall vorgesehen, dass sie keine Einigung über ihr Abstimmungsverhalten hinsichtlich eines dort behandelten Gesetzesvorhabens erzielen können. (Eine originelle Ausnahme stellte die Koalitionsvereinbarung der rheinland-pfälzischen Landesregierung aus SPD und FDP von 1996 dar; dort war für strittige Fragen ein Losentscheid vorgesehen.)

97 GL 2000a, 165.

> [Es] zeigte sich in der finanz- und steuerpolitischen Gesetzgebung, daß eine konsequent durchgehaltene Oppositionspolitik der SPD-Bundestagsfraktion ihre Grenze an den Interessenlagen vor allem der finanzschwächeren sozialdemokratischen Länder fand.[98]

Das änderte sich jedoch im Jahr 1997, als die christdemokratisch-liberale Bundesregierung eine große Steuerreform in Angriff nehmen wollte. Aufgrund der vorangegangenen fehlgeschlagenen Versuche der SPD, ihre Parteikollegen im Bundesrat auf bundespolitisch opportunes Abstimmungsverhalten einzuschwören, sollte nun die Bundesregierung ihrerseits einer Fehlscheinschätzung erliegen. Es gelang dem SPD-Bundesvorsitzenden Oskar Lafontaine (*1943) in der Tat, die sozialdemokratisch geführten Länder geschlossen zu halten. Das

> hing damit zusammen, daß die ‚Blockadestrategie' diesmal den Eigeninteressen der Länder nicht zuwiderlief, sondern ihnen entgegenkam. [...] Das [...] Kalkül [der Bundesregierung, Anm. CJ], man werde erneut die Front der SPD-regierten Länder aufbrechen können, war jedoch in der Perspektive eines erfolgreichen Verhandlungssystems äußerst waghalsig, weil der Bund kein für eine Ländermehrheit akzeptables Angebot machen konnte. [...] Die Länder sollten, in den Worten des Hamburger Regierenden Bürgermeisters Voscherau, ‚auf offener Bühne finanzpolitischen Selbstmord begehen'. [...] Es kam zu keinem Kompromißangebot, das für diese Länder hätte attraktiv sein können – der Bund hatte offensichtlich keine Verhandlungsmasse.[99]

Ein Kompromiss mit den Ländern schien in dieser Lage tatsächlich nur erreichbarbar zu sein, wenn die Bundesregierung wesentliche Abstriche bei den avisierten Steuersenkungen machen würde. Eine solche Variante brachte der damalige CDU-Fraktionsvorsitzende Wolfgang Schäuble (*1942) ins Spiel, löste damit jedoch deutliche Verstimmung beim liberalen Koalitionspartner aus, der einen solchen Weg zu gehen nicht gewillt war. Neben der Qualität der föderalen Verteilungskonflikte und der gewandelten Parteienlandschaft war nun auch die Koalitionsproblematik eine grundsätzlich andere als zu Zeiten der sozialdemokratisch-liberalen Koalition:

> In der sozialliberalen Koalition hatte die FDP – als Scharnierpartei im Parteiensystem – tendenziell ein eigenes Interesse, zur Kompromißfindung zwischen der Bundestagsmehrheit und der oppositionellen Mehrheit im Bundesrat beizutragen. [...] Die koalitionsinterne ‚Bremserrolle' der FDP und die Rolle des Bundesrates wirkten damals gleichsinnig und stellten sozusagen ein Abstützungsgefüge dar. [...] Aber nach dem Koalitionswechsel von 1982 wurde der Abstand zwischen dem [sic] innen- und rechtspolitischen Positionen innerhalb der Partei und den wirtschafts- und sozialpolitischen Positionen so groß, daß eine von beiden zu Lasten der anderen akzentuiert werden mußte. [...] 1982 schwang das Pendel zu kompromißlos angebotspolitischen wirtschaftsliberalen Positionen herüber. Diese Entwicklung kulminierte in den

98 GL 2000a, 167.

99 GL 2000a, 167f.

neunziger Jahren, als die Freien Demokraten immer deutlicher die Position einer vornehmlich klientelorientierten Flügelpartei bezogen.[100]

Insbesondere eine spezielle Erfahrung im Bereich der Gesundheitspolitik hatte ein Umdenken bei den Liberalen bewirkt, nämlich der 1992 zwischen christdemokratischen und sozialdemokratischen Politikern ausgehandelte Kompromiss, der das *Gesundheitsstrukturgesetz* begründete (nach dem Tagungsort der Experten „Lahnsteiner Kompromiss" genannt). Die Liberalen sahen sich in diesem expertokratischen Zirkel von CDU/CSU- und SPD-Politikern „in eine Statistenrolle verwiesen".[101] Praktisch hilflos mussten sie zusehen, wie die beiden großen Parteien ein Gesetz auf den Weg brachten, das Verteilungskonflikte unter Ärzten, Apothekern und Pharmazeuten – allesamt traditionelles FDP-Wählerklientel – erheblich forcierte.[102]

> Für die FDP wurde Lahnstein zu einer traumatischen Erfahrung, und sie zog daraus die Konsequenz, in Zukunft den Gesetzgebungsprozeß schon in der Vorbereitungsphase [...] dem Koalitionsmanagement zu unterwerfen. Die [...] Entwicklungstendenzen zur informellen Steuerung der Fachpolitiken durch Spezialistengespräche auf Koalitionsebene haben sich gerade infolge dieser Lernprozesse erheblich verstärkt. In der Tat gelang es der FDP in der Folge, die Fortführung des Lahnstein-Kurses in der Gesundheitspolitik zu verhindern [...]. Dieser Kurswechsel setzte allerdings voraus, daß die Koalition in Zukunft strukturelle Eingriffe vermied, die der Zustimmung des Bundesrates bedurft hätten. [...] Diese Technik hatte aber ihre Grenzen, am deutlichsten in der Steuerpolitik [...]. Das bedeutete bei der Steuerreform 1997/1998 zugleich, daß die Entscheidungsblockade vorprogrammiert war, weil die FDP die Einigung der beiden großen Parteien – das von ihr gefürchtete ‚Super-Lahnstein' – unbedingt zu verhindern entschlossen war.[103]

Die taktische Kursänderung der Freien Demokraten bedeutete zugleich das Ende für jene Strategie des großen Koalitionspartners, mit der dieser versuchte, trotz der 1991 verloren gegangenen Bundesratsmehrheit größere Reformvorhaben in der Sozial-, Arbeits- und Wirtschaftspolitik durchzusetzen. Es war dies der Rückgriff auf informelle außerkoalitionäre Kompromissfindungszirkel, die entweder innerparlamentarisch (als expertokratische Verhandlungsrunden mit Fachpolitikern der oppositionellen SPD) oder außerparlamentarisch (als korporatistische Aushandlungsrunden der Regierung mit gewerkschaftlichen und wirtschaftlichen Spitzenverbänden) konzipiert waren.[104]

> Als wichtigster Unterschied zwischen den Konstellationen in der sozialliberalen Ära und in den neunziger Jahren ist somit festzuhalten, daß infolge der Positionsverschiebungen der FDP im Parteiensystem das ‚Blockadepotential' des Bundesrates

---

[100] GL 2000a, 168f.

[101] GL 2000a, 169.

[102] Vgl. GL 2000a, 169.

[103] GL 2000a, 169f.

[104] Vgl. GL 2000, 171.

jetzt immer in Zusammenhang mit der Dynamik der koalitionsinternen Willensbildung gesehen werden mußte. Diese Clearingprozesse stießen aber andererseits an eigentümliche Grenzen, weil sie sich nicht auf das Bund-Länder-Verhältnis erstrecken konnten.[105]

Das Jahr 1998 brachte zwei wesentliche politische Veränderungen in Deutschland: Auf Bundesebene wurde die christdemokratisch-liberale Regierung unter Bundeskanzler Kohl nach einer Ära von 16 Jahren abgewählt, und in Mecklenburg-Vorpommern schlossen die Sozialdemokraten nach der dortigen Landtagswahl die bundesweit erste förmliche Koalition mit den Postkommunisten. Damit waren die realpolitisch praktizierten Regierungskonstellationen auf Länderebene um eine Variante erweitert. Trotz dieser Folgewirkung der aufgefächerten Parteienlandschaft bestand – nach dem raschen Verlust der parteipolitischen Mehrheit von SPD und Bündnis 90/Die Grünen im Bundesrat – für längere Zeit ein „polarisiertes Patt" – wie 1991, lediglich die Akteurskonstellation hatte sich ins Gegenteil verkehrt. Das Bemerkenswerte dieses „polarisierten Patts" war, dass sich (trotz der parteipolitisch „bunter" gewordenen Koalitionsvarianten) dabei „die Auseinandersetzungen im Bundesrat im wesentlichen zwischen SPD und CDU als den zentralen Akteuren ab[spielen]".[106]

Insgesamt, so resümiert Gerhard Lehmbruch, sei das föderale Umfeld, in dem sich der Parteienwettbewerb bewege, heute deutlich heterogener als zu Zeiten der Bundeskanzler Adenauer, Kiesinger oder Schmidt, bedingt insbesondere durch das mit der Wiedervereinigung jäh eingetretene Reichtumsgefälle zwischen West und Ost. Das habe auch tiefgreifende Konsequenzen auf den Parteienwettbewerb, weil „die Konfliktlinien des Parteiensystems [...] sich [...] nur in sehr begrenztem Maße mit spezifischen finanzpolitischen und wirtschaftlichen Interessen der Länder zur Deckung bringen [lassen], schon gar nicht mit einer Front zwischen Arm und Reich."[107] Dadurch habe, so Lehmbruch, der Grad der Kopplung zwischen Landes- und Bundespolitik etwas abgenommen. Direkte Beeinflussung von Koalitionsbildungen auf Landesebene durch Bundespolitiker, wie dies Adenauer noch praktiziert hat, sei heute denkunmöglich. Dennoch könne sich „die Länderpolitik [..] nur in begrenztem Maße von der bundespolitischen Polarisierung abkoppeln."[108] Es gelte daher weiterhin:

> Unter Bedingungen eines ‚polarisierten Patts' bieten eben auch die bundesstaatlichen Institutionen eine der Tribünen für jene symbolische Selbstdarstellung der Parteien, die lösungsbedürftige gesellschaftliche Probleme auf die Folie der Polarisierung projiziert. Kritiker der These von der strukturellen Verwerfung zwischen Parteienwettbewerb und Bundesstaat übersehen in der Regel diesen zentralen Sachverhalt: Das Parteiensystem mag heute komplexer geworden sein als vor einem Vierteljahrhun-

[105] GL 2000a, S. 170.

[106] GL 2000a, 175.

[107] GL 2000a, 176.

[108] GL 2000a, 175.

dert, die Heterogenität der Länderinteressen mag zugenommen haben. Aber die institutionelle Chance für Oppositionsparteien, ohne formelle Mitverantwortung über den Bundesrat auf Entscheidungsprozesse Einfluß zu nehmen, hält das Grundmuster des polarisierten Parteienwettbewerbs am Leben und fördert auf beiden Seiten – bei der Regierung ebenso wie bei der Opposition – die Wahl suboptimaler Konfrontationsstrategien, mit denen sich insbesondere Steuerreformen mit hohem Konsensbedarf nicht durchsetzen lassen.[109]

5.4. Parteienwettbewerb im deutschen Bundesstaat – Bremse oder Motor?

Seit der Erstveröffentlichung vor rund dreißig Jahren hat Gerhard Lehmbruchs Analyse über den Parteienwettbewerb im deutschen Bundesstaat im Kreise der politikwissenschaftlichen Fachkolleginnen und -kollegen breite (und in aller Regel positive) Rezeption erfahren.[110] Sie kann heute wohl unbestritten als eine der maßgeblichen Studien zum Verstehen des politischen Systems Deutschlands bezeichnet werden. Trotzdem ist sie über die Jahre nicht unwidersprochen geblieben. Mit zwei wesentlichen Einwänden will ich mich im Folgenden auseinandersetzen.

Der Magdeburger Politikwissenschaftler Wolfgang Renzsch hat in mehreren, im Laufe der letzten Jahre veröffentlichten, Aufsätzen die Argumentationslogik von Gerhard Lehmbruchs Analyse in Frage gestellt.[111] Die Handlungslogiken des Parteienwettbewerbs auf der bundesstaatlich-parlamentarischen Ebene und die Aushandlungsprozesse in der föderalen Arena seien durchaus nicht inkongruent, wie dies Lehmbruch behaupte. Vielmehr sei richtig, „daß die konkurrierenden politischen Parteien entscheidend dazu beitragen, daß das deutsche föderale System überhaupt arbeitsfähig ist."[112] Diese „funktionale Systemleistung" der deutschen Parteien sieht er in zwei Umständen begründet: Erstens in der Tatsache, dass die politischen Parteien in Deutschland über die staatlichen Ebenen hinweg organisiert sind, und zweitens im Bestreben der Parteien, aus Gründen des Machterwerbs bzw. Machterhalts möglichst geschlossen aufzutreten.[113] Dieserart würden die Parteien sowohl „vertikale wie horizontale Integrations-

---

109 GL 2000a, 178.

110 In der dieser Arbeit zugrunde liegenden Literatur dient Lehmbruchs Schrift u.a. folgenden Autoren als Referenz: Abromeit/Wurm 1996, 14; Benz 1999, 56ff.; 2002a, 18 u. passim; Czada 2000, insbes. S. 42; Decker 2007, 28; Helms 2007a, 201; König 1997, 135; Kropp 2010, 56ff.; Laufer/Münch 1997, 190f.; Lhotta 2003, 18; Reutter 2006, 12; Rudzio 2000, 315ff. u. 380ff.; Scharpf 1994a; 1999, 27 u. passim; 2006, 7; Schmidt 2000, 17f.; 2002, 79; 2007, 213; Schultze 1999, 175f. u. 186ff.; Steffani 1997, 77ff.; Stüwe 2004 30, 32; Wachendorfer-Schmidt 1999, 29ff.; 2005, 36 u. passim; Zohlnhöfer 1999 (insbes. S. 327); 2000.

111 Vgl. Renzsch 1998; id. 2000a; id. 2000b.

112 Renzsch 1998, 93; ebenso id. 2000a, 54.

113 Vgl. Renzsch 1998, 93.

leistungen" erbringen: „Sie sind politische Scharniere zwischen Bund und Ländern."[114] Dem widerspricht Lehmbruch in seiner Analyse allerdings gar nicht – im Gegenteil: In einem eigenen Abschnitt widmet er sich den Parteien als „Bindegliedern zwischen Bundes- und Länderpolitik" und erläutert die mannigfaltigen ebenenübergreifenden Ämterverflechtungen und Kontaktgremien, durch welche sowohl die Parteiorganisationen auf Bundes- und Länderebene als auch die von einer Partei beherrschten Regierungen und Verwaltungsapparate in eine enge – vertikale wie horizontale – Verbindung gebracht werden: „Die Parteiorganisation wird damit zur Klammer zwischen Bundes- und Länderpolitik."[115]

Renzsch argumentiert weiter, dass es „keine Frage der Logik des politischen Systems [ist], ob verhandlungs- oder wettbewerbsdemokratische Entscheidungsverfahren miteinander ‚inkompatibel' sind oder nicht."[116] Vielmehr seien Struktur und Verhalten der Parteien entscheidend, insbesondere, ob es sich bei diesen um ideologische Interessenparteien oder um programmatisch zentristische *middle-of-the-road*-Parteien handele, ob die Parteien im Grundsatz gegensätzliche politische Ziele verfolgten, ob sie als Parteien ein geschlossenes Erscheinungsbild vermittelten und ob die Wähler eher konfrontatives oder kooperatives Verhalten honorierten:[117]

> Sind es gesamtstaatlich orientierte, integrierte ‚middle-of-the-road' oder ‚Allerweltsparteien' mit einem breiten, ja nahezu beliebigen programmatischen Spektrum, konkurrieren sie potentiell um die gesamte Wählerschaft, nicht bloß einen Ausschnitt, gilt zudem ‚Problemlösungsfähigkeit' als wichtiges Werbeargument im Wahlkampf und sind sie außerdem in der Lage, über die staatlichen Ebenen hinweg diszipliniert zu handeln, dann haben sie eine wesentliche, wenn nicht entscheidende Funktion für die Konfliktverarbeitung.[118]

Durch den zentralen Stellenwert der „eher unspezifischen ‚Problemlösungskompetenz'" erscheine es für die Oppositionsparteien angeraten und sicherer, „mit der Regierung zu kooperieren als die Konfrontation zu suchen", weil Konfrontation „leicht als Opposition um der Opposition willen"[119] gelten könne.

Renzsch' Argumentation bleibt bei dieser Bewertung des bundesdeutschen Parteienwettbewerbs – denn darauf sind die vorangegangenen Zitate bezogen – merkwürdig theoretisch und in großer Distanz zum empirischen Material. Inhaltlich schließt er sich der These des deutsch-amerikanischen Politikwissenschaftlers Otto Kirchheimer (1905-1965) an, der Mitte der 1960er Jahre glaubte, in vielen westeuropäischen Demokratien das Entstehen von „Allerweltsparteien"

---

114 Renzsch 1998, 94; ebenso id. 2000a, 58.

115 Vgl. GL 2000a, 82ff. (Zitat: S. 88).

116 Renzsch 2000a, 57.

117 Vgl. Renzsch 2000a, 57.

118 Renzsch 2000a, 74.

119 Renzsch 2000a, 62.

(*catch-all parties*) ausmachen zu können.[120] Renzsch übernimmt diese Argumentation und deklariert die beiden großen deutschen Parteien CDU und SPD gewissermaßen en passant zu ebensolchen; er setzt sich weder mit den bekannten Einwänden gegen die Kirchheimer-These auseinander, noch versucht er, seine Einschätzung der deutschen Parteien mit tragfähigen empirischen Argumenten zu stützen.[121] Entgegen einer Bemerkung an anderer Stelle, wonach „die Strategien der Parteien [...] sowohl durch die sozialen Verhältnisse einer Gesellschaft [...] als auch durch die staatlichen Institutionen geprägt“[122] werden, scheint Renzsch dieses bei seiner Untersuchung des deutschen Parteiensystems nicht (mehr) von Belang zu halten, jedenfalls geht er nicht näher darauf ein. Renzsch' adaptionslose Übernahme und Anwendung der – allzu stark generalisierenden und in Bezug auf empirische Konfliktregelungsmuster als Erklärung auch nicht hinreichenden – Kirchheimer-Hypothese führt dazu, dass Renzsch' Nachvollzug des deutschen Parteienwettbewerbs in eine in beinahe klinischer Theoriereinheit verharrende „Allerweltsdeutung“ mündet, die eine seltsame Abgehobenheit von erfahrungswissenschaftlichen Tatbeständen aufweist und insbesondere die politisch-kulturellen Orientierungen der politischen Eliten nicht berücksichtigt:

> Obwohl (oder gerade weil) sich die ideologischen Unterschiede zwischen den beiden Volksparteien abgeschliffen haben und heute geringer sind als zu Zeiten der ersten Großen Koalition, waren die Partner [der zweiten Großen Koalition 2005-2009, Anm. CJ] nicht bereit, ihre in Jahrzehnten aufgebaute gegnerschaftliche Orientierung abzulegen.[123]

In seiner weiteren Argumentation versucht Wolfgang Renzsch darzulegen, dass die parteiinternen Aushandlungsprozesse nicht nur zu Zeiten gleicher Mehrheitsverhältnisse in Bundestag und Bundesrat zum Funktionieren des Gesetzgebungsprozesses beigetragen haben. Er argumentiert, dass die Parteien

---

120 Vgl. Kirchheimer 1965.

121 Renzsch verweist lediglich auf den Bundestagswahlkampf von 1998, nach welchem man „kritische Einwände [...] nicht mehr gelten lassen“ könne (Renzsch 2000a, 61, Fn. 10). – Otto Kirchheimers Schrift über den „Wandel des westeuropäischen Parteiensystems“ (Kirchheimer 1965) besitzt große analytische Kraft. Allerdings lautet ein häufig eingebrachter, durchaus schwerwiegender Einwand, dass Kirchheimers theoretisches Konstrukt der „Allerweltspartei“ allzu pointiert sei, wenn deren Rolle in der Politik analog zu all jenem beschrieben werde, „was auf dem wirtschaftlichen Sektor ein überall gebrauchter und standardisierter, weithin bekannter Marken- oder Massenartikel ist.“ (ibid., 34). Diese Sichtweise, so die Kritik, überzeichne die empirisch wahrnehmbaren Phänomene deutlich, und vernachlässige – so kann man mit Lehmbruch einwenden (vgl. oben Kap. 3.1.) – die vorherrschenden politisch-kulturellen Orientierungen der politischen Eliten bezüglich Konfliktregelung, die unabhängig von parteiprogrammatischen Nähe- oder Distanzverhältnissen zu berücksichtigen seien.

122 Renzsch 2000a, 57.

123 Decker 2007, 30f.

auch und speziell in Perioden, in denen im Bundesrat keine eindeutige oder gar eine der Bundestagsmehrheit zuwider laufende parteipolitische Mehrheit existiert, der wesentliche Faktor zur Kompromissfindung seien:

> die Komplexität föderaler Aushandlungsprozesse wird dadurch reduziert, daß in den Parteien Lösungen für föderale Konflikte verhandelt und durch sie Mehrheiten organisiert werden. Das Interesse der Parteien am Erhalt und an der Darstellung ihrer Handlungsfähigkeit erscheint hier als ein Gegengewicht zu den dem verflochtenen Bundesstaat kennzeichneten [sic] inhärenten Tendenzen zur Selbstblockierung."[124]

Insbesondere hat er dabei die Zeitspanne von 1991 bis 1998 im Blick, als die Bundesregierung unter Kanzler Kohl im Bundesrat mit einer relativen Mehrheit der Oppositionparteien konfrontiert war. Gerade in jener Zeit konnten demnach

> Mehrebenenentscheidungsprozesse [...] erfolgreich abgeschlossen werden, weil ebenenübergreifende politische Parteien die Verfahren auf der Grundlage innerparteilicher Verhandlungen steuerten. Die Verfahrenssteuerung durch Parteien trug wesentlich dazu bei, Tendenzen zu Blockaden, die aus der föderalen Verflechtung erwachsen können, zu überwinden. Ebenen integrierende, diszipliniert (‚parlamentarisch') handelnde Parteien [...] haben eine konfliktverarbeitende Funktion bei der Steuerung von politischen Entscheidungsprozessen über mehrere Ebenen hinweg, weil sie als ebenenübergreifende politische Organisationen nur Bestand haben können, wenn sie Ebenenkonflikte intern verarbeiten.[125]

Gleichsam als Hauptbeleg führt Renzsch in seiner Begründung die Statistik über die Abstimmungen im Bundesrat an: Blockaden (mit der Nicht-Entscheidung als Folge) seien in den letzten beiden Legislaturperioden der Regierung Kohl die seltene Ausnahme gewesen, dagegen seien viele umfangreiche und kontroverselle Gesetzesvorhaben beschlossen worden.[126] Es könne daher „von einem allgemeinen politischen Stillstand kaum die Rede sein".[127]

---

[124] Renzsch 1998, 99.

[125] Renzsch 2000a, 54. – Dies überrascht etwas, gelten doch innerparteiliche, ebenenübergreifende Koordinationsprozesse im allgemeinen Urteil der politikwissenschaftlichen Deutschland-Forschung für die Zeitspanne seit 1990 aufgrund der gestiegenen Länderheterogenität als zunehmend schwieriger (vgl. hierzu Abschnitt 3.2., außerdem Benz 2003, 36, sowie, speziell für Lehmbruch, Abschnitt 2.3.).

[126] Ein kurzer Blick in die Statistik über die Bundesratsabstimmungen genügt, um dies zu bestätigen: „Der Bundesrat hat in den 54 Jahren seines Bestehens gerade einmal 1,08 Prozent der [Bundes-]Gesetzesbeschlüsse endgültig blockiert. [...] Selbst wenn man nur die Zustimmungsgesetze berücksichtigt, bleibt es bei einem niedrigen Anteil der Vetoaktionen im Umfang von nur 2,1 Prozent. [...] Selbst in Zeiten unterschiedlicher parteipolitischer Mehrheiten stieg die Ablehnungsquote nie über 2,5 Prozent." (Stüwe 2004, 29). – Renzsch räumt ein, dass erfolgreiche Kompromissfindungen zunächst keinen Aufschluss über die inhaltliche Qualität des Gesetzes zulassen (Renzsch 2000a, 54; vgl. hierzu auch Stüwe 2004, 30).

[127] Renzsch 1998, 98.

Im Folgenden wird nun Wolfgang Renzsch' Argumentationslinie etwas konfus, weil er sein zuvor vertretenes Argument (die Parteien würden durch stetige innerorganisatorische Aushandlungsprozesse den drohenden Stillstand der föderalen Politikverflechtung abwenden) wesentlich erweitert, indem er einräumt, dass parteiübergreifende Verständigung (wie sie im Falle unterschiedlicher Mehrheiten in Bundestag und Bundesrat so oft nötig sind) den Entscheidungsfindungsprozess in der Tat „erschwert" (aber „nicht unmöglich"[128] mache). Entscheidend für das Zustandekommen von Legislativentscheidungen bei ungleichen Mehrheiten sei, dass die „Landesregierungen gemeinsam mit der Bundesregierung [...] in vielen Fällen ein konkretes Interesse an der gesetzlichen Regelung bestimmter Sachverhalte"[129] hätten:

> Parteiübergreifende Konsensbildung stärkt nicht nur die Länder gegenüber dem Bund, sondern zugleich gewinnen die Ministerpräsidenten dadurch in ihren jeweiligen Parteigremien an Gewicht. Tendenziell wird damit die Parteienkonkurrenz moderiert und die politische Konfrontation entschärft.[130]

Diese Argumentationsverlagerung überrascht nicht wenig, denn Renzsch gibt damit sein zunächst vertretenes Motiv, das er am Anfang als das entscheidende zur argumentativen Aushebelung der erklärenden Interpretation über *Parteienwettbewerb im Bundesstaat* eingeführt hatte, nicht nur auf – er verkehrt es de facto in sein Gegenteil: Nunmehr sind nicht die intraparteilichen ebenenübergreifenden Abstimmungsprozesse der Schlüssel zur erfolgreichen politischen Entscheidungsfindung, denn damit können logischerweise Entscheidungen bei ungleichgerichteten Mehrheitsverhältnissen von Bundestag und Bundesrat nicht erklärt werden. Die wichtige Variable erkennt er jetzt ausgerechnet in den Wirkungen jener föderalistischen Institutionenstruktur, welcher er kurz zuvor noch „Tendenzen zur Selbstblockierung" bescheinigt hatte.

Am Schluss dieses Abschnitts will ich darlegen, dass Wolfgang Renzsch' Vorwurf, der implizit gegen Lehmbruchs Werk gerichtet ist – ungeachtet der bereits festgehaltenen theoretischen Unzulänglichkeiten und argumentativen Inkonsistenzen – vor allem deshalb ins Leere geht, weil er eine simplifizierende Argumentation unterstellt, die tatsächlich nicht zutrifft. Bekanntlich lautete Renzsch' These, dass

> die parteipolitische Strukturierung der Mehrheitsverhältnisse [...] – unabhängig von den jeweiligen Mehrheiten – entscheidend zur Funktionsfähigkeit des parlamentarischen Bundesstaates bei[trägt]. Entscheidungsprozesse, die nicht parteipolitisch koordiniert wurden [...] unterlagen eher der Gefahr des Scheiterns als koordinierte. Die parteipolitische Koordinierung trägt damit wesentlich dazu bei, die dem verflochte-

[128] Renzsch 1998, 94; ebenso id. 2000a, 60.

[129] Renzsch 1998, 95.

[130] Renzsch 1998, 95; ebenso id. 2000a, 63.

nen Bundesstaat inhärenten Tendenzen zur Blockade, zum Zuschnappen der ‚Verflechtungsfalle', zu neutralisieren.[131]

Wie wir bereits gesehen haben, arbeitet auch Lehmbruch in seiner Analyse heraus, dass die innerparteiliche und ebenenübergreifende Koordination ein wirkungsvolles Instrument zur faktischen Antizipation des Bundesrats-Plazets darstellen kann. Die von Bundeskanzler Kohl in den 1980er Jahren erfolgreich verfolgte Strategie, in die Entscheidungsfindung nur die parteieigenen Ministerpräsidenten einzubinden, war *gerade* dem Ziel verschrieben, nach außen hin den Eindruck optimaler Handlungsfähigkeit zu vermitteln. Auf diese Weise sollte einerseits die innerkoalitionäre Kräfteverteilung gehalten werden, andererseits die eigene Partei im bundesstaatlichen Parteienwettbewerb reüssieren können. Aber diese Form des „stillen Regierens" ging tendenziell *auf Kosten* parteiübergreifender Einigungen, weil sie – sozusagen als „Kollateralschaden" – die faktische Interessenexklusion einer Länderminorität zur Folge hatte. Der Parteienwettbewerb im deutschen Bundesstaat führt also nicht dazu, parteiübergreifende Kompromisseinigungen zu befördern, weil die Parteien fortwährend eine allgemeine parteiübergreifende Problemlösungskompetenz unter Beweis stellen wollen; er führt im Gegenteil dazu, dass sie Entscheidungen nach Möglichkeit unter Ausschluss des parteipolitischen Gegners herbeizuführen versuchen. Auf diese Weise kann am leichtesten die partei- wie koalitionsinterne Machtbalance stabil gehalten werden, wodurch sich wiederum auf der öffentlichen Bühne des bundesstaatlichen Parteienwettbewerbs ein geschlossenes Erscheinungsbild vermitteln lässt. In Perioden mit unklarer oder der Bundesregierung gegenlaufender Bundesratsmehrheit lässt sich die parteiübergreifende Kompromisssuche naturgemäß nicht vermeiden. In solchen Situationen herrscht freilich kein „allgemeiner politischer Stillstand" – Renzsch scheint zu suggerieren, dass dies nach Lehmbruch der Fall sein müsste. Dabei übergeht er, dass Lehmbruchs Analyse kein einfaches Schwarz-Weiß-Schema darstellt, sondern der komplexen institutionellen Gemengelage von föderalen Verteilungskonflikten und Interessengegensätzen, koalitionsinternen politischen Flexibilitätsreserven und -schranken der Bundesregierung und Machtkalkülen der bundesstaatlich konkurrierenden Parteien gerecht zu werden versucht. Lehmbruch stellt, wie gezeigt, sehr wohl in Rechnung, dass die Parteien ebenenübergreifende Entitäten darstellen. Aber innere ebenenübergreifende Koordination ist gerade im institutionellen Rahmen des deutschen Verbundföderalismus schwierig. Der Versuch der jeweiligen großen Oppositionspartei, das Bundesrats-Votum parteieigener Landesregierungen im Sinne des bundesstaatlichen Parteienwettbewerbs einzusetzen, ist immer dann in Frage gestellt, wenn auch föderale Eigeninteressen eine Rolle spielen. Umgekehrt gilt, dass erfolgreiche parteiinterne Koordination nicht automatisch zur Kompromisslösung führen muss, wie Renzsch dies postuliert, sondern im Gegenteil diese verhindern kann – nämlich dann, wenn es der Oppositionspartei

131 Renzsch 2000a, 73f.

gelingt, über intraparteiliche Abstimmung eine Blockade im Bundesrat herbeizuführen – wie die SPD in der Steuerreform 1997/98.[132]

Wolfgang Renzsch verkennt in seinen Ausführungen diese Komplexität der Lehmbruch'schen Analyse. Damit aber verkennt er auch die Charakteristik des bundesdeutschen Parteienwettbewerbs:

> Man darf [...] nicht übersehen, daß unter den gegebenen institutionellen Bedingungen die Koordinierungsfunktion des Parteiensystems in der Handlungslogik des Parteienwettbewerbs ihre Schranke findet. Hier dreht es sich zunächst einmal um Machterwerb und Machtbehauptung, und die Koordination der autonomen Akteure in Bund und Ländern ist nicht *Ziel* des Parteienwettbewerbs, sondern – wenn es denn gut geht – sein *Nebenprodukt*. Deshalb ist die Verbindung von Konkurrenzdemokratie und Föderalismus so störanfällig.[133]

5.5. Enge oder lose Kopplung? Über das Zusammenwirken von Bundes- und Landespolitik

Ein zweites Bedenken ist gegen Lehmbruchs Analyse des Parteienwettbewerbs im deutschen Föderalismus artikuliert worden, mehrmals und nachdrücklich insbesondere vom Erlanger Politologen Roland Sturm. Er wirft Lehmbruch in einer Rezension zur zweiten Auflage von dessen Schrift vor, den Parteienwettbewerb auf Länderebene zu ignorieren.[134] In einer ausführlichen Auseinandersetzung mit der Erstauflage unterstellt er Lehmbruch außerdem einen normativen Unterton in dessen Argumentation[135] und bemängelt, dass die Analyse mit Blick auf den Parteienwettbewerb in den Ländern ins Leere gehe. Entgegen den „predictions" Lehmbruchs, wonach die Entwicklung zu immer stärkerer Bund-Länder-Kooperation und Konvergenz des parteipolitischen Konflikts auf beiden Ebenen führe, und in deren Folge die Länder „almost no autonomy" in politisch kontroversiellen Angelegenheiten haben würden, gebe es vielmehr „strong signs" für das Gegenteil: „German federalism may be in the process of becoming less consociational and more competitive."[136]

Ich will an dieser Stelle nicht eine kleinteilige Erörterung darüber beginnen, ob die von Sturm identifizierten Prognosen bei Lehmbruch zu finden sind oder

---

132 Vgl. Zohlnhöfer 1999, 345; 2000, 722.

133 GL 2000a, 196.

134 „The new book does not heal the weakness of the old one, which was that it ignored party competition on the Land level." (Sturm 1999a).

135 „Lehmbruch dislikes the mixture of models of democracy he sees in the mid-1970s in Germany. He has a certain preference for negotiation, and regrets the negative role party competition plays." (Sturm 1999b, 198). Sturm bleibt konkrete Belege für diese Unterstellung schuldig – und steht in der dieser Arbeit zugrunde liegenden Literatur mit seiner Vorhaltung im Übrigen alleine da. Ich kann seine Kritik ebenfalls nicht nachvollziehen.

136 Sturm 1999b, 212.

nicht.[137] Für den Zweck der hier angestrebten Auseinandersetzung erscheint es weitaus fruchtbarer und Erfolg versprechender, Sturms eigene Darlegungen zum Parteienwettbewerb in den Ländern nachzuvollziehen und sodann abzuwägen, ob (und in welchem Ausmaß) sie Lehmbruchs Analyse in Frage stellen können. Wir wollen uns daher zuerst mit der Argumentationslinie von Roland Sturm vertraut machen.

Der Erlanger Politikwissenschaftler wendet sich gegen die Deutung eines engen Verhältnisses von bundespolitischem Parteienwettbewerb und Landtagswahlen, die seiner Ansicht nach eine allzu starke argumentative Engführung impliziere. Danach sind die Bestimmungsfaktoren für Landtagswahlergebnisse keineswegs hauptsächlich im bundespolitisch induzierten Wettbewerb der Parteien zu suchen. Ausschlaggebend sei eher, dass die zeitliche Versetztheit von Bundestagswahl und Landtagswahlen „die sachliche Trennung beider Wahlakte betont"[138]. Darüber hinaus stellten Landtagswahlen für viele Wähler ein „politisches Experimentierfeld" dar, in welchem diese weitaus eher als bei Bundestagswahlen für „neue, unkonventionelle und teilweise extreme Parteien"[139] votierten. Aus diesen Gründen sei „eine hierarchische Steuerung der Landespolitik durch die Bundespolitik bei aller parteipolitischen Durchdringung beider Ebenen nur eingeschränkt möglich."[140] Diese Beurteilung ist (jedenfalls implizit) gegen Lehmbruchs Analyse gerichtet, denn dort lautet – wie wir bereits gesehen haben – eine wichtige Feststellung, dass der bipolare Parteienwettbewerb der Bundesebene über die eigentümliche Verfassungskonstruktion des deutschen Föderalismus (Bundesratsprinzip) auch die Länderebene ergriffen habe.[141] Sie richtet sich außerdem gegen die – an Lehmbruch anknüpfende – These, die Bundesrepublik werde durch die vielen Landtagswahlen, die gleichsam als „bundespolitische ‚Zwischenwahlen'"[142] fungierten, faktisch von einer Art „Dauer-

137 Lehmbruch selbst hat sich in der jüngsten Auflage ausdrücklich gegen diese Interpretation verwahrt und hält Sturm entgegen, dass er „mir eine Reihe von Hypothesen und Vorhersagen unterschiebt, die sich in dem Buch gar nicht finden." (GL 2000a, 201).

138 Kropp/Sturm 1999, 38.

139 Sturm 2003, 82; vgl. Kropp/Sturm 1999, 40f. – Dieser Befund lässt sich in der Tat leicht durch einen Blick auf die Landtagswahlergebnisse etwa der letzten zwei Dekaden empirisch belegen. So gelang in dieser Zeitspanne den Republikanern, der DVU, der NPD, der STATT-Partei, der PRO, dem AfB, den BiW und den Freien Wählern im Zuge von Landtagswahlen der Einzug in ein oder mehrere Landesparlamente (vgl. Kropp 2010, 65). Keine dieser Parteien bzw. Vereinigungen war oder ist im Bundestag vertreten.

140 Kropp/Sturm 1999, 45.

141 „Die bundespolitischen Auswirkungen von Landtagswahlen sind [...] seit den frühen fünfziger Jahren zu einem festen Posten in der Kalkulation der politischen Parteien geworden." (GL 2000a, 137).

142 Decker 2006.

wahlkampf" erfasst, der „das Gemeinwesen in einen Zustand fieberhafter Erregung"[143] versetze:

> Gleichviel, ob es sich um eine Bundestagswahl oder eine Landtagswahl handelt, die hochgradige Verflechtung von Bund und Ländern und insbesondere die gesicherte Mitwirkung der Länder an der Gesetzgebung des Bundes führen notwendigerweise dazu, dass in der Regel jede Landtagswahl auch beträchtliches bundespolitisches Gewicht hat.[144]

Unter Hinweis auf die föderalistische Institutionenstruktur erscheint dieses Argument durchaus plausibel. Gleichwohl bleibt die Frage offen, ob sich ein solcher relativ konstanter Zusammenhang zwischen Bundespolitik und Landtagswahlen (abseits qualitativ ausgerichteter Einzelfallstudien) empirisch messen lässt. Gerhard Lehmbruch verweist in seiner Begründung auf die erste diesbezüglich erschienene quantitative Analyse, derzufolge eine deutliche Verbindung zwischen elektoralen Entscheidungen auf Bundes- und Länderebene besteht.[145] Das Ergebnis der Untersuchung von Simone Burkhart von 2005 weist ebenfalls stark in diese Richtung.[146] Die Befunde einer eingehenden, rezenten Untersuchung der Stuttgarter Politologin Kerstin Völkl über Landtagswahlverhalten legen nahe, dass die wahlentscheidenden Gewichtungen der Wählerschaft abhängig von den jeweils aktuellen Regierungs- und Oppositionskonstellationen im entsprechenden Bundesland und im Bund sind;[147] doch haben auch ihre Analysen „[g]enerell [...] ergeben, dass bundespolitische Einstellungen die Wahlentscheidungen der Bürger bei Landtagswahlen beeinflussen."[148]

---

143 Schmidt 2007, 213.

144 Schmidt 2000, 5f.; vgl. ferner Gabriel 1994, 108; Stüwe 2004, 26.

145 Dinkel 1977. – Dinkel hat die Operationalisierung dieses Sachverhalts mithilfe einer Zeitvariable vorgenommen, sodass Regelmäßigkeiten im Abschneiden der Parteien bei Landtagswahlen jeweils in Relation zum zeitlichen Abstand zur letzten Bundestagswahl ersichtlich wurden. Diesem Messverfahren lag die Annahme zugrunde, dass die Ablehnungs-Zustimmungskurve einer Bundesregierung innerhalb einer Legislaturperiode einer gewissen, bestimmbaren Schwankung unterliegen würde.

146 Burkhart 2005. – Burkhart operationalisiert den Sachverhalt mithilfe der – im Monatsrhythmus demoskopisch erfassten – Popularitätswerte einer Bundesregierung, welche sie in Relation zu den jeweiligen Landtagswahlergebnissen der Parteien setzt (ibid., 30ff.). Der solcherart in den Regressionsanalysen gemessene Zusammenhang ist dabei – über den gesamten Zeitverlauf (1976-2002) – hoch signifikant (ibid., Tab. 3, S. 33 u. Tab. 4, S. 34): „[Die] Ergebnisse haben gezeigt, dass der Kausalmechanismus, der früheren Analysen teilweise implizit zugrunde lag, auch weiterhin gilt: Je stärker die Popularität einer Bundesregierung seit Amtsantritt gesunken ist, mit desto höheren Verlusten müssen die Parteien der Bundesregierung bei Landtagswahlen rechnen." (ibid., 35).

147 Vgl. Völkl 2009, 254.

148 Völkl 2009, 264. – Völkl operationalisiert den Sachverhalt mithilfe der Ergebnisse von Umfragen unter Landtagswählerinnen und -wählern (1990-2006): einerseits in einer „direkten Messung" (die erklärende Variable sind die aggregierten Antworten auf die direk-

Bis hierher lässt sich also feststellen, dass Sturms Argumentation nicht zu überzeugen vermag, weil sie sich erstens auf Sachverhalte bezieht (zeitlich versetzte Landtagswahltermine, Protestwahlverhalten auf Landesebene), die prinzipiell sowohl mit Lehmbruchs Befund als auch mit der These des „Dauerwahlkampfes“ vereinbar sind. Zweitens weisen die Ergebnisse der hierzu bisher durchgeführten quantitativen Überprüfungen sämtlich in Richtung eines signifikanten Zusammenhangs von Bundes- und Landespolitik.

Roland Sturm geht in seiner Beschäftigung mit Lehmbruchs Schrift jedoch über diesen allgemeinen Einwand hinaus. Speziell mit Blick auf die Zeit nach der Wiedervereinigung konstatiert er, dass der Parteienwettbewerb auf Länderebene zunehmend unabhängiger von den parteipolitischen Wettbewerbskräften der Bundesebene geworden sei. Zwei Entwicklungen seien diesbezüglich von Einfluss: erstens die Dekonzentration des Parteiensystems, und zweitens der erweiterte politische Handlungsraum der Landesregierungen. Dieser sei zurückzuführen auf die „allmähliche Entlegitimierung und [...] nachlassende Bindewirkung des Topos ‚Einheitlichkeit der Lebensverhältnisse‘“ und die „verschärfte wirtschaftliche Regionalkonkurrenz auf dem europäischen Binnenmarkt.“[149]

---

te Frage nach der Relevanz von Landes- bzw. Bundespolitik für die Wahlentscheidung: vgl. ibid., 213ff.), andererseits in einer „indirekten Messung“ (die erklärende Variable sind die aggregierten Antworten auf die Frage nach a) der Zufriedenheit mit der Landes- bzw. Bundespolitik und b) der Kandidatenorientierung auf Landes bzw. Bundesebene: vgl. ibid., 222ff.). – Anders als bei Dinkel ist für Völkl „[e]in Einfluss der zeitlichen Distanz einer Landtagswahl zur Bundestagswahl auf die Stimmabgabe [...] nicht nach[zu]weisen.“ (ibid., 254).

149 Kropp/Sturm 1999, 38. Vgl. auch Schultze 1999, 193. – Ich will im Folgenden auf diese beiden Thesen nicht weiter eingehen. Es sei jedoch an dieser Stelle angemerkt, dass beide nicht frei von Fragezeichen sind. Die Unterstellung eines nachlassenden Unitarismus in der BRD wird in aller Regel mit dem Hinweis auf die gestiegene Heterogenität der Lebensverhältnisse nach der Wiedervereinigung verbunden (Kropp/Sturm 1999 präsentieren allerdings keine nähere Begründung). Eine solche Argumentation erscheint aber fragwürdig, weil so die Gültigkeit einer normativen politisch-kulturellen Orientierung mit einer empirisch geltenden Struktur gleichgesetzt wird. Es müsste der Nachweis erbracht werden, dass der Institutionenwandel von 1990 seinerseits zu einer veränderten politisch-kulturellen Orientierung der maßgeblichen Akteure, vor allem der Parteien, geführt hat. Dass ein solcher Nachweis erbracht werden könnte, erscheint aber schon deshalb eher unwahrscheinlich, weil die rasche Eingliederung der ostdeutschen Bundesländer in die bundesstaatliche Finanzverfassung einen materiellen Umverteilungsprozess in Gang gesetzt hat, der von den politischen Akteuren offensichtlich gewollt war und dessen Ausmaße auch im weltweiten Vergleich einzigartig sein dürften (vgl. Schmidt 2007, 209f.; Wachendorfer-Schmidt 1999, 21f.). Ferner hat die Schaffung des europäischen Binnenmarktes nicht a priori zu größerem politischem Spielraum für die deutschen Länder geführt. Im Gegenteil implizierten die im Zuge der europäischen Einigung mit der Bundesregierung ausgehandelten Regelungen für die Länder realiter Kompetenzverluste, weil der langjährig eingespielte Kompensationsmechanismus des deutschen Föderalis-

Die Auffächerung des Parteienspektrums im Besonderen habe dazu beigetragen, dass Länderkoalitionen „immer häufiger ‚quer' zu den koalitionspolitischen Trennlinien im Bund gebildet" würden, und mit der seit 1990 sprunghaft angestiegenen wirtschaftlichen Heterogenität könne auch die „parteipolitische Loyalität nicht mehr [wie] im bisherigen Maße als Ressource zum Aushandeln von Unterstützungsleistungen"[150] genutzt werden. Die Folge sei eine stärkere Föderalisierung des Parteienwettbewerbs, in deren Rahmen sich die „Regionalisierung" auch der beiden großen Parteien vollziehe:[151]

> More often than ever before in German post-war history, economic interest and political diversity, not party-political manoeuvres, have become the driving force behind the political moves of Länder in the 1990s.[152]

Diese Einschätzung wird in der einschlägigen politikwissenschaftlichen Forschung geteilt: Der größere Fragmentierungsgrad des Parteiensystems und die größere Länderheterogenität stehen außer Frage, und auch beim Befund der zu beobachtenden Folgen herrscht weitgehend Einigkeit:[153] Die Interessen der Bundesländer stellen sich facettenreicher dar, weshalb es für die Parteiorganisationen im Bund eher schwieriger geworden ist, eine erfolgreiche parteipolitische Koordination mit den Landesregierungen eigener Parteicouleur zu erzielen. Ferner bestehen mehr Möglichkeiten der Koalitionsbildung auf der Länderebene (wie auch im Bund), sodass parteipolitisch eindeutige Frontstellungen im Bundesrat tendenziell unwahrscheinlicher geworden sind.[154] Die Parteienbündnisse in den Landesregierungen von Hamburg, wo seit Mai 2008 ein schwarz-grüner Senat die Regierungsgeschäfte führt, und des Saarlandes, wo im November 2009 CDU, FDP und Die Grünen eine Dreiparteienkoalition bildeten, haben die po-

---

mus bei Kompetenzverlagerungen nach Brüssel nicht greifen konnte (vgl. Scharpf 1994b, 55).

150 Sturm 2003, 85 (erstes Zitat) u. 88.

151 Vgl. Kropp/Sturm 1999, 46; Sturm 1999b, 213; Sturm 2003, 88.

152 Sturm 1999b, 204.

153 Zum Folgenden vgl. Benz 1999, 71; id. 2003, 35ff.; Scharpf 1994b, 53f.; Schultze 1999, 192ff.; Schmidt 2002, 79; 2007, 97ff.; Pilz 1999, 28f.; Wachendorfer-Schmidt 2005, 53f.

154 Dabei ist das Attribut zu betonen. Dass eine parteipolitisch klare Mehrheit auch unter den geänderten institutionellen Rahmenbedingungen erreicht werden kann, zeigt die Erfahrung der letzten Jahre. In der Zeit von März 2003 (Landtagswahl in Niedersachsen) bis zur vorgezogenen Bundestagswahl im September 2005 sah sich die Bundesregierung von SPD und Bündnis 90/Die Grünen im Bundesrat einer absoluten Mehrheit von CSU, CDU und FDP ausgesetzt, die im Bundestag die Opposition bildeten. Im Angesicht der Tatsache, dass für die Oppositionsparteien im Bundesrat ein suspensives Veto mit Zweidrittelmehrheit in Reichweite war (sodass über der Regierungsmehrheit im Bundestag beständig das Damoklesschwert der totalen Blockade geschwebt hätte), trat SPD-Bundeskanzler Gerhard Schröder (*1944) mit einer absichtlich verlorenen Vertrauensabstimmung im Bundestag „die Flucht nach vorn" in Neuwahlen an (vgl. auch Batt 2007).

tenziellen Regierungsvarianten in jüngster Zeit weiter erhöht und zu einer „bunte[n] Koalitionslandschaft" beigetragen.[155]

Gleichzeitig wird es für die Länder schwieriger, in föderalen Verteilungskonflikten gegenüber dem Bund geschlossen aufzutreten, woraus dieser unter Umständen wiederum Nutzen für sich selbst ziehen kann. Fritz Scharpf hat kurz nach der Wiedervereinigung sogar die Vermutung geäußert, eine taktisch geschickte Bundesregierung brauche zukünftig kaum mehr auf die Couleur der Landesregierungen zu achten, sofern sie sich im föderalen Aushandlungsprozess die unterschiedlichen Interessenlagen der Länder zunutze zu machen wisse und die Länder gewissermaßen gegeneinander ausspiele.[156] Wir wissen heute, dass diese Prognose allzu pointiert war und nur abgeschwächt aufrecht erhalten werden kann, etwa wie es Manfred Schmidt formuliert hat: Danach besitzte eine Bundesregierung größeren politischen Spielraum gegenüber den Ländern, sofern sie verfüge über „sufficient political will, skill and resources to form coalitions with a majority of states, including states from the political camp of the opposition party."[157]

Steht dieser Befund im Widerspruch zu Lehmbruchs Ausführungen? Lehmbruch hat selbst darauf hingewiesen, dass die deutschen Gliedstaaten heute wirtschaftlich heterogener seien und die Parteienlandschaft vielgestaltiger; insofern sei die parteipolitische Kopplung zwischen Bundes- und Länderebene etwas gelockert. Die Bundesregierung hat dadurch tatsächlich größeren politischen Spielraum, kann sich bei umfangreichen Finanzreformvorhaben eventuell sogar die Bundesratsstimmen eines (oder mehrerer) parteipolitisch nicht gleichgerichteter Länder mit fiskalischer Notlage gegen entsprechende Versprechungen „erkaufen".[158] Der Bundesregierung sind aber auch Grenzen gesetzt, und zwar dann,

---

155 Czada 2003b, 198. – Obgleich die Landesebene in der Vergangenheit nicht selten „als eine Art Versuchslabor" (Decker 2007, 29) für Regierungsbündnisse im Bund fungierte, dürfen Landeskoalitionen nicht umstandslos als mögliche Varianten für den Bund gewertet werden. Im Fall Hamburgs wird die Landespolitik weitgehend als Kommunalpolitik empfunden (vgl. für die Wählerschaftsorientierung in den Stadtstaaten Völkl 2009, 219), und im Saarland wollten SPD und Grüne nicht mit der Linkspartei unter dem ehemaligen SPD-Vorsitzenden Oskar Lafontaine koalieren. Dieses personale Veto schränkte die Möglichkeiten der Mehrheitsbildung ein. Eine Koalition der Unionsparteien mit den Grünen im Bund ist daher bis auf Weiteres nur wahrscheinlich, wenn andere, stärker präferierte Koalitionsvarianten keine Bundestagsmehrheit ergeben (vgl. Decker 2007, 32; Lorenz 2007).

156 Scharpf 1994b, 53f.

157 Schmidt 2002, 79.

158 Vgl. Benz 2003, 37; Stüwe 2004, 29f. – Eine noch recht junge Forschungsthese, die der Literatur zur gerichtlichen Normenkontrolle entlehnt ist, behauptet, dass mit Blockade umso weniger zu rechnen sei, je eindeutiger die Bundestags- und Bundesratsmehrheit divergierten. Im Fall klarer Divergenz sei eine Blockade *nicht* wahrscheinlich, weil die Bundesregierung in dieser Situation eine Vetodrohung der Opposition grundsätzlich ernst

wenn das Defizit in der Haushaltsbilanz so groß ist, dass sie zu größeren finanziellen Zugeständnissen an die Länder nicht mehr bereit oder in der Lage ist. Das ist derzeit der Fall.[159] In solchen Fällen ist die jeweilige große Oppositionspartei tendenziell am ehesten in der Lage, parteiintern eine geschlossene Ablehnungsfront der Landesregierungen eigener Couleur im Bundesrat zu formen. Wenn die Bundesregierung ferner aus koalitionsinternen Gründen nicht willens oder fähig ist,[160] von ihrer Verhandlungsposition abzurücken und sich auf Kompromisse einzulassen, dann, so lehrt uns Lehmbruchs Analyse, führt der Parteienwettbewerb mit großer Wahrscheinlichkeit in die Blockade.

5.6. Die Föderalismusreform I – Ende der bundesstaatlichen Verflechtung?

Nicht nur das bundesdeutsche Parteiensystem ist im Wandel begriffen, auch die föderalen Institutionen haben durch die Föderalismusreform I, die im September 2006 in Kraft trat, „eine Reihe beachtlicher Kursänderungen“[161] erfahren. Die im Oktober 2003 eingesetzte „Kommission von Bundestag und Bundesrat zur Reform der bundesstaatlichen Ordnung“ hatte es sich zur Aufgabe gemacht, die föderale Aufgabenverteilung neu zu ordnen, und die Große Koalition aus CDU/CSU und SPD war 2005 explizit (auch) damit gerechtfertigt worden, eine große bundesstaatliche Reform durchzusetzen.[162] Leitende Gedanken der Reformer „bei der Neufassung der Gesetzgebungskompetenzen waren Entflechtung und Kompetenztrennung“.[163] Die zähen Verhandlungen wären aber möglicherweise erfolglos abgebrochen worden, wenn nicht das Bundesverfassungsgericht durch eine Entscheidung einen neuen Impuls gegeben hätte.[164] Die wich-

---

nehmen müsse. Sie lasse daher ihr Vorhaben entweder ganz fallen oder gehe auf die inhaltlichen Einwände der Opposition ein, betreibe mithin „legislative autolimitation“ (Manow/Burkhart 2004).

159 2009 musste der Bund 34,1 Mrd. Euro (netto) an neuen Krediten aufnehmen; für 2010 werden (Stand Juli 2010) 65,2 Mrd. Euro netto an neuen Krediten veranschlagt (vgl. Bundesministerium für Finanzen 2010, 39). Das wäre die bislang höchste jährliche Neuverschuldung in der Geschichte der Bundesrepublik.

160 Dass koalitionsinterne Konfliktregelung viele Konsensreserven absorbieren kann, ist auch in den ersten Monaten der christdemokratisch-liberalen Bundesregierung unter dem prognostizierten „‚Traumbündnis' Merkel/Westerwelle“ (Dittberner 2007, 13) offensichtlich geworden – zumal die CSU als Dritter im Bunde zugegen ist.

161 Schmidt 2007, 219.

162 Vgl. Dittberner 2007, 13.

163 Reutter 2006, 16; vgl. auch Häde 2009, 37f.; Hofmann 2009, 97ff.

164 Gemeint ist das Urteil vom 27. Juni 2006 über die „Juniorprofessur“, in welchem das Gericht GG Art. 72, Abs. 2, über die Erforderlichkeit der „Herstellung gleichwertiger Lebensverhältnisse im Bundesgebiet“ sehr restriktiv auslegte (vgl. Scharpf 2006, 9). Wieder einmal fungierten die Karlsruher Richter als „Mitregenten“ (Schmidt 2007, 228).

tigsten Änderungen betreffen die Abschaffung der „Rahmengesetzgebung" des Bundes (GG Art. 75 a.F.), einen neu geordneten Kompetenzkatalog in der „konkurrierenden Gesetzgebung" (GG Art. 74) sowie die Verlagerung gewisser Gesetzgebungsmaterien in die ausschließliche Zuständigkeit der Länder bzw. des Bundes.[165]

In der bisherigen wissenschaftlichen Literatur werden die Ergebnisse der Föderalismusreform ambivalent beurteilt. Der Staatsrechtler Ulrich Häde hebt positiv hervor, dass es

> gelungen [ist], den Anteil der zustimmungspflichtigen Gesetze zu senken. Von allen im ersten Jahr nach der Reform erlassenen Gesetzen bedurften 44% der Zustimmung des Bundesrates. Nach altem Recht wären es 59% dieser Gesetze gewesen.[166]

Er befindet das Ergebnis als „tendenziell positiv", weil es zwar nach wie vor Verflechtungen gebe, „die Verantwortlichkeiten sind nun aber klarer getrennt."[167] Etwas nüchterner resümiert ein Ministerialdirigent aus dem Bundeskanzleramt, Hans Hofmann, das Erreichte: Man habe zwar bisher „keine große Reform aus einem Guss erreicht [..], aber politische Machbarkeiten ausgenutzt".[168]

Folgt man der politikwissenschaftlichen Literatur, war der Reformansatz von Anfang an falsch gewählt: Nicht Entflechtung, sondern Flexibilisierung hätte das Credo lauten müssen, wenn es nach Gerhard Lehmbruch oder (den die Föderalismuskommission beratenden) Fritz Scharpf und Arthur Benz gegangen wäre.[169] Im Zuge des ungestümen Eintretens für das „Trennprinzip" (mit der impliziten ökonomistischen Vorstellung eines Wettbewerbsföderalismus, der darin als effizienzsteigernd angenommen wird) habe man übersehen, dass die meisten *policies* im deutschen Bundesstaat „Mehrebenencharakter" hätten und „die Funktionsprinzipien des kooperativen Föderalismus weiterhin Kooperation und

165 Für die Details vgl. Butzer/Kluth 2007.

166 Häde 2009, 38. – Diese Zahlen sagen freilich nichts über die Qualität der zustimmungspflichtigen Materien aus, zumal zu bedenken ist, dass die Zustimmungspflicht im Einzelfall juristisch umstritten sein kann – auch und gerade in politisch kontroversen Bereichen wie der Wirtschafts- und Sozialpolitik (vgl. Zohlnhöfer 2010). Deshalb sind die von Häde referierten Zahlen (welche die Bundesregierung 2008 auf eine parlamentarische Anfrage hin angegeben hatte) kritisch zu hinterfragen (vgl. hierzu Höreth 2010). Überdies wird die Entwicklung über längere Zeiträume zu beobachten sein, insbesondere in Bezug auf den neu geschaffenen GG Art. 104a, Abs. 4, der sich – abhängig von der verfassungsgerichtlichen Auslegung in Karlsruhe – als neues Einfallstor für Zustimmungspflichten herausstellen könnte (vgl. Höreth 2010, 133ff.; Zohlnhöfer 2010, 152).

167 Häde 2009, 39.

168 Hofmann 2009, 102.

169 Vgl. Benz 2002b, 393; GL 2000d, 92f.; 2002d („Die Entflechtung des Bundesstaates ist eine politische Chimäre, aber schrittweise Dezentralisierung ein lohnendes Ziel": ibid., 201); 2003b, 569; 2004, 85 u. 91ff.; Scharpf 2006, 10f.

Konsens" verlangten.[170] Für den Bereich der Hochschulfinanzierung, der vollständig auf die Länder übertragen wurde (einschließlich des Hochschulbaus), äußert deshalb Manfred Schmidt bereits Bedenken, dass dies „für die Bildungsfinanzierung wenig Gutes erwarten lässt".[171] Dieser Sorge kann entgegen gehalten werden, dass der Bund bereits kurz nach der Reform begann, Möglichkeiten zu erschließen, trotzdem in der Bildungsfinanzierung – im Schul- wie Hochschulbereich – mitzumischen.[172] Es gilt daher, mit Ulrich Häde gesprochen, auch nach der Föderalismusreform: „Wo ein Wille ist, da finden sich auch Koordinierungsform und Finanzierungskanal."[173]

Unter Bezug auf Forschungsergebnisse der Politologin Ute Wachendorfer-Schmidt (*1950), die die Auswirkungen der föderalen Politikverflechtung in vier ausgewählten Politikfeldern empirisch untersucht hat, ließe sich außerdem ergänzen, dass die Verdammung der deutschen Politikverflechtung in Bausch und Bogen nicht gerechtfertigt sei, denn: „Die Politikverflechtung schafft nicht nur Probleme, sie löst auch Probleme."[174] Für diese Fälle darf beruhigt Wachendorfer-Schmidts Feststellung wiederholt werden, die zwar vor der Föderalismusreform formuliert wurde, aber auch danach nicht an Gültigkeit verloren hat: „Die Zukunft der Politikverflechtung in Deutschland ist auf lange Zeit gesichert."[175]

Politikwissenschaftliche Untersuchungen über die Wirkungen der Föderalismusreform von 2006 müssen mit Stand 2010 in ihrem Gesamturteil notwendigerweise vorläufiger Natur sein. Nachfolgende Analysen werden nicht nur die neuen Regeln, sondern im Besonderen den Umgang der politischen Akteure (der Parteien wie der föderalen Organe) mit ihnen in den Blick nehmen müssen. Ebenfalls nicht aus den Augen verlieren sollten sie dabei Lehmbruchs Analyse über den *Parteienwettbewerb im Bundesstaat*, und zwar unter der Fragestellung, welche empirischen Auswirkungen die bundesstaatliche Reform auf den von ihm analysierten Sachverhalt der widerstreitenden Handlungslogiken von föderalen Kooperationserfordernissen einerseits und Parteienwettbewerb andererseits haben. Die vorläufigen Befunde dieses Abschnitts deuten darauf hin, dass die Veränderungen gradueller Natur sein dürften.

---

170 Scharpf 2006, 10f. (erstes u. zweites Zitat); Reutter 2006, 17 (drittes Zitat).

171 Schmidt 2007, 218.

172 Vgl. Häde 2009, 44f.; Mahner/Wolf 2009, 175f.; 2010, 386ff.

173 Häde 2009, 45.

174 Wachendorfer-Schmidt 2005, 393 (H.d.O.obl.) (dazu eingehender der nächste Abschnitt); vgl. auch Benz 2002b, 392f.

175 Wachendorfer-Schmidt 2005, 408.

5.7. Würdigung

Dieses Kapitel hat Lehmbruchs Analyse des politischen Systems Deutschlands mit dem Herzstück *Parteienwettbewerb im Bundesstaat* zum Thema. Zunächst wurden seine theoretisch-konzeptionellen Grundlagen und Analyseschritte in Bezug auf die Genese des deutschen Föderalismus und des deutschen Parteiensystems nachvollzogen. Das solcherart gewonnene Konzentrat wurde anschließend mit zwei inhaltlichen Einwänden konfrontiert, die in jüngerer Zeit gegen Lehmbruchs These vom „Strukturbruch" erhoben wurden. Wolfgang Renzsch hat den Einwand erhoben, dass, entgegen der Lehmbruch'schen Darstellung, der deutsche Parteienwettbewerb zu politischen Lösungsfindungen im Föderalismus Deutschlands entscheidend beitrage. Ich habe versucht aufzuzeigen, dass Renzsch' Argumentation inhaltliche Inkonsistenzen aufweist und darüber hinaus Lehmbruchs Analyse nicht wirklich treffen kann, weil sie deren volle Komplexität nicht erfasst. In der Folge unterstellt Renzsch Lehmbruch eine Deutung, die dessen Erklärungsansatz allzu stark simplifiziert.

Die zweite Kritik, artikuliert vor allem von Roland Sturm, hat Lehmbruchs Interpretation des Zusammenhangs von Bundespolitik und Landespolitik zum Anlass. Die enge inhaltliche Verbindung zwischen Bundespolitik und Landespolitik existiere nicht, so Sturm, jedenfalls nicht in dem von Lehmbruch (und anderen) attestierten Ausmaß. Allerdings stellen sich Sturms eher allgemein formulierte Gegenargumente bei näherer Prüfung gar nicht als solche heraus, sondern sind durchaus mit der Lehmbruch'schen Analyse kompatibel. Sturms spezifisch auf die Zeit seit der Wiedervereinigung bezogener Einwand, nämlich dass sich die Beziehung zwischen Bundes- und Landespolitik infolge der vereinigungsbedingten Veränderungen im Parteiensystem und der Länderebene gelockert habe, kann Lehmbruchs Ausführungen nicht treffen, weil er diesen Sachverhalt explizit ebenso bewertet: Die Veränderungen des Parteiensystems tragen tendenziell zu einer „loseren Kopplung" bei. Allerdings hat die „Auffächerung des Parteiensystems"[176] der 1980er und 1990er Jahre die Bipolarität von CDU/CSU und SPD bislang nur insofern geändert, als auch die kleineren Parteien – die FDP eingeschlossen – in ihrer Koalitionswilligkeit deutliche Präferenzen zeigen, mithin bipolare „Lager" identifiziert werden können (mit koalitionsstrategischen Vorteilen für die Sozialdemokraten). Die zweite Große Koalition auf Bundesebene (2005-2009) ist kein überzeugender Gegenbeleg: Sie wurde von den beteiligten Akteuren als Abweichung von der politischen Normalität empfunden und hauptsächlich gebildet, weil andere denkbare Koalitionsvarianten keine Bundestagsmehrheit gehabt hätten.[177]

---

176 Wachendorfer-Schmidt 2005, 54.

177 „[S]o klar und deutlich wie 2007 wurde damals [in der ersten Großen Koalition, Anm. CJ] nicht in der Mitte der Legislaturperiode verkündet, dass man nach der nächsten Wahl neue Mehrheiten suchen müsse." (Dittberner 2007, 13).

In Richtung „loserer Kopplung“ könnten auch die Regelungen der Föderalismusreform 2006 wirken, die in Abschnitt 5.6. besprochen wurden. Mit der Föderalismusreform I wurde zwar versucht, die Politikverflechtung zwischen Bund und Ländern zu „entflechten“. Die vorläufigen politikwissenschaftlichen Untersuchungen legen allerdings nahe, dass das Ergebnis dieser Bemühungen überschaubar geblieben sein dürfte, zumal die beteiligten Akteure – etwa in der Bildungspolitik – das reformerische Trennungsdogma auf extrakonstitutionellem Wege bereits konterkarieren. Ein Ende der deutschen „Politikverflechtung“ ist nicht in Sicht. Aus diesem Grund erscheint die Hypothese plausibel, dass die Wirkungen der Föderalismusreform 2006 auf die von Lehmbruch konstatierte „Verwerfung“ allenfalls gradueller Natur sein dürften.

Am Schluss dieses Abschnitts ist zu fragen, ob Lehmbruchs Studie über *Parteienwettbewerb im Bundesstaat* angesichts der bisherigen Befunde ganz ohne Fehl und Tadel ist. Legt man das zu Beginn formulierte Gütekriterium an, *polity, policy und politics* gleichermaßen zu berücksichtigen, muss die Antwort lauten: nicht völlig. Zwar ist seine Untersuchung grundsätzlich auch anknüpfungsfähig für Politikfeldanalyse, doch widmet er selbst sich vornehmlich den politischen Institutionen und Prozessabläufen, fragt aber kaum nach den Wirkungen dieser beiden Größen auf die Politikinhalte. Das bemängelt die Heidelberger Politikwissenschaftlerin Ute Wachendorfer-Schmidt in ihren rezenten Forschungsergebnissen. In ihrer Habilitiationsschrift untersucht sie verschiedene Hypothesen der deutschen Föderalismusforschung mittels empirischer Prüfung in vier Politikfeldern auf ihre Stichhaltigkeit – auch Lehmbruchs These vom „Strukturbruch“.[178] Die Autorin beanstandet an der Lehmbruch'schen Argumentation vor allem, dass er zuwenig und zu undeutlich herausarbeite, in welchen Fällen genau der Parteienwettbewerb eine Störung der Steuerungsfähigkeit bewirke, und wann dies nicht der Fall sei.[179] Die Befunde ihrer empirischen Theorientests deuten darauf hin, dass dies der Fall sei, wenn die Bundesregierung „mehr Spielraum als gewöhnlich gegenüber den Ländern erhält.“[180] Diese Randbedingungen seien in den untersuchten Politikbereichen infolge unterschiedlicher Konstellationen zu beobachten gewesen.[181] Dabei seien in einem Fall – in Zusammenhang mit dem „Solidarpakt II“[182] – die Parteien sogar als „problemlösende Dritte“[183]

178 Wachendorfer-Schmidt 2005, 13ff.; vgl. auch ead. 1999.

179 Ihre Diskussion der „Strukturbruch-Theorie“ ist allerdings etwas unglücklich, weil sie dabei gleichzeitig Tsebelis' Vetospieler-Theorem einführt (vgl. Wachendorfer-Schmidt 2005, 48ff.). Dieses wird aber von Lehmbruch nicht benützt; es impliziert in seiner modellhaften Schlankheit (oder Kargheit) außerdem eine mitunter problematische (weil unzulässige) Reduktion empirischer Gegebenheiten (vgl. hierzu Fn. 9 in diesem Kapitel).

180 Wachendorfer-Schmidt 2005, 391.

181 Vgl. Wachendorfer-Schmidt 2005, 391f.

182 Dieser regelt bis 2019 im Rahmen des Länderfinanzausgleichs die finanzielle Förderung der ostdeutschen Bundesländer durch besondere Bundesergänzungszuweisungen.

aufgetreten: „Der Parteienwettbewerb um die Wählerstimmen im Osten förderte die Überbrückung der territorialen Verteilungskonflikte in hohem Maße."[184]

Dieser Mangel ändert aber nichts Grundsätzliches an der Einschätzung, dass *Parteienwettbewerb im Bundesstaat* zur Zeit der Erstauflage „[b]ahnbrechend"[185] war und in den 35 seither vergangenen Jahren zu einer „klassischen Studie"[186] über die Politik in der Bundesrepublik Deutschland geworden ist, nicht zuletzt weil – wie Uwe Kranenpohl in einer Rezension zur dritten Auflage der Publikation schreibt – „sich wohl nirgends sonst eine solch eindrucksvolle, am politischen Prozeß orientierte Beschreibung der Entwicklung des deutschen Föderalismus seit Gründung des Bismarckreiches findet."[187] Legt man Wilhelm Hennis' Definition zugrunde, wonach als „Klassiker" diejenigen Werke zu gelten haben, „die man immer wieder und mit immer neuem Gewinn lesen kann",[188] bleibt dem nichts hinzuzufügen: Gerhard Lehmbruchs *Parteienwettbewerb im Bundesstaat* ist ein solches Buch.

---

183 Vgl. Wachendorfer-Schmidt 1999, 29ff.

184 Wachendorfer-Schmidt 2005, 392. – Allerdings kommt auch Wachendorfer-Schmidt nach ihren empirischen Tests grundsätzlich zu dem Befund: „Nicht nur der Föderalismus engte den finanzpolitischen Spielraum der Bundesregierung nach 1990 ein, sondern auch der Parteienwettbewerb." (Wachendorfer-Schmidt 2005, 396).

185 Wachendorfer-Schmidt 2005, 36. – Ebenso Czada 2003a, 57.

186 Kriesi 2001, 123. – Auch Hartmann (2003, 172) spricht dem Buch „Klassikerqualität" zu.

187 Kranenpohl 2003, 153.

188 Hennis 1999, 367.

6. Grundsätzliche Kritik

In diesem letzten inhaltlichen Abschnitt will ich mich mit zwei ausgewählten Einwänden befassen, die als grundsätzliche Kritik an Lehmbruchs Werk zu deuten sind. Der erste, vornehmlich empirisch fundierte Einwand thematisiert seinen Versuch, die Forschungsleistungen über Konkordanzdemokratien (auch die Bundesrepublik) und Korporatismus gleichsam synthesisch in einem Konzept zu fassen. Die zweite Anfechtung ist theoretisch-konzeptioneller Natur und betrifft Lehmbruchs Erklärungsansatz im Rahmen des empirisch-analytischen Wissenschaftsverständnisses, den historischen Institutionalismus und das Konzept von der Pfadabhängigkeit.

6.1. Die „westmitteleuropäische Verhandlungsdemokratie"

In einem Aufsatz jüngeren Datums, der 1996 in der *Schweizerischen Zeitschrift für Politische Wissenschaft* erschienen ist, argumentiert Gerhard Lehmbruch, dass die vergleichende Betrachtung von Struktur- und Interaktionsmustern in den drei politischen „Arenen" des Föderalismus, des Parteienwettbewerbs und des Korporatismus in fünf mitteleuropäischen Staaten die These begründen könne, es handele sich bei diesen Staaten – gemeint sind Deutschland, Österreich, die Schweiz, die Niederlande und Belgien – um einen „Demokratietypus *sui generis*", nämlich die „westmitteleuropäische korporative Verhandlungsdemokratie".[1] Diese sei insbesondere von den großen westeuropäischen Demokratien Frankreichs und Englands verschieden, die weit stärker „auf ‚pluralistisch' freier Einigung" beruhten.[2]

Die historischen Wurzeln der „westmitteleuropäischen Verhandlungsdemokratie" macht Lehmbruch „schon in der Phase der institutionellen Ausbildung des neuzeitlichen Staates" aus,[3] in welcher „ein Bündel von einander eigentümlich verwandten nationalspezifischen Entwicklungspfaden"[4] dazu geführt habe, dass sich nicht nur bestimmte Strukturmuster institutionell verfestigt hätten, sondern auch „Strategierepertoires", die in das „staatliche Steuerungsinstrumentarium" eingegangen seien.[5] Für die frühe Neuzeit müsse man das Augenmerk vor allem auf die religiösen Pazifizierungsstrategien in Mitteleuropa richten, weil die konfessionelle Scheidelinie dereinst – und lange Zeit – die dominierende gewesen sei: „Verhandlungssysteme von korporativ verfassten monopolistischen

1 GL 1996a, 23 (H.i.O.).

2 GL 1996a, 37.

3 GL 1996a, 22.

4 GL 1996a, 26.

5 GL 1996a, 30. – Vgl. zum Zusammenhang von Verwaltungsstruktur und Interessenvermittlung zuerst GL 1987.

Verbänden wurden zuerst in den mitteleuropäischen Religionsfriedensschlüssen [...] etabliert."[6]

Nicht nur die kleineren westmitteleuropäischen Staaten fügen sich danach in das verhandlungsdemokratische Muster ein, sondern auch Deutschland:

> Die politischen Strukturen Deutschlands haben heute offenbar weit mehr Ähnlichkeit mit denen der kleinen Nachbarländer Westmitteleuropas, als wir das in der Vergangenheit gesehen haben. Die Kleinstaatenthese reicht somit als Erklärung offensichtlich nicht aus.[7]

Lehmbruch erläutert dies folgendermaßen: Als nach der konservativen „Wende" der frühen 1980er Jahre die englische Regierung unter Margaret Thatcher (*1925) und die US-amerikanische unter Ronald Reagan (1911-2004) „zielbewusst korporatistische Strukturen zerschlug[en]", habe die CDU/CSU-FDP-Regierung unter Helmut Kohl nichts dergleichen versucht, sondern im Gegenteil „auf korporatistische Strategien gesetzt und korporative Strukturen ausgebaut."[8] Das „verhandlungsdemokratische Moment" sei überdies „zusätzlich gestärkt worden, seit die konservativ-liberale Regierung ebenso mit einer Bundesratsmehrheit der Opposition konfrontiert ist".[9] So sei in Deutschland – wie auch in den anderen vier Staaten – der Parteienwettbewerb „durch die Verflechtung mit den verhandlungsdemokratischen Strukturen [...] begrenzt."[10]

Dieser Versuch Lehmbruchs, seine verschiedenen Forschungsleistungen in einer Synthese aufgehen zu lassen, ist aus verschiedenen Gründen kritisierenswert. Ich will nicht verhehlen, dass ich seine diesbezügliche Argumentation für weit weniger überzeugend halte als die einzelnen Teile seines Werkes. Warum?

Den ersten wichtigen Einwand hat insbesondere ein akademischer Schüler Lehmbruchs formuliert (wenngleich implizit[11]): Roland Czada (*1952), der als Professor an der Universität Osnabrück lehrt. Er weist darauf hin, dass eine typologische Zusammenfassung von „Verhandlungsdemokratie" die Gefahr in

---

6 GL 1996a, 32; vgl. auch id. 1996c, 746.

7 GL 1996a, 26; vgl. auch id. 2002b.

8 GL 1996a, 26. – Es sei angemerkt, dass dieser Vergleich schon deshalb wenig glücklich ist, weil die britischen *Conservatives* und die US-*Republicans* zur konservativ-säkularen Parteifamilie zählen, die deutschen Unionsparteien dagegen zur christdemokratischen. Die Befunde der Parteiendifferenzforschung indizieren, dass zwischen beiden große Unterschiede hinsichtlich der Staatstätigkeit bestehen (vgl. Schmidt 1996; 2010b, 362ff.).

9 GL 1996a, 26.

10 GL 1996a, 23.

11 Czada bezieht seine Kritik im Wesentlichen auf Arbeiten von Lijphart und Schmidt (vgl. unten Fn. 16) und rekurriert bei der Erklärung des Zusammenhangs von Verhandlungsdemokratie und Sozialpolitik sogar auf Lehmbruchs Aufsatz (!) (vgl. Czada 2003b, 191). Dabei übersieht er, dass seine Kritik auch auf dessen Ausführungen zutrifft. (Dass Lehmbruch seine Typologie entwicklungsgeschichtlich begründet, ändert nichts Wesentliches.)

sich berge, die fruchtbare analytische Trialität einem „eindimensionalen“[12] bzw. „mit einer Reihe von sehr unterschiedliche[n] Elemente[n] überfrachtete[n] Konzept“[13] zu opfern, das „Politikverflechtung, Konkordanzdemokratie und Korporatismus in einer Variable zusammenfaßt“.[14] Konkordanzdemokratie habe, so Czada,

> mit Phänomenen wie föderaler Politikverflechtung nichts zu tun. Im Gegenteil: Die Schweiz, Österreich, die Niederlande oder die korporatistischen Phänotypen der Verhandlungsdemokratie in Schweden und Norwegen sind gerade nicht wie die USA, Deutschland und Frankreich durch gegenmajoritäre Institutionen oder Politikverflechtung zwischen Verfassungsorganen gekennzeichnet.[15]

Es stelle sich die Frage, so Czada weiter, „warum zahlreiche für sich allein genommen schon recht aussagekräftige Systemmerkmale zu einem einzigen typologischen Konstrukt verknüpft werden sollen“,[16] schließlich seien „unterschiedliche Verhandlungsarenen [...] und Arten des Zusammenwirkens institutioneller Merkmale enthalten“.[17] Ein zweiter akademischer Lehmbruch-Schüler, Manfred Schmidt, ist der Auffassung, dass die Staat-Verbände-Beziehungen „begrifflich von Föderalismus oder Einheitsstaat strikt zu trennen“ seien.[18]

Neben der empirischen Evidenz weist Czada auf einen fundamentalen qualitativen Unterschied zwischen verhandlungsdemokratischer Interaktion im Parteiensystem und den Staat-Verbände-Beziehungen auf der einen Seite und im Bundesstaat auf der anderen Seite hin: Während Erstere formal nicht verrechtlicht sind und die beteiligten Akteure daher prinzipiell über die Alternative bzw. das Druckmittel des Austritts verfügen (sie sind also „instabile, prekäre Arrangements der Konsensmobilisierung“[19]), üben föderale Politikverflechtungen aufgrund ihrer kodifizierten (in der Regel sogar konstitutionell verankerten) Natur einen verhandlungsdemokratischen Imperativ ohne *exit option* aus.[20] Was passiert, wenn dieser auf ein grundsätzlich kompetitiv ausgerichtetes Parteiensystem trifft, hat Gerhard Lehmbruch am Beispiel Deutschlands präzise analysiert, wie wir in Kapitel 5 gesehen haben.

---

12 Czada 2000, 28.

13 Czada 2003b, 177.

14 Czada 2000, 28.

15 Czada 2000, 34f.; 2003a, 53.

16 Czada 2003b, 180. – Czada bezieht sich hier konkret auf Manfred Schmidts „Index der Vetospieler“ (Schmidt 2010b, 332ff.) sowie ferner auf Lijpharts Kriterien für *consensus democracy* (Lijphart 1999; vgl. auch die Übersicht in Schmidt 2010b, 322).

17 Czada 2003b, 182, in Bezug auf Lijphart 1999.

18 Schmidt 2010b, 330, ebenfalls in Bezug auf Lijphart 1999.

19 Czada 2003b, 184.

20 Vgl. Czada 2003a, 54; 2003b, 184f.

Im Gegensatz dazu zeigen konkordanzdemokratische politische Systeme offensichtlich eine besondere Affinität zu korporatistischen Staat-Verbände-Beziehungen – auch diesen Sachverhalt hat Lehmbruch untersucht, wie Kapitel 4 gezeigt hat. Dennoch ist Vorsicht angebracht, denn die Wirkmechanismen zwischen Konkordanzdemokratie und Korporatismus sind im Einzelnen weniger gut erforscht als die Wechselseitigkeit von Konkordanz und Föderalismus. Das hat wesentlich damit zu tun, dass der internationale Vergleich von Staat-Verbände-Beziehungen weiterhin an den von Schmitter und Lehmbruch konstatierten methodischen Schwierigkeiten laboriert. Nach wie vor sind sich die Sozialwissenschaftlerinnen und -wissenschaftler nicht einig, welche Operationalisierung den interessierenden Sachverhalt am relativ besten erfasst. Das wiederum hat zur Folge, dass die zugrunde liegenden Definitionskriterien zwar tendenziell konvergieren, im einzelnen Untersuchungsfall aber mitunter beträchtliche Unterschiede in der Bewertung ausgemacht werden können.[21] Empirische Befunde weisen des Weiteren darauf hin, dass konkordanzdemokratische Konfliktregelung keine notwendige Bedingung zur Ausbildung korporatistischer Institutionen ist:[22] Das belegen die nordeuropäischen Staaten, insbesondere Norwegen und Schweden. Offensichtlich gibt es zumindest zwei Wege zum Korporatismus: einen skandinavischen und einen westmitteleuropäischen.[23] Dies legt auch ein rezenter Index des kanadischen Politologen Alan Siaroff nahe, der in der Politikwissenschaft große Beachtung gefunden hat.[24] Siaroff zufolge sei zwischen „non-integrated" und „integrated political economies" zu unterscheiden. „Integration" definiert er als

> a long-term co-operative pattern of shared economic management involving the social partners and existing at various levels such as plant-level management, sectoral wage bargaining, and joint shaping of national policies in competitiveness-related matters (education, social policy, etc.)[25]

---

21 Vgl. z.B. die Varianz der zwölf verschiedenen Korporatismus-Messkonzepte in einzelnen Fällen, die Lijphart und Crepaz zur Konstruktion ihres „composite measure of corporatism" (Lijphart/Crepaz 1991) herangezogen haben (ibid., 240).

22 Vgl. etwa die Forschungskontroverse über den Zusammenhang von Konkordanzdemokratie und Korporatismus zwischen Arend Lijphart und Markus Crepaz auf der einen sowie Hans Keman und Paul Pennings (*1960) auf der anderen Seite (Keman/Pennings 1995; Crepaz/Lijphart 1995).

23 So auch Czada 2003a, 58; vgl. ferner Karlhofer 2002; Reutter 2001, 21; 2002, 510.

24 Siaroff 1999.

25 Siaroff 1999, 189. – Siaroff definiert den interessierenden Sachverhalt mithilfe zweier Dimensionen: den *functional roles* und *behavioral patterns*, die er in insgesamt acht Variablen operationalisiert (vgl. ibid., 194) und zu vier Zeitpunkten misst (vgl. ibid., 190ff.). Er verzichtet bewusst darauf, strukturelle Merkmale von Verbänden zu berücksichtigen und greift damit einen Einwand auf, den u.a. Lehmbruch geäußert hatte: „[F]rom the existence of centralization and representational monopoly, the emergence of [corporatist,

Der Kanadier sieht den Vorzug seines „integration index" vor allem darin, dass mit dessen Hilfe die unklaren Fälle der Korporatismusforschung – zuvorderst Japan und die Schweiz – eindeutig zugeordnet werden können: Sie seien, zusammen mit den skandinavischen Staaten, Österreich, Deutschland, Belgien, den Niederlanden und einigen weiteren Ländern Teil der „integrated political economies".[26] Das erhärtet die These von der „westmitteleuropäischen Verhandlungsdemokratie" hinsichtlich des Zusammenspiels von konkordanzdemokratischen und korporatistischen Politikmustern; sie erscheint in diesem Kontext plausibler als in Bezug auf den Föderalismus.

Wie ist es schließlich um das Verhältnis von Korporatismus und bundesstaatlichen Strukturen bestellt? Hier sind gesicherte Aussagen noch schwieriger, weil bislang „die Beziehung zwischen Korporatismus und konstitutionellen Vetostrukturen in der Politikwissenschaft kaum Beachtung [fand]."[27] Roland Czada stellt die Vermutung an, dass

> sich Korporatismus und föderale Politikverflechtung in der Tendenz wechselseitig ausschließen, weil Korporatismus eine handlungsfähige zentralstaatliche Regierung erfordert, wie sie gerade ein politikverflochtenes Regierungssystem in der Regel nicht hervorbringt; vor allem dann wenn konstitutionelle Vetospieler konkurrierende, nicht in Regierungskoalitionen eingebundene Parteien repräsentieren.[28]

Diese These ist allerdings mit einem Fragezeichen zu versehen. Gerhard Lehmbruch hat – vor allem am Beispiel Österreichs – analysiert, dass makrokorporatistische Interessenvermittlung unter bestimmten Umständen dazu dienen kann, die Regierung von potenziell höchst konfliktträchtigen politischen Entscheidungen in wirtschafts- und sozialpolitischen Belangen zu entlasten und diese zu „entpolitisieren",[29] indem sie auf die Sphäre der Interessenverbände ausgelagert werden. Das trifft auch auf die Zeit der österreichischen Alleinregierungen von ÖVP (1966-1970) und SPÖ (1970-1983) zu.[30] Das bundesdeutsche Exempel, das Czada bei der Thesenformulierung wohl vor allem im Blick hatte, entspricht seiner Vermutung weitaus mehr. In diesem Fall waren dem Versuch makrokor-

---

Anm. CJ] concertation cannot be inferred *a priori.* [...] [It] should therefore be measured separately." (GL 1984a, 65, H.i.O.).

26 Siaroff 1999, 197.

27 Czada 2003a, 57. – Eine Studie von Armingeon (2002) zu Verbänden und Föderalismus indiziert „strukturelle Isomorphien" insofern, als „[i]n nicht-unitarischen Bundesstaaten [..] die regionalen Differenzen vergleichsweise groß [sind]; in Einheitsstaaten sind sie klein; und die Verbändesysteme unitarischer Staaten gleichen eher jenen der Einheitsstaaten" (ibid., 227). Über die Föderalismus-Korporatismus-Frage ist damit aber noch nichts gesagt.

28 Czada 2003a, 57f. – Vgl. für ähnliche Annahmen bereits Schmitters (1979, 22) korporatistischen Initialtext.

29 GL 1984a, 77; vgl. auch GL 1977, 120.

30 Vgl. GL 1977, 112; 1979d, 58ff.; 1984a, 76; 1984b.

poratistischer Steuerung keine nennenswerten Erfolge beschieden, obgleich sich in einzelnen Politikfeldern sektorale bzw. mesokorporatistische Strukturen institutionalisieren konnten, in denen der Staat aber eine gegenüber dem Makrokorporatismus distinkte Rolle spielt – eine Erkenntnis, die sich wiederum (unter anderen) auf Lehmbruchs Forschungsarbeiten berufen kann.[31]

Diese Überlegungen leiten bereits über zum zweiten zentralen Einwand gegen die These von der „westmitteleuropäischen Verhandlungsdemokratie“: Sie berücksichtigt nicht nur ungenügend die unterschiedlichen Qualitäten der drei verschiedenen Dimensionen sowie mögliche negative Korrelationen untereinander, sondern führt auch tendenziell dazu, die Varianz einer jeweiligen Dimension über die fünf Staaten hinweg zu vernachlässigen.[32]

Aufgrund der ausgeführten beiden Gründe ist es meines Erachtens weder empirisch angezeigt noch analytisch fruchtbar, Deutschland, Österreich, die Schweiz, Belgien und die Niederlande als einen „Demokratietypus sui generis“ zu definieren. Gerhard Lehmbruchs Aufsatz von 1996 ruft der gegenwärtigen Vergleichenden Politikwissenschaft aber in Erinnerung, dass hinsichtlich der Wechselwirkungen von konkordanzdemokratischen Politikmustern, korporatistischen Staat-Verbände-Arrangements und föderalen Staatsstrukturen nach wie vor Forschungsbedarf besteht, und er sollte sie ermuntern, sich eingehender und vor allem systematisch damit zu beschäftigen. Ein potenziell eminentes Explanans – das zeigt Lehmbruchs Abhandlung von 1996 stellvertretend für sein Gesamtwerk – sollte dabei auf jeden Fall bedacht werden: die historische Entwicklung.

6.2. Historischer Institutionalismus, Pfadabhängigkeit – und Wandel?

Die entwicklungsgeschichtliche Fundierung seiner politikwissenschaftlichen Analysen hat Gerhard Lehmbruch immer wieder Lob eingebracht. Von anderen wurde sie aber auch – aus unterschiedlichen Gründen – beanstandet.[33] Aus den Einwänden lässt sich meines Erachtens eine zentrale – weil grundsätzliche – Kritik destillieren, die auf Lehmbruchs genetisch-institutionalistischen Ansatz (mit dem Konzept der Pfadabhängigkeit) zielt und diesem impliziten Konserva-

---

31 Vgl. GL 1984a sowie in Zusammenhang mit dem Transformationsprozess und „Institutionentransfer“ nach der deutschen Wiedervereinigung id. 1992a; 1994a; 1994b; 1996b; 1998b; 2003b; 2003c; Lehmbruch/Mayer 1998.

32 Es ist hier nicht möglich, die Varianz der drei verhandlungsdemokratischen Dimensionen in Bezug auf die einzelnen fünf Staaten zu thematisieren. Die kritische Besprechung soll lediglich, der Kapitelüberschrift folgend, das Grundsätzliche aufzeigen.

33 Zur frühen Kritik im Kontext der *Proporzdemokratie* vgl. oben Kap. 3.

tismus, ja sogar tendenziellen Determinismus vorwirft.[34] Zuletzt hat der Augsburger Politologe Rainer-Olaf Schultze (*1945) diesen Vorwurf formuliert:

> Er [Gerhard Lehmbruch] reduziert [..] die Möglichkeiten qualitativen Institutionenwandels unzulässigerweise auf einige wenige Ausnahmesituationen epochalen Charakters und leistet indirekt der Gefahr des Status-quo-Denkens Vorschub.[35]

Nun ist der Vorwurf des impliziten Konservatismus zwar bezüglich institutioneller Theorien ein besonders häufig geäußerter,[36] aber nicht auf diese allein beschränkt. Der Hamburger Soziologe Jürgen Beyer argumentiert sogar, dass den Sozialwissenschaften per se ein „impliziter Konservatismus“ innewohne, der sich aus den „Limitationen wissenschaftlichen Kausalerklärens“ ergebe:

> Nichtlineare Verursachungszusammenhänge, spontane Koinzidenzen, statistische Seltenheiten oder Singularitäten entziehen sich weitgehend der sozialwissenschaftlichen Prognostik. Eventuelle Innovationspotenziale werden daher allenfalls anhand vergangener Ereignisse extrapoliert, die kontingenten Möglichkeiten können hierbei aber nicht systematisch in Rechnung gestellt werden. Dies hat auf die Bewertung des ‚Neuen' Rückwirkungen, denn die Beschränkungen und Risiken, die sich aus den Widersprüchen mit dem bestehenden Kontext ergeben, geraten leicht in den Blick, während die in einem neuen Kontext sich entwickelnden Möglichkeiten systematisch ausgeblendet beziehungsweise deutlich unterschätzt werden.[37]

Ist die Konservatismus-Kritik speziell am Lehmbruch'schen Ansatz also hinfällig, wenn man Beyers Argumentation akzeptiert? So leicht sollte man es sich nicht machen. Beyer betont nämlich auch, dass die „Gefahr des impliziten Konservatismus“ bzw. „konservativen Bias“ in Zusammenhang mit dem Konzept der Pfadabhängigkeit „besonders groß“ sei:[38]

> Die Dauerhaftigkeit und Kontinuität von Institutionen, die vielfach als Garant für deren Wirkung angesehen wird, nimmt im Konzept der Pfadabhängigkeit problematische Züge an. Dies vor allem deshalb, weil die Stabilitätsneigung pfadabhängiger Prozesse in aller Regel als ausgesprochen hoch eingestuft wird.[39]

Daran anknüpfend könnte man die Argumentation der Konservatismus-Kritik gegenüber Lehmbruch folgendermaßen präzisieren: Sein Ansatz enthalte in zweierlei Hinsicht deterministische Tendenzen. Erstens verleite die Theorie der Pfadabhängigkeit dazu, eine Institutionenordnung mit sehr langer Entwicklungsgeschichte (d.h. lang anhaltender Selbstreproduktion) für quasi unabänder-

---

34 Gemeint ist selbstredend Konservatismus in einem weiteren, nicht genuin politischen Sinne.

35 Schultze 2004, 281 (im Rahmen einer kritischen Würdigung von GL 2000a).

36 Vgl. z.B. Beyme 1992, 70: „Der institutionelle Ansatz war [..] zu allen Zeiten mit dem Odium der Konservativität belastet.“

37 Beyer 2006, 11.

38 Beyer 2006, 12 u. 13.

39 Beyer 2006, 12.

lich zu erklären. Zweitens führe die institutionenorientierte Sichtweise dazu, dass Akteure, die innerhalb einer solchen Institutionenordnung agieren, ihre Handlungslogik von eben dieser Ordnung gleichsam präskribiert bekämen.

Beide Einsprüche hat Gerhard Lehmbruch in Publikationen jüngeren Datums zurückgewiesen: Die Kritik der Pfadabhängigkeits-These ignoriere, dass Pfadentwicklungen oftmals auf geschichtlichen Zufälligkeiten oder eigentümlichen zeitgebundenen Umständen gründeten, und dass im Folgenden eine Weiterentwicklung nur stattfinden könne, wenn ausreichend selbstreproduzierende Mechanismen zum Einsatz kämen (was keinesfalls sicher sei). Schließlich könne es aus verschiedenen Gründen zu Störungen dieser Mechanismen kommen, sodass der Pfad abgebrochen werde. Und selbst überaus persistente Pfadentwicklungen könnten unter externer Schockeinwirkung abrupt zusammenbrechen.[40] Dem zweiten Einwand hält Lehmbruch entgegen, er erfasse zwar richtig die enge Verknüpfung von Handlungslogiken und Institutionenstrukturen, verkenne aber, dass dieser Verknüpfung ein lediglich probabilistischer Wirkungszusammenhang innewohne, da institutionelle Arrangements immer einen – mehr oder minder breiten – Spielraum für alternative Handlungsweisen offen ließen. Handeln sei deswegen gerade „*nicht* die gleichsam mechanische Reaktion auf institutionelle Anreize."[41] Aus diesem Grund will Lehmbruch den historisch-institutionalistischen Ansatz auch nicht als Gegensatz zum Forschungskonzept des rationalen Wahlhandelns (*rational choice*) verstanden wissen, sondern komplementär dazu.[42] Das ist eine Auffassung, in der er sich mit Fritz Scharpfs und Renate Mayntz' akteurzentriertem Institutionalismus trifft.[43] Hier liegt eine potenziell befruchtende theoretische Ergänzung,[44] die Gerhard Lehmbruch in seinen Forschungsarbeiten des Öfteren – wenngleich nicht immer systematisch – berücksichtigt hat.

Manche Vertreter der Konservatismus-These scheinen zu übersehen, dass Lehmbruch sich zwar eines *institutionalist approach* bedient, dass dieser aber

---

40 Vgl. GL 2002a, 62 u. passim.

41 GL 2000a, 17 (H.d.V. CJ).

42 Vgl. GL 2000a, 200.

43 Vgl. bereits Scharpf 1985b, 166: „Institutionen scheinen mir wichtig als Restriktionen des politischen Handelns, aber sie können den politischen Prozeß nur selten vollständig determinieren: jenseits der institutionellen Restriktionen beginnt das Reich der ideologischen Ziele und Wirklichkeitsperzeptionen, der Strategie und Taktik, und der historisch kontigenten Interaktionen zwischen den Handlungspotentialen und Handlungsstrategien unterschiedlicher Gruppen und Individuen" (vgl. ferner Mayntz 2009b; Mayntz/Scharpf 1995; Scharpf 2000).

44 Die US-amerikanische Politologin Kathleen Thelen (*1956) argumentiert – meines Erachtens überzeugend – in einem Aufsatz jüngeren Datums, dass historischer Institutionalismus und *rational-choice*-Institutionalismus weniger weit auseinander lägen, als dies von vielen Forschenden angenommen wird, und dass beide miteinander vereinbar seien (vgl. Thelen 1999).

ein neo-institutioneller, durch die kritische Rezeption besonders von Erkenntnissen der *behavioral revolution* erweiterter ist, denn es wird, mit Klaus von Beyme gesprochen, „*nicht alles* mit Institutionen erklärt.“[45] Indes hegt Beyme offensichtlich Zweifel, ob Lehmbruch nicht dennoch allzu sehr Institutionalist geblieben sei:

> Der Political-Culture-Ansatz hat große Verdienste im Kampf gegen eine rein institutionelle Auffassung von Politik. Durch die Überbetonung der prozeduralen Aspekte der Konfliktschlichtung – etwa bei Lehmbruch – droht jedoch der Institutionalismus wiederaufzuleben.[46]

Bereits die ersten Forschungsarbeiten über *Proporzdemokratie* weisen jedoch aus, dass Gerhard Lehmbruch sich sehr wohl mit der Frage nach den Bedingungen von institutioneller Stabilität und institutionellem Wandel beschäftigt.[47] Sein Eintreten für föderale Änderungen mit Augenmaß im Rahmen der bundesdeutschen Föderalismusreform belegt außerdem, dass er auch politikpraktisch Veränderungen im Sinne von *bounded change* für möglich und (jedenfalls bisweilen) wünschenswert erachtet.[48]

Allerdings hätte Lehmbruch in seinen neueren Schriften bei der Anwendung des Theorems von der Pfadabhängigkeit stärker explizieren können (und, besieht man die Kritik der Konservatismus-These, wohl auch sollen), welches die jeweils zugrunde liegenden Mechanismen zur Reproduktion eines bestimmten Pfades sind, wodurch die Richtung des Pfades geändert wurde bzw. werden könnte[49] und vor allem, wie stark oder schwach sich korrelierende bzw. kausal zusammenhängende Pfade relativ zueinander verhalten, denn

> Pfadabhängigkeit ist nicht gleich Pfadabhängigkeit! [...] [E]s macht einen Unterschied, auf welchem Mechanismus eine historische Kontinuität beruht, weil die Anfälligkeit [für Wechsel, Anm. CJ] jeweils unterschiedliche Ursachen hat.[50]

Eine wichtige Ursache kann „intentionale[s], interessengeleitete[s] Handeln von Akteuren, das darauf abzielt, die Legitimität existierender Institutionen in Frage zu stellen“,[51] sein. Besonders in dieser Hinsicht könnte eine konsequentere Berücksichtigung des akteurzentrierten Institutionalismus – der im Übrigen

---

45 Beyme 1992, 76 (H.i.O.).

46 Beyme 1992, 169 (H.d.O.obl.).

47 Vgl. GL 1967a, 51ff.

48 Vgl. oben Kap. 5.6.

49 Der Dualismus von *fundamental* und *bounded change* erscheint analytisch zu eng. Besser sollte unterschieden werden zwischen a) graduellem Wandel mit geringfügigen, adaptiven Effekten, b) abruptem Wandel mit umfangreichen transformativen Wirkungen und c) graduellen transformativen Veränderungen (vgl. Quack 2006, 183).

50 Beyer 2006, 28 u. 36 (zur Diskussion über Anfälligkeit von pfadabhängigen Prozessen vgl. ibid., 27ff.).

51 Quack 2006, 177. Vgl. auch Seibel 1997, 369f.

Akteurintentionen erst *nach* institutionellen Erklärungsfaktoren berücksichtigt[52] – den theoretischen Zugang, den Lehmbruch in seiner Forschung gewählt hat, noch aufwerten.

Diese kritische Einschränkung ändert jedoch nichts Wesentliches an der Feststellung, dass Gerhard Lehmbruchs politikwissenschaftliches Werk nicht durch institutionelle Starre gekennzeichnet ist. Richtig ist, dass er seit jeher allen Ansinnen von *social engineering*, d.h. umfassenden politischen Reformen sozusagen am Reißbrett des planenden Sozialtechnologen, mit großer Skepsis begegnet ist: Institutionen ließen sich nicht einfach transferieren, weil die kulturellen Kontextbedingungen verschiedene seien und zuerst genau analysiert werden müssten.[53] Diese Auffassung ist tief in Gerhard Lehmbruch verankert; sie ist nicht nur Teil des „Wissenschaftlers Lehmbruch“, sondern durchdringt den „ganzen Menschen Lehmbruch“.[54] Zurückführen lässt sie sich auf seinen persönlichen Erfahrungs- und Wertehorizont, der geprägt ist vom Miterleben der nationalsozialistischen „Katastrophe“,[55] aber auch – und nicht zuletzt – von der akademischen Schulung, die er in seinem theologischen und politikwissenschaftlichen Studium erfahren hat. In einem Festschriftbeitrag aus Anlass des 85. Geburtstages seines akademischen Lehrers Theodor Eschenburg schwingt diese Haltung implizit mit, wenn Lehmbruch dessen verständnisloses Auftreten gegenüber den rebellischen „1968ern“ schildert:

> [D]ie institutionellen Voraussetzungen für die friedliche und geregelte Austragung von Konflikten und die Gewährleistung bürgerlicher Freiheit waren [in den 1950ern, Anm. CJ] noch keineswegs selbstverständlich. Theodor Eschenburg vermittelte das Verständnis dafür und lehrte uns, daß demokratische Politik nur als rationaler Prozeß funktionieren könne – rational gerade auch in der institutionellen Einbindung des Handelns. Die Offenheit für ein solches Politikverständnis wurde mit dem kulturellen Bruch erschüttert, den es dann gegen Ende der sechziger Jahre gab. Die empirische Sozialforschung hat die neue Generation als ‚postmaterialistisch' charakterisiert, aber sie war doch wohl noch viel ausgeprägter ‚postrationalistisch'. Der neue Kult einer expressiven Politik, der dramatischen Inszenierungen und der fundamentalistischen Begründungen konnte Eschenburgs Sache nicht sein.[56]

Man darf hinzufügen: Auch Gerhard Lehmbruchs Sache war er nicht (wenngleich, so ist zu ergänzen, schon allein ob des Generationenunterschieds aufgrund anderer individueller Prägungen). Wer dies als Konservatismus deuten

---

52 Vgl. Mayntz/Scharpf 1995, 66.

53 Vgl. auch Lehmbruchs Einschätzung bezüglich der jüngsten deutschen Universitätsreform mit der Umstellung der Studiengänge auf Bachelor/Master: GL 2010b, 32ff.

54 Diesen Eindruck habe ich im Interview mit ihm gewonnen. Das Interview-Transkript (GL 2010b) kann dies, wie jede Übertragung eines Gespräches in die Schriftform, nur unzulänglich wiedergeben.

55 Winkler 2005, Kap. 1.

56 GL 1990b, 59.

will, mag es tun. Es scheint mir allerdings, dass ein solches Urteil über Gerhard Lehmbruch zwar nicht rundweg falsch ist, aber – vor dem Hintergrund seines lebensgeschichtlichen und wissenschaftlichen Entwicklungspfades – doch eine Verkürzung darstellt. Es wird, so meine ich, weder dem Menschen noch dem Wissenschaftler Gerhard Lehmbruch völlig gerecht.

7. Schluss

Die vorliegende Arbeit hat den (wissenschaftlichen) Werdegang und das politikwissenschaftliche Œuvre von Gerhard Lehmbruch zum Thema. Sein Schriftenverzeichnis ist ebenso umfang- wie facettenreich, und das, obwohl er sich selbst als politikwissenschaftlich „Spätberufenen"[1] betrachtet. Um in dem für eine Magisterarbeit vertretbaren Rahmen zu bleiben, habe ich diejenigen Teile seines Werkes zur Betrachtung ausgewählt, die national und international die relativ weiteste Beachtung in der *scientific community* erfahren haben und von vielen ihrer Mitglieder als herausragend angesehen werden: Seine Forschung über Konkordanzdemokratien, über (liberalen) Korporatismus und über den deutschen Bundesstaat. Sie wurden in den vorangegangenen Kapiteln kritisch gewürdigt.

Das erste Erkenntnisinteresse der vorliegenden Arbeit galt der Frage, worauf diese weithin geteilte fachwissenschaftliche Einschätzung beruht, und ob sie gerechtfertigt ist. Zu diesem Zweck wurde in allen drei politikwissenschaftlichen Kapiteln mit dem Gütekennzeichen „bester Politikwissenschaft" (Manfred Schmidt) Maß genommen, welches nach der umfassenden und angemessenen Berücksichtigung der drei englischen „P", *polity*, *policy* und *politics*, fragt. Gerhard Lehmbruchs Beiträge zur Vergleichenden Politikwissenschaft und Forschung über das Politische System Deutschlands passieren dieses Kriterium mit guten bis sehr guten Noten. Eindrücklichster Beleg für die Fruchtbarkeit seines theoretisch-analytischen Zugangs und der von ihm (weiter-) entwickelten theoretischen *concepts* und *approaches* ist die national wie international breite und lang anhaltende Rezeption. Sein Weg zum entwicklungsgeschichtlich-neoinstitutionalistischen Ansatz begann bereits mit dem Studium der evangelischen Theologie, wie in Kapitel 2 gezeigt wurde. Lehmbruchs Untersuchungen über Konkordanzdemokratie, korporatistische Interessenvermittlung und die Zusammenhänge von Parteienwettbewerb und Bundesstaat in Deutschland sind keine wissenschaftsmodischen „Eintagsfliegen", sondern haben sich in der vergleichenden Analyse politischer Systeme bis heute bewährt. (Kleinere Modifikationen oder Spezifikationen schließt dies nicht aus, im Gegenteil: Es bedingt sie.) Der Eingang der von ihm geprägten Termini „Konkordanzdemokratie" und „liberaler Korporatismus" sowie der „Strukturbruch"-These in den Sprach- und Analyseschatz der modernen Vergleichenden Politikwissenschaft ist dafür der augenscheinlichste Beweis. „Gute" Politikwissenschaft veraltet also zumindest dann nicht so schnell, wenn sie eine logisch konsistente, möglichst widerspruchsfreie, informationsgesättigte, gleichzeitig möglichst sparsame, prognosefähige und mittels Hypothesen testbare Theorie zugrunde legt,[2] die über eine hohe Erklärungskraft verfügt bezüglich erfahrungswissenschaftlicher Tatbestän-

---

[1] Vgl. GL 1997b, 192.

[2] Vgl. Schmidt 2010a, 803.

de, welche zwar bekannt, aber in der Wissenschaft analytisch noch nicht angemessen eingeordnet worden sind. Das gilt (mit Ausnahme seiner ganz frühen korporatistischen Studien) für alle Untersuchungen von Gerhard Lehmbruch. Seine Schriften zeichnen sich darüber hinaus durch eine bemerkenswerte Klarheit und Nachvollziehbarkeit in der Darlegung der theoretisch-konzeptionellen Erklärungsgrundlagen und deren Anwendung auf die Analyse des empirischen Materials aus. Die interessierenden Untersuchungsgegenstände – das Entstehen und Zusammenwirken von Konfliktregelungsmustern in verschiedenen Teilbereichen politischer Systeme – sind hochkomplex. Aus diesem Grund weist das theoretisch-konzeptionelle Instrumentarium, dessen sich Lehmbruch bedient, auch einen vergleichsweise hohen Komplexitätsgrad auf: Vielschichtige empirische Phänomene gestatten auf der Ebene theoretischer Erklärungsansätze nur ein gewisses Maß an Komplexitätsreduktion, wenn sie ihren Anspruch auf sachangemessene Analysefähigkeit nicht verlieren wollen. Deshalb verhält sich Gerhard Lehmbruch gegenüber den Angeboten reduktionistischer Forschungsmodelle auch reserviert: Konzeptionelle Schlankheit – so könnte man sein Theorienverständnis wohl paraphrasieren – sei gut und schön, man müsse dabei aber Acht geben, dass es nicht zu magersüchtigen Explanationen führe. Gerhard Lehmbruch gelingt es in seinen Arbeiten, diese Gefahr auf Abstand zu halten, ohne sich deswegen im selben Atemzug einer theoriefixierten Perspektive anheim zu geben, in welcher der Bezug zur Empirie verloren geht. Dem beugt die Orientierung an *middle-range theories* im Sinne Robert Mertons vor.[3] Trotz aller theoretischen Innovationskraft, die Lehmbruchs Arbeiten aufweisen, ist ihr Verfasser niemals ausschließlich theoriebezogen: „Es ist die stillschweigend eingeführte Verbindung von Theorie und Erfahrung, die Gerhard Lehmbruchs Analysen auszeichnet, und die sich im übrigen auch in vielen Beiträgen seiner Schüler findet."[4]

Bereits seine frühen Untersuchungen zur vergleichenden Demokratieforschung und zu korporatistischer Interessenvermittlung zeichnen sich dadurch aus. Mit ihnen hat Lehmbruch Pionierstudien vorgelegt; sie sind vor 25 bis 40 Jahren erschienen. Aus diesem Grund wäre es unredlich gewesen, sie mit dem gegenwärtigen politikwissenschaftlichen *state of the art* zu konfrontieren und an empirischen Fragen der Gegenwart zu messen. Anders verhält es sich mit seiner Schrift *Parteienwettbewerb im Bundesstaat*, die in drei Auflagen zuletzt vor zehn Jahren erschienen ist (was im Übrigen auch ein Ausweis der Qualität dieser Schrift ist). Das gestattete es, im 5. Kapitel Lehmbruchs Analyse eingehend mit rezenter, empiriefokussierter Fachkritik zu konfrontieren. Diese erwies sich im Wesentlichen entweder als nicht stichhaltig oder vereinbar mit seinen Ausführungen. Sein Buch habe ich abschließend als „klassische Studie" gewürdigt. Über die Problemlagen, Funktionsdefizite und Rationalitätsfallen des deutschen

---

[3] Vgl. Merton 1995, 3ff.

[4] So seine beiden politikwissenschaftlichen Schüler Czada/Schmidt 1993, 9.

Föderalismus ist in den vergangenen Jahrzehnten viel geschrieben worden. Nirgends aber findet sich eine inhaltlich derart breite und umfassende, entwicklungsgeschichtlich angeleitete Analyse, die es unternimmt, die beiden zentralen Variablen zur Erklärung der Staatstätigkeit in der Bundesrepublik Deutschland zusammenzuführen: die Parteien und die föderalen Institutionen.

Ein zweites Motiv wurde in der Einleitung für die vorliegende Arbeit angeführt: die bislang höchst kärglichen Erträge der Fachgeschichtsschreibung bezüglich der jüngeren Vergangenheit der Politikwissenschaft in Deutschland. Daraus resultiert eine große Forschungslücke. Die Fachhistorie ist, so habe ich argumentiert, nicht nur aus wissenschaftsgeschichtlicher, sondern auch politologischer Sicht von Relevanz; ihre tendenzielle Vernachlässigung wirft kein glorreiches Licht auf die deutsche Politikwissenschaft. Die vorliegende Untersuchung konnte und wollte nicht anstreben, die Lücke der jüngeren Fachgeschichte systematisch zu schließen. Vielmehr versteht sie sich als kleiner monografischer Baustein zur Verkleinerung dieser Lücke. Dabei wurde – sieht man vom biografischen Kapitel 2 ab – der fachhistorische Beitrag im Wesentlichen implizit, mittels immer wieder dargelegter Bezüge zwischen Lehmbruchs Forschung und den wissenschaftsinternen wie -externen Zeitumständen und Einflussfaktoren, zu leisten versucht.

Ein drittes Erkenntnisinteresse liegt schließlich dieser Arbeit zugrunde: Es ist die Frage nach dem Zusammenhang zwischen Person und Werk, die auf der eingangs formulierten These basiert, dass sozialwissenschaftliche Forscherinnen und Forscher ihre Untersuchungsgegenstände vor dem Hintergrund subjektiver Erfahrungs- und Wertehorizonte auswählen. Die Erkenntnisinteressen ihrer Forschung lassen demnach eine jeweils besondere „Farbenbrechung von Werten im Spiegel der Seele“ erkennen (Max Weber). Welche Farben sind in Gerhard Lehmbruchs Werk auszumachen?

Um diese Frage zu beantworten, habe ich in Kapitel 2 seinen Werdegang resümiert. Wie jeder Lebenslauf ist auch dieser durch Kontingenz und soziale Prägungen charakterisiert.[5] Besonders wichtig erscheinen Erfahrungen aus der Kindheit und Jugend: Hineingeboren in ein ostpreußisches evangelisches Pfarrershaus nahe der polnischen Grenze, lebte er von klein auf in einer sozial segmentierten Gesellschaft. Im Nationalsozialismus musste er erleben, dass sich seine Familie durch die ablehnende Haltung des Vaters gegenüber dem neuen Regime in einer „feindlichen Umwelt“ befand. Weitere Erlebnisse lehrten ihn, dass die neuen Machthaber nicht davor zurückschreckten, anderen Menschen das Recht auf Leben abzusprechen. Vor dem Zusammenbruch NS-Deutschlands musste der 16-jährige Gerhard Lehmbruch aus seiner Heimat fliehen, getrennt von seiner Familie – für ihn eine zentrale, eine traumatische Erinnerung.

[5] Das Zurweltkommen in einem zeitlich und räumlich spezifischen Sozialkontext ist für jeden von uns die erste (und fundamentalste) Kontingenz.

Wie kann Lehmbruchs Lebenslauf nun in Verbindung gesetzt werden zu seinem wissenschaftlichen Werk, das „grundlegende Fragen der Politikwissenschaft [behandelt]. Der Bogen ist weit gespannt. Im Zentrum des Werkes von Lehmbruch steht die vergleichende Analyse von Politik, insbesondere in liberalen Demokratien."[6] Nichtsdestoweniger lässt sich ein Topos ausmachen, der sein gesamtes Werk überspannt, und für den sein akademischer Schüler Manfred Schmidt vorgeschlagen hat, den Begriff „Verhandlungsdemokratie" zu verwenden.[7] Es ziehe sich, so Schmidt 2003 in einer Laudatio auf Lehmbruch, eine „Leitfrage" durch dessen Werk:

> Wie können tiefste Spaltungen der Gesellschaft, insbesondere religiöse und ethnische Fundamentalkonflikte, aber auch Konfliktlinien zwischen sozialen Klassen, friedlich und unter Wahrung von Minoritätenrechten politisch geregelt, ja: politisch aufgehoben werden? Und wie können, so wird ergänzend erkundet, Dysfunktionalitäten der Konfliktregelungen entwicklungsgeschichtlich erklärt werden?[8]

Ich habe bereits in Kapitel 2 angedeutet, dass ich darin eine ins Positive gewendete Lebenserfahrung zu erkennen glaube, die gespeist ist aus den Kindheits- und Jugenderfahrungen im nationalsozialistischen Deutschland und der erzwungenen Flucht aus der Heimat.

Vor längerer Zeit hatte ich vorgeschlagen,[9] dass man sich in diesem Zusammenhang die Antrittsvorlesung seines Heidelberger Kollegen Dolf Sternberger in Erinnerung rufen könne, der darin formuliert, dass „[d]er Gegenstand und das Ziel der Politik [..] der Friede [ist]. [...] Frieden ist die politische Kategorie schlechthin. [...] Der Friede ist der Grund und das Merkmal und die Norm des Politischen, dies alles zugleich."[10] Dies erschien dem empirisch-analytischen Politologen Gerhard Lehmbruch im Gespräch mit mir begrifflich zu hochgestochen und gleichzeitig nicht hinreichend: „[D]as Problem war nicht so eine abstrakte Sache wie Frieden, sondern ganz einfach, dass man versucht miteinander zu leben."[11] Wie und warum solches „Miteinander leben" in Gesellschaften erfolgreich gelingen kann, das hat er politikwissenschaftlich untersucht. Es sind dies die Farben, die sich in seiner Seele spiegeln.

---

6 Schmidt 2003, 572f.

7 Persönliche Bemerkung im Kolloquium am IPW Heidelberg, 21. Januar 2010.

8 Schmidt 2003, 574. – Lehmbruch selbst hat das vor rund 40 Jahren bereits ähnlich formuliert: Es handle sich um „die Frage nach den Bedingungen politischer Stabilität oder Instabilität: Wie kann bei gesellschaftlichem Konflikt ein politisches System überdauern und funktionieren? Welches sind die Bedingungen, unter denen Konflikt kompatibel ist mit Kohäsion und Stabilität?" (GL 1971a, 36).

9 Vgl. Jesenitschnig 2005b.

10 Sternberger 2008, 116.

11 GL 2010b, 31.

8. Quellen- und Literaturverzeichnis

8.1. Ungedruckte Quellen und Literatur

Bauer, Thomas/Leunig, Sven, o.J. [2009]: Die Entwicklung der parteipolitischen Mehrheitsverhältnisse in Bundestag und Bundesrat seit 1949, online unter <http://www.foederalismus.uni-jena.de/foederalismus/index.php?option=com_docman&task=doc_download&gid=17&Itemid=> (letzter Abruf am 1. Oktober 2010).

Bundesministerium für Finanzen, 2010: Monatsbericht Juli 2010, online unter: <http://www.bundesfinanzministerium.de/nn_100748/DE/BMF__Startseite/Aktuelles/Monatsbericht__des__BMF/2010 /07/inhalt/Monatsbericht-Juli-2010,templateId=raw,property=publicationFile.pdf> (letzter Abruf am 1. Oktober 2010).

DVPW 2010: Wissenschaftspreise, online unter <http://www.dvpw.de/wir/wissenschaftspreise.html> (letzter Abruf am 1. Oktober 2010).

ECPR 2010: Lifetime Achievement Award, online unter <http://www.ecprnet.eu/funding_and_awards/prizes_lifetime.asp> (letzter Abruf am 1. Oktober 2010).

Grundgesetz für die Bundesrepublik Deutschland, Stand: 29. Juli 2009, online unter: <http://www.gesetze-im-internet.de/bundesrecht/gg/gesamt.pdf> (letzter Abruf am 1. Oktober 2010).

Haneke, Michael [Regisseur], 2009: Das weiße Band (Spielfilm, Österreich/Deutschland/Frankreich/Italien 2009).

Jesenitschnig, Clemens, 2005a: Motor oder Bremse? Parteienwettbewerb im deutschen Bundesstaat. Eine kritische Auseinandersetzung mit Gerhard Lehmbruchs Schrift zur Politik in Deutschland, Oberseminar-Arbeit am Institut für Politische Wissenschaft, Universität Heidelberg, online unter <http://www.clemens-jesenitschnig.info/docs/04-Schmidt_Parteienwettbewerb_Bundesstaat.pdf>.

Jesenitschnig, Clemens, 2005b: Gerhard Lehmbruch: Curriculum Vitae Academicae, unveröffentl., vervielf. Ms., Heidelberg.

Lehmbruch, Gerhard, 1962: Das Mouvement Républicain Populaire in der IV. Republik. Der Prozess der politischen Willensbildung einer französischen Partei, Phil. Diss., Tübingen, maschinenschr. vervielf.

Lehmbruch, Gerhard, 1965: Ratgeber für das Studium der wissenschaftlichen Politik in Tübingen. Unter Mitarbeit von Peter Seibt, 1. u. 2. Aufl., Tübingen, vervielf. Ms.

Lehmbruch, Gerhard, 1966: Amicabilis Compositio. Zum Regierungssystem im politischen System mit Proporzexekutive, vervielf. Ms.

Lehmbruch, Gerhard, 1993c: Dankesworte für den 20.4.1993 (Symposion zum 65. Geburtstag Gerhard Lehmbruchs).

Lehmbruch, Gerhard, 1996e: Was haben wir in den letzten 43 Jahren über das deutsche Regierungssystem gelernt?, Konstanz, Ms. der Abschiedsvorlesung vom 6. Februar 1996.

Lehmbruch, Gerhard, 2009a E-Mail von Gerhard Lehmbruch an den Verfasser vom 9. November 2009.

Lehmbruch, Gerhard, 2009b: Jugenderinnerungen. Unveröffentl. Ms. (Stand: 9. Dezember 2009; 137 Textseiten).

Lehmbruch, Gerhard, 2009c: E-Mail von Gerhard Lehmbruch an den Verfasser vom 8. Dezember 2009.

Lehmbruch, Gerhard, 2010a: E-Mail von Gerhard Lehmbruch an den Verfasser vom 7. Januar 2010.

Lehmbruch, Gerhard, 2010b: Interview des Verfassers mit Prof. em. Dr. Gerhard Lehmbruch am 26. Januar 2010 in Tübingen, Transkript (unwesentlich gekürzte, von Gerhard Lehmbruch ergänzte Fassung des Originals) online unter <http://www.clemens-jesenitschnig.info/docs/09-Interview-Gerhard_Lehmbruch.pdf>.

Lehmbruch, Gerhard, 2010c: In einem anderen Deutschland. Unveröffentl. Ms. (Stand: 7. Januar 2010; 13 Textseiten).

Lehmbruch, Gerhard, 2010d: E-Mail von Gerhard Lehmbruch an den Verfasser vom 15. Februar 2010.

Lehmbruch, Gerhard, 2010e: E-Mail von Gerhard Lehmbruch an den Verfasser vom 7. April 2010.

Reader, 2005: Reader zum Oberseminar „Schlüsseltexte zur Politik in Deutschland. Vom Deutschen Reich 1871 bis zum wiedervereinigten Deutschland". Sommersemester 2005, Prof. Dr. Manfred G. Schmidt, IPW, Universität Heidelberg.

Universität Heidelberg: Vorlesungsverzeichnisse, diverse Jg.

Universität Konstanz: Personal- und Veranstaltungsverzeichnisse, diverse Jg.

Universität Tübingen: Vorlesungsverzeichnisse, diverse Jg.

Universitätsarchiv Tübingen: Akte 131/2429 u. 551/104.

8.2. Gedruckte Quellen und Literatur

Abromeit, Heidrun/Wurm, Felix W., 1996: Der bundesdeutsche Föderalismus – Entwicklung und neue Herausforderungen, in: Andersen, Uwe (Hg.): Föderalismus in Deutschland. Neue Herausforderungen, Schwalbach i.T., 10-23.

Albisetti, James C., 2007 [engl. 1988]: Mädchen- und Frauenbildung im 19. Jahrhundert, Bad Heilbrunn.

Alemann, Ulrich von, 1995: Grundlagen der Politikwissenschaft. Ein Wegweiser, 2. Aufl., Opladen.

Alemann, Ulrich von, 2000: Vom Korporatismus zum Lobbyismus? Die Zukunft der Verbände zwischen Globalisierung, Europäisierung und Berlinisierung, in: APuZ Nr. 26-27, 3-6.

Alemann, Ulrich von/Forndran, Erhard, 2002: Methodik der Politikwissenschaft. Eine Einführung in Arbeitstechnik und Forschungspraxis, 6., erweiterte Aufl., Stuttgart.

Alemann, Ulrich von/Heinze, Rolf G., 1981: Kooperativer Staat und Korporatismus: Dimensionen der Neo-Korporatismusdiskussion, in: Alemann, Ulrich von (Hg.): Neokorporatismus, Frankfurt a.M./New York, 43-61.

Alemann, Ulrich von/Weßels, Bernhard, 1997: Verbände in vergleichender Perspektive – Königs- oder Dornenweg?, in: iid. (Hg.): Verbände in vergleichender Perspektive. Beiträge zu einem vernachlässigten Feld, Berlin, 7-28.

Allemann, Fritz René, 1956: Bonn ist nicht Weimar, Köln/Berlin.

Almond, Gabriel A./Verba, Sidney, 1963: The Civic Culture. Political Attitudes and Democracy in Five Nations, Princeton, NJ.

Arendes, Cord, 2005: Politikwissenschaft in Deutschland. Standorte, Studiengänge und Professorenschaft 1949-1999, Wiesbaden.

Armingeon, Klaus, 2002: Verbändesysteme und Föderalismus. Eine vergleichende Analyse, in: Benz, Arthur/Lehmbruch, Gerhard (Hg.): Föderalismus. Analysen in entwicklungsgeschichtlicher und vergleichender Perspektive, Wiesbaden, 213-233.

Armingeon, Klaus, 2007: Die politische Rolle der Verbände in modernen Demokratien. Fünf Thesen, in: Jarren, Otfried/Lachenmeier, Dominik/Steiner, Adrian (Hg.): Entgrenzte Demokratie? Herausforderungen für die politische Interessenvermittlung, Baden-Baden, 107-122.

Armingeon, Klaus, 2008: Sechs tolle Heidelberger Jahre, in: Mohr, Arno/Nohlen, Dieter (Hg.): Politikwissenschaft in Heidelberg. 50 Jahre Institut für Politische Wissenschaft, Heidelberg, 364f.

Arndt, Hans-Joachim, 1978: Die Besiegten von 1945. Versuch einer Politologie für Deutsche samt Würdigung der Politikwissenschaft in der Bundesrepublik Deutschland, Berlin.

Batt, Helge-Lothar, 2007: Eine Frage des Vertrauens. Die vorzeitige Parlamentsauflösung zwischen rechtlichem Anspruch und politischem Streit, in: Egle, Christoph/ Zohlnhöfer, Reimut (Hg.): Ende des rot-grünen Projektes. Eine Bilanz der Regierung Schröder 2002-2005, Wiesbaden, 60-82.

Bayard, Pierre, 2009 [frz. 2007]: Wie man über Bücher spricht, die man nicht gelesen hat. Übersetzt v. Lis Künzli, München.

Becker, Maren/John, Stefanie/Schirm, Stefan A., 2007: Globalisierung und Global Governance, Paderborn.

Benz, Arthur/Scharpf, Fritz W./Zintl, Reinhard, 1992: Horizontale Politikverflechtung: Zur Theorie von Verhandlungssystemen, Frankfurt a.M./New York.

Benz, Arthur, 1999: From Unitary to Asymmetric Federalism in Germany: Taking Stock after 50 Years, in: Publius 29:4, 55-78.

Benz, Arthur, 2002a: Themen, Probleme und Perspektiven der vergleichenden Föderalismusforschung, in: id./Lehmbruch, Gerhard (Hg.): Föderalismus. Analysen in entwicklungsgeschichtlicher und vergleichender Perspektive, Wiesbaden, 9-50.

Benz, Arthur, 2002b: Lehren aus entwicklungsgeschichtlichen und vergleichenden Analysen – Thesen zur aktuellen Föderalismusdiskussion, in: id./Lehmbruch, Gerhard (Hg.): Föderalismus. Analysen in entwicklungsgeschichtlicher und vergleichender Perspektive, Wiesbaden, 391-403.

Benz, Arthur, 2003: Reformpromotoren oder Reformblockierer? Die Rolle der Parteien im Bundesstaat, in: APuZ Nr. 29-30, 32-38.

Berger, Peter L., 1970 [engl. 1963]: Einladung zur Soziologie. Eine humanistische Perspektive, übersetzt v. Monika Plessner, 2. Aufl., Olten/Freiburg i.Br.

Berger, Peter L./Luckmann, Thomas, 1980 [engl. 1966]: Die gesellschaftliche Konstruktion der Wirklichkeit. Eine Theorie der Wissenssoziologie, übersetzt v. Monika Plessner, hg. u. eingeleitet v. Helmuth Plessner, 5. Aufl., Frankfurt a.M.

Berger, Suzanne, 1981: Introduction, in: ead. (Hg.): Organizing Interests in Western Europe. Pluralism, Corporatism, and the Transformation of Politics, Cambridge et al., 1-23.

Berg-Schlosser, Dirk, 2009: Vergleichende Politikwissenschaft in Deutschland – Themen, Konjunkturen, Tendenzen, internationale Einordnung, in: PVS 50:3, 433-450.

Berg-Schlosser, Dirk, 2010: Art. Politische Kultur/Kulturforschung, in: Nohlen, Dieter/ Schultze, Rainer-Olaf (Hg.): Lexikon der Politikwissenschaft. Theorien, Methoden, Begriffe, Bd. 2, 4., aktual. u. erw. Aufl., München, 793-798.

Berg-Schlosser, Dirk/Maier, Herbert/Stammen, Theo, 1974: Einführung in die Politikwissenschaft, München.

Berg-Schlosser, Dirk/Quenter, Sven (Hg.), 1999: Literaturführer Politikwissenschaft. Eine kritische Einführung in Standardwerke und „Klassiker“ der Gegenwart, Stuttgart/Berlin/Köln.

Bermbach, Udo, 2003: Die siebziger Jahre, in: Falter, Jürgen W./Wurm, Felix W. (Hg.): Politikwissenschaft in der Bundesrepublik. 50 Jahre DVPW, Wiesbaden, 29-34.

Beyer, Jürgen, 2006: Pfadabhängigkeit. Über institutionelle Kontinuität, anfällige Stabilität und fundamentalen Wandel, Frankfurt a.M./New York.

Beyers, Jan/Eising, Rainer/Maloney, William A. (Hg.), 2010: Interest Group Politics in Europe. Lessons from EU Studies and Comparative Politics, London/New York.

Beyme, Klaus von, 1970: Die Parlamentarischen Regierungssysteme in Europa, München.

Beyme, Klaus von, 1980: Interessengruppen in der Demokratie, 5., völlig umgearbeitete Aufl., München.

Beyme, Klaus von, 1981: Der liberale Korporatismus als Mittel gegen die Unregierbarkeit?, in: Alemann, Ulrich von (Hg.): Neokorporatismus, Frankfurt a.M./New York, 80-91.

Beyme, Klaus von, 1984: Der Neokorporatismus – Neuer Wein in alte Schläuche?, in: GuG 10:4, 211-233.

Beyme, Klaus von, 1985: Policy Analysis und traditionelle Politikwissenschaft, in: Hartwich, Hans-Hermann (Hg.): Policy-Forschung in der Bundesrepublik Deutschland. Ihr Selbstverständnis und ihr Verhältnis zu den Grundfragen der Politikwissenschaft, Opladen, 7-29.

Beyme, Klaus von, 1988: Der Vergleich in der Politikwissenschaft, München/Zürich.

Beyme, Klaus von, 1992: Die politischen Theorien der Gegenwart. Eine Einführung, 7., neubearbeitete Aufl., Opladen.

Beyme, Klaus von, 1997: Walking on Two Legs: Comparative Politics in East and West, in: Daalder, Hans (Hg.): Comparative European Politics: The Story of a Profession, London/Washington, 206-214.

Beyme, Klaus von, 2007: Theorie der Politik im 20. Jahrhundert. Von der Moderne zur Postmoderne, Erweiterte Ausgabe, Frankfurt a.M.

Beyme, Klaus von, 2010a: Historische Entwicklung der Vergleichenden Politikwissenschaft [2007], in: id.: Vergleichende Politikwissenschaft, Wiesbaden, 7-22.

Beyme, Klaus von, 2010b: Die antagonistische Partnerschaft: Geschichtswissenschaft und Politikwissenschaft [2006], in: id.: Vergleichende Politikwissenschaft, Wiesbaden, 23-33.

Beyme, Klaus von, 2010c: Spätpluralismus? Paradigmawechsel in der Interessengruppen-Forschung [1998], in: id.: Vergleichende Politikwissenschaft, Wiesbaden, 180-193.

Beyme, Klaus von/Helms, Ludger, 2004: Interessengruppen, in: Helms, Ludger/Jun, Uwe (Hg.): Politische Theorie und Regierungslehre. Eine Einführung in die politikwissenschaftliche Institutionenforschung, Frankfurt a.M./New York 2004, 194-218.

Bleek, Wilhelm, 1996: Aspekte der Wissenschaftsgeschichte der Politikwissenschaft, in: Lietzmann, Hans/Bleek, Wilhelm (Hg.): Politikwissenschaft. Geschichte und Entwicklung in Deutschland und Europa, München/Wien, 21-37.

Bleek, Wilhelm, 2001: Geschichte der Politikwissenschaft in Deutschland, München.

Bleek, Wilhelm/Lietzmann, Hans J. (Hg.), 2005: Klassiker der Politikwissenschaft. Von Aristoteles bis David Easton, München.

Boberach, Heinz, 2007: Art. Geheime Staatspolizei (Gestapo), in: Benz, Wolfgang/ Graml, Hermann/Weiß, Hermann (Hg.): Enzyklopädie des Nationalsozialismus, 5., aktual. u. erw. Aufl., München, 528f.

Borchard, Michael (Hg.), 2007: Dolf Sternberger. Zum 100. Geburtstag, St. Augustin.

Brecht, Arnold, 1966: Aus nächster Nähe. Lebenserinnerungen 1884-1927, Stuttgart.

Bröchler, Stephan/Lauth, Hans-Joachim (Hg.), 2008: Politikwissenschaftliche Perspektiven, Wiesbaden.

Burdeau, Georges, 1964: Einführung in die politische Wissenschaft. Übersetzt v. Rudolf u. Maria Stich, Neuwied/Berlin.

Burkhart, Simone, 2005: Parteipolitikverflechtung. Über den Einfluss der Bundespolitik auf Landtagswahlentscheidungen von 1976 bis 2000, in: PVS 46:1, 14-38.

Butzer, Hermann/Kluth, Winfried (Hg.), 2007: Föderalismusreformgesetz. Einführung und Kommentierung, Baden-Baden.

Coakley, John/Trent, John, 2000: History of the International Political Science Association, 1949-1999, Dublin.

Cooper, Barry/Bruhn, Jodi (Hg.), 2008: Voegelin Recollected. Conversations on a Life, Columbia, MO.

Crepaz, Markus M.L./Lijphart, Arend, 1995: Linking and Integrating Corporatism and Consensus Democracy: Theory, Concepts and Evidence, in: BJPS 25:2, 281-288.

Crouch, Colin, 2000: Die Vielfalt des europäischen Verbandswesens, in: Bührer, Werner/Grande, Edgar (Hg.): Unternehmerverbände und Staat in Deutschland, Baden-Baden, 23-35.

Crozier, Michel, 1963: Le phénomène bureaucratique. Essai sur les tendances bureaucratiques des systèmes d'organisation modernes et sur leurs relations en France avec le système social et culturel, Paris.

Czada, Roland, 1992: Art. Korporatismus, in: Schmidt, Manfred G. (Hg.): Die westlichen Länder (=Lexikon der Politik, Bd. 3), München, 218-224.

Czada, Roland, 1994: Konjunkturen des Korporatismus: Zur Geschichte eines Paradigmenwechsels in der Verbändeforschung, in: Streeck, Wolfgang (Hg.): Staat und Verbände, Opladen, 37-64.

Czada, Roland, 2000: Konkordanz, Korporatismus und Politikverflechtung: Dimensionen der Verhandlungsdemokratie, in: Holtmann, Everhard/Voelzkow, Helmut (Hg.): Zwischen Wettbewerbs- und Verhandlungsdemokratie, Wiesbaden, 23-49.

Czada, Roland, 2003a: Konzertierung in verhandlungsdemokratischen Politikstrukturen, in: Jochem, Sven/Siegel, Nico A. (Hg.): Konzertierung, Verhandlungsdemokratie und Reformpolitik im Wohlfahrtsstaat. Das Modell Deutschland im Vergleich, Opladen, 35-69.

Czada, Roland, 2003b: Der Begriff der Verhandlungsdemokratie und die vergleichende Policy-Forschung, in: Mayntz, Renate/Streeck, Wolfgang (Hg.): Die Reformierbarkeit der Demokratie. Innovationen und Blockaden. Festschrift für Fritz W. Scharpf, Frankfurt a.M./New York, 173-204.

Czada, Roland/Schmidt, Manfred G., 1993a: Einleitung, in: iid. (Hg.): Verhandlungsdemokratie, Interessenvermittlung, Regierbarkeit. Festschrift für Gerhard Lehmbruch, Wiesbaden, 7-22.

Czada, Roland/Schmidt, Manfred G., 1993b: Verzeichnis der Schriften Gerhard Lehmbruchs bis 1992, in: iid. (Hg.): Verhandlungsdemokratie, Interessenvermittlung, Regierbarkeit. Festschrift für Gerhard Lehmbruch, Wiesbaden, 289-296.

David, Paul A., 1985: Clio and the Economics of QWERTY, in: American Sociological Review 75:2, 332-337.

Decker, Frank, 2006: Höhere Volatilität bei Landtagswahlen? Die Bedeutung bundespolitischer „Zwischenwahlen", in: Jesse, Eckhard/Sturm, Roland (Hg.): Bilanz der Bundestagswahl 2005. Voraussetzungen, Ergebnisse, Folgen, Wiesbaden, 259-279.

Decker, Frank, 2007: Die Bundesrepublik auf der Suche nach neuen Koalitionen, in: APuZ Nr. 35-36, 26-33.

Diers, Andreas, 2006: Arbeiterbewegung – Demokratie – Staat. Wolfgang Abendroth. Leben und Werk 1906-1948, Hamburg.

Dinkel, Reiner, 1977: Der Zusammenhang zwischen Bundes- und Landtagswahlergebnissen, in: PVS 18:2-3, 348-359.

Distelbarth, Paul, 1935 [6. Aufl. 1948]: Lebendiges Frankreich, Berlin.

Dittberner, Jürgen, 2007: Große Koalition: 1966 und 2005, in: APuZ Nr. 35-36, 11-18.

Downs, Anthony, 1957: An Economic Theory of Democracy, New York.

Druwe, Ulrich, 1995: Politische Theorie, 2., überarbeitete u. erw. Aufl., Neuried.

Easton, David, 1953: The Political System. An Inquiry into the State of Political Science, New York.

Easton, David, 1985: Political Science in the United States. Past and Present, in: IPSR 6:1, 133-152.

Eckstein, Harry, 1966: Division and Cohesion in Democracy. A Study of Norway, Princeton, NJ.

Eco, Umberto, 2009 [ital. 2009]: Die unendliche Liste. Übersetzt v. Barbara Kleiner, München.

Eschenburg, Theodor, 1929: Das Kaiserreich am Scheideweg. Bassermann, Bülow und der Block, Berlin.

Eschenburg, Theodor, 1955: Herrschaft der Verbände?, Stuttgart.

Eschenburg, Theodor, 1961: Institutionelle Sorgen in der Bundesrepublik. Politische Aufsätze 1957-1961, Stuttgart.

Eschenburg, Theodor, 1966: Zur politischen Praxis in der Bundesrepublik, Band 2: Kritische Betrachtungen 1961-1965, München.

Eschenburg, Theodor, 1972: Zur politischen Praxis in der Bundesrepublik, Band 3: Kritische Betrachtungen 1966-1970, München.

Eschenburg, Theodor, 1974: Bundesrat – Reichsrat – Bundesrat. Verfassungsvorstellungen und Verfassungswirklichkeit, in: Bundesrat (Hg.): Der Bundesrat als Verfassungsorgan und politische Kraft. Beiträge zum fünfundzwanzigjährigen Bestehen des Bundesrates der Bundesrepublik Deutschland, Bad Honnef/Darmstadt, 35-62.

Eschenburg, Theodor, 1987: Spielregeln der Politik. Beiträge und Kommentare zur Verfassung der Republik, Stuttgart.

Eschenburg, Theodor, 1995: Also hören Sie mal zu. Geschichte und Geschichten 1904 bis 1933, Berlin.

Eschenburg, Theodor, 1999: Letzten Endes meine ich doch. Erinnerungen 1933-1999, Berlin.

Evans, Peter B./Rueschemeyer, Dietrich/Skocpol, Theda (Hg.), 1985: Bringing the State Back In, Cambridge/New York/Melbourne.

Falkner, Gerda, 2003: Renegotiating Social and Labour Policies in the European Multi-Level System. Any Role for Corporatist Patterns?, in: Waarden, Frans van/ Lehmbruch, Gerhard (Hg.): Renegotiating the Welfare State. Flexible Adjustment Through Corporatist Concertation, London/New York, 253-278.

Falter, Jürgen W., 2003: Die Politikwissenschaft in Deutschland zu Beginn des 21. Jahrhunderts, in: id./Wurm, Felix W. (Hg.): Politikwissenschaft in der Bundesrepublik. 50 Jahre DVPW, Wiesbaden, 223-238.

Falter, Jürgen W./Fetscher, Iring/Hennis, Wilhelm/Kielmansegg, Peter Graf, 1987: Der wissenschaftliche und der philosophische Umgang mit Politik (II): Diskussion, in: Beyme, Klaus von/Czempiel, Ernst-Otto/Kielmansegg, Peter Graf (Hg.): Funk-Kolleg Politik. Bd. 1, Frankfurt a.M., 78-101.

Falter, Jürgen W./Knodt, Michèle, 2007: Die Bedeutung von Themenfeldern, theoretischen Ansätzen und die Reputation von Fachvertretern, in: Politikwissenschaft Nr. 137. Rundbrief der DVPW, Herbst 2007, 147-160.

Fend, Helmut, 2009: Was die Eltern ihren Kindern mitgeben – Generationen aus Sicht der Erziehungswissenschaft, in: Künemund, Harald/Szydlik, Marc (Hg.): Generationen. Multidisziplinäre Perspektiven, Wiesbaden, 81-103.

Fetscher, Iring, 1995: Neugier und Furcht. Versuch, mein Leben zu verstehen, Hamburg.

Fleck, Ludwik, 1980 [1935]: Entstehung und Entwicklung einer wissenschaftlichen Tatsache. Einführung in die Lehre vom Denkstil und Denkkollektiv. Mit einer Einleitung herausgegeben v. Lothar Schäfer u. Thomas Schnelle, Frankfurt a.M.

Fraenkel Ernst, 1974 [1964]: Deutschland und die westlichen Demokratien, 6. Aufl., Stuttgart et al.

Frei, Norbert, 2008: 1968. Jugendrevolte und globaler Protest, München.

Friedrich, Carl Joachim, 1961: Die Politische Wissenschaft, Freiburg i.Br./München.

Fuchs-Heinritz, Werner, 2009: Biographische Forschung. Eine Einführung in Praxis und Methoden, 4. Aufl., Wiesbaden.

Gablentz, Otto Heinrich von der, 1965: Einführung in die Politische Wissenschaft, Köln/Opladen.

Gabriel, Oscar W., 1994: Föderalismus und Parteiendemokratie in der Bundesrepublik Deutschland, in: Gunlicks, Arthur B./Voigt, Rüdiger (Hg.): Föderalismus in der Bewährungsprobe: Die Bundesrepublik in den 90er Jahren, 2. Aufl., Bochum, 101-124.

Galtung, Johan, 1983: Struktur, Kultur und intellektueller Stil. Ein vergleichender Essay über sachsonische, teutonische, gallische und nipponische Wissenschaft, übersetzt v. Bernd Samland, in: Leviathan 11:3, 303-338.

Gerlich, Peter, 1997: Four Functions of Comparison: an Austrian's Tale, in: Daalder, Hans (Hg.): Comparative European politics: The Story of a Profession, London/ Washington, 215-226.

Gilcher-Holtey, Ingrid, 2001: Die 68er Bewegung. Deutschland – Westeuropa – USA, München.

Göhler, Gerhard/Iser, Mattias/Kerner, Ina, 2009: Entwicklungslinien der Politischen Theorie in Deutschland seit 1945, in: PVS 50:3, 372-407.

Gollwitzer, Helmut/Lehmbruch, Gerhard, 1956: Kleiner Wegweiser zum Studium des Marxismus-Leninismus, Bonn.

Grande, Edgar, 1985: Konfliktsteuerung zwischen Recht und Konsens. Zur Herrschaftslogik korporatistischer Systeme, in: Gerlich, Peter/Grande, Edgar/Müller, Wolfgang C. (Hg.): Sozialpartnerschaft in der Krise. Leistungen und Grenzen des Neokorporatismus in Österreich, Wien/Köln/Graz, 225-254.

Grande, Edgar, 2002: Parteiensystem und Föderalismus. Institutionelle Strukturmuster und politische Dynamiken im internationalen Vergleich, in: Benz, Arthur/Lehmbruch, Gerhard (Hg.): Föderalismus. Analysen in entwicklungsgeschichtlicher und vergleichender Perspektive, Wiesbaden, 179-212.

Grant, Wyn, 1985: Introduction, in: id. (Hg.): The Political Economy of Corporatism, Basingstoke/London, 1-31.

Greven, Michael Th., 2003: Die neunziger Jahre, in: Falter, Jürgen W./Wurm, Felix W. (Hg.): Politikwissenschaft in der Bundesrepublik. 50 Jahre DVPW, Wiesbaden, 59-66.

Günther, Hans F.K., 1935 [1922]: Kleine Rassenkunde des deutschen Volkes, 3. Aufl., München.

Habermas, Jürgen, 1973: Legitimationsprobleme im Spätkapitalismus, Frankfurt a.M.

Häde, Ulrich, 2009: Zwischenbilanz zu den Auswirkungen der Föderalismusreform I – neue Koordinierungsformen und versperrte Finanzierungskanäle?, in: Baus, Ralf Thomas/Scheller, Henrik/Hrbek, Rudolf (Hg.): Der deutsche Föderalismus 2020. Die bundesstaatliche Kompetenz- und Finanzverteilung im Spiegel der Föderalismusreform I und II, Baden-Baden, 37-45.

Haider, Jörg, 1994: Die Freiheit, die ich meine. Das Ende des Proporzstaates: Plädoyer für die Dritte Republik, 4. Aufl., Frankfurt a.M./Berlin.

Hall, Peter A./Soskice, David, 2001: Varieties of Capitalism. The Institutional Foundations of Comparative Advantage, Oxford/New York.

Hartleb, Florian, 2007: Philippe C. Schmitter/Gerhard Lehmbruch (Hrsg.): Trends Toward Corporatist Intermediation, London 1979, in: Kailitz, Steffen (Hg.): Schlüsselwerke der Politikwissenschaft, Wiesbaden, 437-441.

Hartmann, Jürgen, 2003: Geschichte der Politikwissenschaft. Grundzüge der Fachentwicklung in den USA und Europa, Opladen.

Hartwich, Hans-Hermann (Hg.), 1985: Policy-Forschung in der Bundesrepublik Deutschland. Ihr Selbstverständnis und ihr Verhältnis zu den Grundfragen der Politikwissenschaft, Opladen.

Hartwich, Hans-Hermann, 2003: Die DVPW in den Jahren der Krise und der Erneuerung 1983-1988, in: Falter, Jürgen W./Wurm, Felix W. (Hg.): Politikwissenschaft in der Bundesrepublik. 50 Jahre DVPW, Wiesbaden, 35-45.

Hättich, Manfred, 1967: Lehrbuch der Politikwissenschaft. Erster Band: Grundlegung und Systematik, Mainz.

Helms, Ludger, 2004: Einleitung: Politikwissenschaftliche Institutionenforschung am Schnittpunkt von Politischer Theorie und Regierungslehre, in: id./Jun, Uwe (Hg): Politische Theorie und Regierungslehre. Eine Einführung in die politikwissenschaftliche Institutionenforschung, Frankfurt a.M./New York 2004, 13-44.

Helms, Ludger, 2007a: Die Institutionalisierung der liberalen Demokratie. Deutschland im internationalen Vergleich, Frankfurt a.M./New York.

Helms, Ludger, 2007b: Gerhard Lehmbruch, Parteienwettbewerb im Bundesstaat, Stuttgart u.a. 1976, in: Kailitz, Steffen (Hg.): Schlüsselwerke der Politikwissenschaft, Wiesbaden, 233-236.

Hemleben, Johannes, 1968: Charles Darwin, Reinbek.

Henkel, Michael, 2010: Eric Voegelin zur Einführung, 2., erg. Aufl., Hamburg.

Hennis, Wilhelm, 1985: Über die Antworten der eigenen Wissenschaftsgeschichte und die Notwendigkeit, „zentrale Fragen" der Politikwissenschaft stets neu zu überdenken, in: Hartwich, Hans-Hermann (Hg.): Policy-Forschung in der Bundesrepublik Deutschland. Ihr Selbstverständnis und ihr Verhältnis zu den Grundfragen der Politikwissenschaft, Opladen, 122-131.

Hennis, Wilhelm, 1996: Max Webers Wissenschaft vom Menschen. Neue Studien zur Biographie des Werks, Tübingen.

Hennis, Wilhelm, im Gespräch mit Gangolf Hübinger, 1999: Politikwissenschaft als Disziplin. Zum Weg der politischen Wissenschaft nach 1945, in: NPL 44:3, 365-379.

Hennis, Wilhelm/Kielmansegg, Peter Graf/Matz, Ulrich, 1977: Regierbarkeit. Studien zu ihrer Problematisierung, Bd. 1, Stuttgart.

Hennis, Wilhelm/Kielmansegg, Peter Graf/Matz, Ulrich, 1979: Regierbarkeit. Studien zu ihrer Problematisierung, Bd. 2, Stuttgart.

Hesse, Konrad, 1962: Der unitarische Bundesstaat, Karlsruhe.

Hockerts, Hans Günter, 2002: Zugänge zur Zeitgeschichte: Primärerfahrung, Erinnerungskultur, Geschichtswissenschaft, in: Jarausch, Konrad H./Sabrow, Martin (Hg.): Verletztes Gedächtnis. Erinnerungskultur und Zeitgeschichte im Konflikt, Frankfurt a.M./New York, 39-73.

Höreth, Marcus, 2010: Die Föderalismusreform in der Bewährungsprobe unter Schwarz-Gelb: Warum der Blick zurück die Prognose des Scheiterns erlaubt, in: Blumenthal, Julia von/Bröchler, Stephan (Hg.): Föderalismusreform in Deutschland. Bilanz und Perspektiven im internationalen Vergleich, Wiesbaden, 117-138.

Hofmann, Gunter, 1997: Tony Blair, die SPD und die Moderne, in: DIE ZEIT Nr. 20, online unter: <http://www.zeit.de/1997/20/Tony_Blair_die_SPD_und_die_Moderne ?page=8> (letzter Abruf am 1. Oktober 2010).

Hofmann, Hans, 2009: Zukunftsfähigkeit des deutschen Bundesstaats, in: Baus, Ralf Thomas/Scheller, Henrik/Hrbek, Rudolf (Hg.): Der deutsche Föderalismus 2020. Die bundesstaatliche Kompetenz- und Finanzverteilung im Spiegel der Föderalismusreform I und II, Baden-Baden, 97-103.

Holtz-Bacha, Christina/Kutsch, Arnulf (Hg.), 2002: Schlüsselwerke für die Kommunikationswissenschaft, Wiesbaden.

Honolka, Harro, 1986: Reputation, Desintegration, theoretische Umorientierungen, in: Beyme, Klaus von (Hg.): Politikwissenschaft in der Bundesrepublik. Entwicklungsprobleme einer Disziplin, Opladen, 41-64.

Immergut, Ellen, 1997: The Normative Roots of the New Institutionalism: Historical-Institutionalism and Comparative Policy Studies, in: Benz, Arthur/Seibel, Wolfgang (Hg.): Theorieentwicklung in der Politikwissenschaft – eine Zwischenbilanz, Baden-Baden, 325-355.

Jänicke, Martin, 1986: Staatsversagen. Die Ohnmacht der Politik in der Industriegesellschaft, München/Zürich.

Jansen, Dorothea, 2006: Einführung in die Netzwerkanalyse. Grundlagen, Methoden, Forschungsbeispiele, 3., überarbeitete Aufl., Wiesbaden.

Jarausch, Konrad H., 2002: Zeitgeschichte und Erinnerung. Deutungskonkurrenz oder Interdependenz?, in: id./Sabrow, Martin (Hg.): Verletztes Gedächtnis. Erinnerungskultur und Zeitgeschichte im Konflikt, Frankfurt a.M./New York, 9-37.

Kailitz, Steffen (Hg.), 2007: Schlüsselwerke der Politikwissenschaft, Wiesbaden.

Kailitz, Steffen, 2008: Klaus von Beyme. Nestor der deutschen Politikwissenschaft, in: Mohr, Arno/Nohlen, Dieter (Hg.): Politikwissenschaft in Heidelberg. 50 Jahre Institut für Politische Wissenschaft, Heidelberg, 252-255.

Karlhofer, Ferdinand, 2002: Sozialpartnerschaftliche Interessenvermittlung in föderativen Systemen. Ein Vergleich Deutschland – Österreich – Schweiz, in: Benz, Arthur/Lehmbruch, Gerhard (Hg.): Föderalismus. Analysen in entwicklungsgeschichtlicher und vergleichender Perspektive, Wiesbaden, 234-252.

Karlhofer, Ferdinand/Pelinka, Anton, 1991: Austrian Political Science: The State of the Art, in: EJPR 20:3-4, 399-411.

Kastendiek, Hans, 1981: Die Selbstblockierung der Korporatismus-Diskussion, in: Alemann, Ulrich von (Hg.): Neokorporatismus, Frankfurt a.M./New York, 92-116.

Kätzel, Ute, 2002: Die 68erinnen. Porträt einer rebellischen Frauengeneration, Reinbek.

Katznelson, Ira, 1997: Structure and Configuration in Comparative Politics, in: Lichbach, Mark Irving/Zuckerman, Alan S. (Hg.): Comparative Politics. Rationality, Culture, and Structure, New York, 81-112.

Keman, Hans/Pennings, Paul, 1995: Managing Political and Societal Conflict in Democracies: Do Consensus and Corporatism Matter?, in: BJPS 25:2, 271-281.

Keßler, Mario, 2007: Ossip K. Flechtheim. Politischer Wissenschaftler und Zukunftsdenker (1909-1998), Köln/Weimar/Wien.

Kielmansegg, Peter Graf, 2000: Nach der Katastrophe. Eine Geschichte des geteilten Deutschland, Berlin.

Kirchheimer, Otto, 1965: Der Wandel des westeuropäischen Parteiensystems, in: PVS 6:1, 20-41.

Klimke, Martin/Scharloth, Joachim (Hg.), 2007: 1968. Handbuch zur Kultur- und Mediengeschichte der Studentenbewegung, Stuttgart/Weimar.

Klingemann, Hans-Dieter/Falter, Jürgen W., 1998: Die deutsche Politikwissenschaft im Urteil der Fachvertreter, in: Greven, Michael Th. (Hg.): Demokratie – eine Kultur des Westens? 20. Wissenschaftlicher Kongreß der Deutschen Vereinigung für Politische Wissenschaft, Opladen, 305-341.

Kogelfranz, Siegfried, 1985: Die Republik büßt ihre Würde ein, in: Der Spiegel Nr. 35, 26. August, 96-108.

Kohler-Koch, Beate, 2003: Die Etablierung des Faches in den neuen Ländern, in: Falter, Jürgen W./Wurm, Felix W. (Hg.): Politikwissenschaft in der Bundesrepublik. 50 Jahre DVPW, Wiesbaden, 46-58.

Kohli, Martin, 1981: „Von uns selber schweigen wir." Wissenschaftsgeschichte aus Lebensgeschichten, in: Lepenies, Wolf (Hg.): Geschichte der Soziologie. Studien zur kognitiven, sozialen und historischen Identität einer Disziplin, Bd. 1, Frankfurt a.M., 428-465.

Kojève, Alexandre, 1958: Hegel. Eine Vergegenwärtigung seines Denkens. Kommentar zur Phänomenologie des Geistes, übersetzt v. Iring Fetscher u. Gerhard Lehmbruch, hg. v. Iring Fetscher, Stuttgart.

Kojève, Alexandre, 1975: Hegel. Eine Vergegenwärtigung seines Denkens. Kommentar zur Phänomenologie des Geistes, übersetzt v. Iring Fetscher u. Gerhard Lehmbruch, hg. v. Iring Fetscher, Frankfurt a.M.

König, Thomas, 1997: Politikverflechtungsfalle oder Parteienblockade? Das Potential für politischen Wandel im deutschen Zweikammersystem, in: SuS 8:2, 135-159.

Köppl, Stefan, 2006: Verbände als neokorporatistische Monopolorganisationen: Philippe C. Schmitter, in: Sebaldt, Martin/Straßner, Alexander (Hg.), 2006: Klassiker der Verbändeforschung, Wiesbaden, 275-288.

Köppl, Stefan/Nerb, Tobias, 2006: Verbände als Dialogpartner im kooperativen Staat: Gerhard Lehmbruch, in: Sebaldt, Martin/Straßner, Alexander (Hg.), 2006: Klassiker der Verbändeforschung, Wiesbaden, 289-301.

Korte, Karl-Rudolf, 2003: Wahlen in der Bundesrepublik Deutschland, 4. Aufl., Bonn.

Koschorke, Manfred (Hg.), 1976: Geschichte der Bekennenden Kirche in Ostpreußen 1933-1945: Allein das Wort hat's getan, Göttingen.

Kranenpohl, Uwe, 2001 [Rez.]: Gerhard Lehmbruch: Parteienwettbewerb im Bundesstaat (Westdeutscher Verlag 2000), in: PVS 42:1, 153f.

Kriesi, Hanspeter, 2001 [Rez.]: Lehmbruch, Gerhard: Parteienwettbewerb im Bundesstaat: Westdeutscher Verlag 2000, in: Schweizerische Zeitschrift für Politische Wissenschaft 7:1, 123-125.

Kropp, Sabine, 2010: Kooperativer Föderalismus und Politikverflechtung, Wiesbaden.

Kropp, Sabine/Sturm, Roland, 1999: Politische Willensbildung im Föderalismus, in: APuZ Nr. 13, 37-46.

Kuhn, Thomas S., 1976: Die Struktur wissenschaftlicher Revolutionen. 2., revidierte u. um das Postskriptum v. 1969 erg. Aufl., übersetzt v. Kurt Simon u. Hermann Vetter, Frankfurt a.M.

Kurz, Heinz D. (Hg.), 2008: Klassiker des ökonomischen Denkens. Von Adam Smith bis Alfred Marshall, München.

Kurz, Heinz D. (Hg.), 2009: Klassiker des ökonomischen Denkens. Von Vilfredo Pareto bis Amartya Sen, München.

Ladwig-Winters, Simone, 2009: Ernst Fraenkel. Ein politisches Leben, Frankfurt a.M./ New York.

Laufer, Heinz/Münch, Ursula, 1997: Das föderative System der Bundesrepublik Deutschland, Bonn.

Lehmbruch, Gerhard, 1958: Kleiner Wegweiser zum Studium der Sowjetideologie, Bonn.

Lehmbruch, Gerhard, 1967a: Proporzdemokratie. Politisches System und politische Kultur in der Schweiz und in Österreich, Tübingen.

Lehmbruch, Gerhard, 1967b: Einführung in die Politikwissenschaft. Unter Mitarbeit von Frieder Naschold und Peter Seibt, 1. Aufl., Stuttgart et al.

Lehmbruch, Gerhard, 1968a: Einführung in die Politikwissenschaft. Unter Mitarbeit von Frieder Naschold und Peter Seibt, 2., veränderte Aufl., Stuttgart et al.

Lehmbruch, Gerhard, 1968b: Konkordanzdemokratie im politischen System der Schweiz, in: PVS 9:3, 443-459.

Lehmbruch, Gerhard, 1969a: Konkordanzdemokratien im internationalen System. Ein Paradigma für die Analyse von internen und externen Bedingungen politischer Systeme, in: Czempiel, Ernst-Otto (Hg.): Die anachronistische Souveränität. Zum Verhältnis von Innen- und Außenpolitik (=PVS Sonderheft 1/1969), Köln/Opladen, 139-163.

Lehmbruch, Gerhard 1969b: Strukturen ideologischer Konflikte bei Parteienwettbewerb, in: PVS 10:2-3, 285-313.

Lehmbruch, Gerhard, 1970a: Einführung in die Politikwissenschaft. Unter Mitarbeit von Frieder Naschold und Peter Seibt, 3., veränderte Aufl., Stuttgart et al.

Lehmbruch, Gerhard, 1970b: Art. Parteiensysteme, in: Staatslexikon, 6. Auflage, Ergänzungsbd. 2, Freiburg i.Br., 863-875.

Lehmbruch, Gerhard, 1971a: Das politiche System Österreichs in vergleichender Perspektive, in: Österreichische Zeitschrift für öffentliches Recht 22:3-4, 36-56.

Lehmbruch, Gerhard, 1971b: Die Wahlreform als sozialtechnologisches Programm, in: Lehmbruch, Gerhard/Beyme, Klaus von/Fetscher, Iring (Hg.): Demokratisches System und politische Praxis der Bundesrepublik. Festschrift für Theodor Eschenburg, München, 174-201.

Lehmbruch, Gerhard, 1971c: Einführung in die Politikwissenschaft. Unter Mitarbeit von Frieder Naschold und Peter Seibt, 4. Aufl. (unveränderter Nachdruck der 3. Aufl.), Stuttgart et al.

Lehmbruch, Gerhard, 1974: A non-competitive Pattern of Conflict Management in liberal Democracies: The Case of Switzerland, Austria and Lebanon [1967], in: McRae, Kenneth D. (Hg.): Consociational Democracy. Political Accomodation in Segmented Societies, Toronto, 90-97.

Lehmbruch, Gerhard, 1975: Consociational Democracy in the International System, in: EJPR 3:4, 377-391.

Lehmbruch, Gerhard, 1976: Parteienwettbewerb im Bundesstaat, Stuttgart et al.

Lehmbruch, Gerhard, 1977: Liberal Corporatism and Party Government, in: CPS 10:1, 91-126.

Lehmbruch, Gerhard, 1979a: Consociational Democracy, Class Conflict, and the New Corporatism [1974], in: Schmitter, Philippe C./Lehmbruch, Gerhard (Hg.): Trends Toward Corporatist Intermediation, London/Beverly Hills, 53-61.

Lehmbruch, Gerhard, 1979b: Liberal Corporatism and Party Government, in: Schmitter, Philippe C./Lehmbruch, Gerhard (Hg.): Trends Toward Corporatist Intermediation, London/Beverly Hills, 147-183.

Lehmbruch, Gerhard, 1979c: Concluding Remarks: Problems for Future Research on Corporatist Intermediation and Policy-Making, in: Schmitter, Philippe C./Lehmbruch, Gerhard (Hg.): Trends Toward Corporatist Intermediation, London/Beverly Hills, 299-309.

Lehmbruch, Gerhard, 1979d: Wandlungen der Interessenpolitik im liberalen Korporatismus, in: Alemann, Ulrich von/Heinze, Rolf G. (Hg.): Verbände und Staat. Vom Pluralismus zum Korporatismus. Analysen, Positionen, Dokumente, Opladen, 50-71.

Lehmbruch, Gerhard, 1982: Introduction: Neo-Corporatism in Comparative Perspective, in: id./Schmitter, Philippe C. (Hg.): Patterns of Corporatist Policy-Making, London/Beverly Hills, 1-28.

Lehmbruch, Gerhard, 1983: Interest Intermediation in Capitalist and Socialist Systems. Some Structural and Functional Perspectives in Comparative Research, in: IPSR 4:2, 153-172.

Lehmbruch, Gerhard, 1984a: Concertation and the Structure of Corporatist Networks, in: Goldthorpe, John H. (Hg.): Order and Conflict in Contemporary Capitalism, Oxford, 60-80.

Lehmbruch, Gerhard, 1984b: Österreichs sozialpartnerschaftliches System im internationalen Vergleich, in: Beirat für Wirtschafts- und Sozialfragen (Hg.): Methoden der Politikberatung im wirtschaftspolitischen Bereich, Wien, 41-62.

Lehmbruch, Gerhard, 1985: Sozialpartnerschaft in der vergleichenden Politikforschung, in: Gerlich, Peter/Grande, Edgar/Müller, Wolfgang C. (Hg.): Sozialpartnerschaft in der Krise. Leistungen und Grenzen des Neokorporatismus in Österreich, Wien/Köln/Graz, 85-107.

Lehmbruch, Gerhard, 1987: Administrative Interessenvermittlung, in: Windhoff-Héritier, Adrienne (Hg.): Verwaltung und ihre Umwelt. Festschrift für Thomas Ellwein, Opladen, 11-43.

Lehmbruch, Gerhard, 1988: Der Neokorporatismus in der Bundesrepublik im internationalen Vergleich und die Konzertierte Aktion im Gesundheitswesen, in: Gäfgen, Gérard (Hg.): Neokorporatismus und Gesundheitswesen, Baden-Baden, 11-32.

Lehmbruch, Gerhard, 1989a: Institutional Linkages and Policy Networks in the Federal System of West Germany, in: Publius 19:3, 221-235.

Lehmbruch, Gerhard, 1989b: Marktreformstrategien bei alternierender Parteienregierung: Eine vergleichende institutionelle Analyse, in: Ellwein, Thomas/Hesse, Joachim Jens/Mayntz, Renate/Scharpf, Fritz W. (Hg.): Jahrbuch zur Staats- und Verwaltungswissenschaft 3, 15-45.

Lehmbruch, Gerhard, 1990a: Die improvisierte Vereinigung: Die Dritte deutsche Republik, in: Leviathan 18:4, 462-486.

Lehmbruch, Gerhard, 1990b: Demokratie als rationaler Prozeß, in: Rudolph, Hermann (Hg.): Den Staat denken. Theodor Eschenburg zum Fünfundachtzigsten, Berlin, 53-59.

Lehmbruch, Gerhard, 1991a: Die deutsche Vereinigung: Strukturen und Strategien, in: PVS 32:4, 585-604.

Lehmbruch, Gerhard, 1991b: The Organization of Society, Administrative Strategies, and Policy Networks, in: Czada, Roland/Windhoff-Héritier, Adrienne (Hg.): Political Choice. Institutions, Rules, and the Limits of Rationality, Frankfurt a.M./Boulder, CO, 121-158.

Lehmbruch, Gerhard, 1991c: Das konkordanzdemokratische Modell in der vergleichenden Analyse politischer Systeme, in: Michalsky, Helga (Hg.): Politischer Wandel in konkordanzdemokratischen Systemen. Symposium des Liechtenstein-Instituts 23.-25. November 1989, Vaduz, 13-24.

Lehmbruch, Gerhard, 1992a: Die deutsche Vereinigung. Strukturen der Politikentwicklung und strategische Anpassungsprozesse, in: Kohler-Koch, Beate (Hg.): Staat und Demokratie in Europa. 18. Wissenschaftlicher Kongreß der Deutschen Vereinigung für Politische Wissenschaft, Opladen, 22-46.

Lehmbruch, Gerhard, 1992b: Art. Konkordanzdemokratie, in: Schmidt, Manfred G. (Hg.): Die westlichen Länder (=Lexikon der Politik, Bd. 3), München, 206-211.

Lehmbruch, Gerhard, 1993a: Institutionentransfer. Zur politischen Logik der Verwaltungsintegration in Deutschland, in: Seibel, Wolfgang/Benz, Arthur/Mäding, Heinrich (Hg.): Verwaltungsreform und Verwaltungspolitik im Prozeß der deutschen Einigung, Baden-Baden, 41-66.

Lehmbruch, Gerhard, 1993b: The Process of Regime Change, in: Anderson, Christopher/Kaltenthaler, Karl/Luthardt, Wolfgang (Hg.): The Domestic Politics of German Unification, Boulder, CO/London, 17-36.

Lehmbruch, Gerhard, 1994a: Dilemmata verbandlicher Einflußlogik im Prozeß der deutschen Vereinigung, in: Streeck, Wolfgang (Hg.): Staat und Verbände, Opladen, 370-392.

Lehmbruch, Gerhard, 1994b: Institutionen, Interessen und sektorale Variationen in der Tranformationsdynamik der politischen Ökonomie Ostdeutschlands, in: Journal für Sozialforschung 34:1, 21-44.

Lehmbruch, Gerhard, 1994c: The Process of Regime Change in East Germany. An Institutionalist Scenario for German Unification, in: Journal of European Public Policy 1:1, 115-141.

Lehmbruch, Gerhard, 1995a: Ressortautonomie und die Konstitution sektoraler Politiknetzwerke. Administrative Interessenvermittlung in Japan, in: Bentele, Karlheinz/ Reissert, Bernd/Schettkat, Ronald (Hg.): Die Reformfähigkeit von Industriegesellschaften. Fritz W. Scharpf: Festschrift zu seinem 60. Geburtstag, Frankfurt a.M./ New York 64-100.

Lehmbruch, Gerhard, 1995b: Rationalitätsdefizite, Problemvereinfachung und unbeabsichtigte Folgewirkungen im ostdeutschen Transformationsprozeß, in: Rudolph, Hedwig (Hg., unter Mitarbeit v. Dagmar Simon): Geplanter Wandel, ungeplante Wirkungen: Handlungslogiken und -ressourcen im Prozeß der Transformation, Berlin, 25-43.

Lehmbruch, Gerhard, 1995c: Die Politikwissenschaft im Prozeß der deutschen Vereinigung, in: id. (Hg.): Einigung und Zerfall: Deutschland und Europa nach dem Ende des Ost-West-Konflikts. 19. Wissenschaftlicher Kongreß der Deutschen Vereinigung für Politische Wissenschaft, Opladen, 329-376.

Lehmbruch, Gerhard, 1996a: Die korporative Verhandlungsdemokratie in Westmitteleuropa, in: Schweizerische Zeitschrift für Politische Wissenschaft 2:4, 1-41.

Lehmbruch, Gerhard, 1996b: Die Rolle der Spitzenverbände im Transformationsprozeß: Eine neo-institutionalistische Perspektive, in: Kollmorgen, Raj/Reißig, Rolf/ Weiß, Johannes (Hg.): Sozialer Wandel und Akteure in Ostdeutschland. Empirische Befunde und theoretische Ansätze, Opladen, 117-145.

Lehmbruch, Gerhard, 1996c: Der Beitrag der Korporatismusforschung zur Entwicklung der Steuerungstheorie, in: PVS 37:4, 735-751.

Lehmbruch, Gerhard, 1996d: Die deutsche Vereinigung: Von der Improvisation zum Lernprozeß, in: Rebe, Bernd/Lang, Franz Peter (Hg.): Die unvollendete Einheit. Bestandsaufnahme und Perspektiven für die Wirtschaft, Hildesheim, 85-101.

Lehmbruch, Gerhard, 1997a: From State of Authority to Network State: The German State in Developmental Perspective, in: Muramatsu, Michio/Naschold, Frieder (Hg.): State and Administration in Japan and Germany. A Comparative Perspective on Continuity and Change, Berlin/New York, 39-62.

Lehmbruch, Gerhard, 1997b: Exploring Non-Majoritarian Democracy, in: Daalder, Hans (Hg.): Comparative European Politics: The Story of a Profession, London/ Washington, 192-205.

Lehmbruch, Gerhard, 1998a: The Organization of Society, Administrative Strategies, and Policy Networks, in: Czada, Roland/Héritier, Adrienne/Keman, Hans (Hg.): Institutions and Political Choice: On the Limits of Rationality, Amsterdam, 61-84.

Lehmbruch, Gerhard, 1998b: Zwischen Institutionentransfer und Eigendynamik: Sektorale Transformationspfade und ihre Bestimmungsgründe, in: Czada, Roland/ Lehmbruch, Gerhard (Hg.): Transformationspfade in Ostdeutschland. Beiträge zur sektoralen Vereinigungspolitik, Frankfurt a.M./New York, 17-57.

Lehmbruch, Gerhard, 1998c: Parteienwettbewerb im Bundesstaat. Regelsysteme und Spannungslagen im Institutionengefüge der Bundesrepublik, 2., erw. Aufl., Opladen.

Lehmbruch, Gerhard, 1999a: Die Große Koalition und die Institutionalisierung der Verhandlungsdemokratie, in: Kaase, Max/Schmid, Günther (Hg.): Eine lernende Demokratie. 50 Jahre Bundesrepublik Deutschland, Berlin, 41-61.

Lehmbruch, Gerhard, 1999b: Verhandlungsdemokratie, Entscheidungsblockaden und Arenenverflechtung, in: Merkel, Wolfgang/Busch, Andreas (Hg.): Demokratie in Ost und West. Für Klaus von Beyme, Frankfurt a.M., 402-424.

Lehmbruch, Gerhard, 1999c: Theodor Eschenburg und die Anfänge der westdeutschen Politikwissenschaft, in: PVS 40:4, 641-652.

Lehmbruch, Gerhard, 2000a: Parteienwettbewerb im Bundesstaat: Regelsysteme und Spannungslagen im politischen System der Bundesrepublik Deutschland, 3. aktual. u. erw. Aufl., Opladen.

Lehmbruch, Gerhard, 2000b: Verbände im ostdeutschen Transformationsprozeß, in: Bührer, Werner/Grande, Edgar (Hg.): Unternehmerverbände und Staat in Deutschland, Baden-Baden, 88-109.

Lehmbruch, Gerhard, 2000c: Frieder Naschold: Ein Lebensbild aus der Geschichte der deutschen Politikwissenschaft, in: Leviathan 28:3, 308-318.

Lehmbruch, Gerhard, 2000d: Bundesstaatsreform als Sozialtechnologie? Pfadabhängigkeit und Veränderungsspielräume im deutschen Föderalismus, in: Europäisches Zentrum für Föderalismus-Forschung Tübingen (Hg.): Jahrbuch des Föderalismus 2000. Föderalismus, Subsidiarität und Regionen in Europa, Baden-Baden, 71-93.

Lehmbruch, Gerhard, 2001: Wie ein Fünfzehnjähriger vom Völkermord erfuhr, in: Markovits, Andrei/Rosenberger, Sieglinde (Hg.): Modus und Telos. Beiträge für Anton Pelinka, Wien/Köln/Weimar, 283-292.

Lehmbruch, Gerhard, 2002a: Der unitarische Bundesstaat in Deutschland: Pfadabhängigkeit und Wandel, in: Benz, Arthur/Lehmbruch, Gerhard (Hg.): Föderalismus: Analysen in entwicklungsgeschichtlicher und vergleichender Perspektive, Wiesbaden, 53-110.

Lehmbruch, Gerhard, 2002b: Quasi-Consociationalism in German Politics: Negotiated Democracy and the Legacy of the Westphalian Peace, in: Acta Politica 37:1-2, 175-194.

Lehmbruch, Gerhard, 2002c: Einheit als Improvisation. Rationalitätsdefizite des Vereinigungsprozesses, in: Wehling, Hans-Georg (Hg.): Deutschland Ost – Deutschland West. Eine Bilanz, Opladen, 35-53.

Lehmbruch, Gerhard, 2002d: Restriktionen und Spielräume einer Reform des Bundesstaates, in: Wirtschaftsdienst 82:4, 197-201.

Lehmbruch, Gerhard, 2003a: Verhandlungsdemokratie. Beiträge zur vergleichenden Regierungslehre, Wiesbaden.

Lehmbruch, Gerhard, 2003b: Föderative Gesellschaft im unitarischen Bundesstaat, in: PVS 44:4, 545-571.

Lehmbruch, Gerhard, 2003c: Das deutsche Verbändesystem zwischen Unitarismus und Föderalismus, in: Mayntz, Renate/Streeck, Wolfgang (Hg.): Die Reformierbarkeit der Demokratie. Innovationen und Blockaden. Festschrift für Fritz W. Scharpf, Frankfurt a.M./New York, 259-288.

Lehmbruch, Gerhard, 2003d: Welfare State Adjustment Between Consensual and Adversarial Politics. The Institutional Context of Reform in Germany, in: Waarden, Frans van/Lehmbruch, Gerhard (Hg.): Renegotiating the Welfare State. Flexible Adjustment Through Corporatist Concertation, London/New York, 142-168.

Lehmbruch, Gerhard, 2003e: Wahrnehmungen der DVPW in den sechziger Jahren, in: Falter, Jürgen W./Wurm, Felix W. (Hg.): Politikwissenschaft in der Bundesrepublik. 50 Jahre DVPW, Wiesbaden, 21-28.

Lehmbruch, Gerhard, 2003f: Demokratieforschung und Demokratie-Erziehung in der Nachfolge Theodor Eschenburgs, in: Rittberger, Volker (Hg.): Demokratie – Entwicklung – Frieden. Schwerpunkte Tübinger Politikwissenschaft, Baden-Baden, 31-48.

Lehmbruch, Gerhard, 2004: Strategische Alternativen und Spielräume bei der Reform des Bundesstaates, in: Zeitschrift für Staats- und Europawissenschaften 2:1, 82-93.

Lehmbruch, Gerhard, 2009d: Beobachtungen zum frühen deutschen Globalisierungsdiskurs, in: Ouaissa, Rachid/Zinecker, Heidrun (Hg.): Globalisierung – entgrenzte Welten versus begrenzte Identitäten? Festschrift für Hartmut Elsenhans, Leipzig, 37-51.

Lehmbruch, Gerhard/Mayer, Jörg: 1998: Kollektivwirtschaften im Anpassungsprozeß: Der Agrarsektor, in: Czada, Roland/Lehmbruch, Gerhard (Hg.): Transformationspfade in Ostdeutschland. Beiträge zur sektoralen Vereinigungspolitik, Frankfurt a.M./ New York, 333-364.

Lehmbruch, Gerhard/Schmitter, Philippe C. (Hg.), 1982: Patterns of Corporatist Policy-Making, London/Beverly Hills.

Leibfried, Stephan/Zürn, Michael (Hg.), 2006: Transformationen des Staates?, Frankfurt a.M.

Lepenies, Wolf, 1981: Einleitung. Studien zur kognitiven, sozialen und historischen Identität der Soziologie, in: id. (Hg.): Geschichte der Soziologie. Studien zur kognitiven, sozialen und historischen Identität einer Disziplin, Bd. 1, Frankfurt a.M., I-XXXV.

Lepsius, M. Rainer, 1993: Parteiensystem und Sozialstruktur. Zum Problem der Demokratisierung der deutschen Gesellschaft [1966], in: id.: Demokratie in Deutschland. Soziologisch-historische Konstellationsanalysen, Göttingen, 25-50.

Leunig, Sven, 2004: Länder- versus Parteiinteressen im Bundesrat. Realer Dualismus oder fiktive Differenzierung?, in: APuZ Nr. 50-51, 33-38.

Lhotta, Roland, 2003: Zwischen Kontrolle und Mitregierung. Der Bundesrat als Oppositionskammer?, in: APuZ Nr. 43, 16-22.

Lietzmann, Hans J. (Hg.), 2001: Moderne Politik. Politikverständnisse im 20. Jahrhundert, Opladen.

Lijphart, Arend, 1968a: The Politics of Accomodation. Pluralism and Democracy in the Netherlands, Berkeley/Los Angeles.

Lijphart, Arend, 1968b: Verzuiling, pacificatie en kentering in de Nederlandse politiek, Amsterdam.

Lijphart, Arend, 1968c: Typologies of Democratic Systems, in: CPS 1:1, 17-35.

Lijphart, Arend, 1969: Consociational Democracy, in: World Politics 21:2, 207-225.

Lijphart, Arend, 1977: Democracy in Plural Societies. A Comparative Exploration, New Haven/London.

Lijphart, Arend, 1984: Democracies. Patterns of Majoritarian and Consensus Government in Twenty-one Countries, New Haven/London.

Lijphart, Arend, 1997: About Peripheries, Centres and Other Autobiographical Reflections, in: Daalder, Hans (Hg.): Comparative European politics: The Story of a Profession, London/Washington, 241-252.

Lijphart, Arend, 1999: Patterns of Democracy. Government Forms and Performance in Thirty-Six Countries, New Haven/London.

Lijphart, Arend, 2001: Art. Consociational Democracy, in: Krieger, Joel (Hg.): The Oxford Companion to Politics of the World, 2. Aufl., Oxford/New York, 172.

Lijphart, Arend, 2008a: Thinking about Democracy. Power Sharing and Majority Rule in Theory and Practice, London/New York.

Lijphart, Arend, 2008b: Conclusion. Power Sharing, Evidence, and Logic, in: id.: Thinking about Democracy. Power Sharing and Majority Rule in Theory and Practice, London/New York, 269-281.

Lijphart, Arend/Crepaz, Markus M.L., 1991: Corporatism and Consensus Democracy in Eighteen Countries: Conceptual and Empirical Linkages, in: BJPS 21:2, 235-246.

Linder, Wolf 1996: Entwicklungen der Politikwissenschaft in der Schweiz, in: Lietzmann, Hans/Bleek, Wilhelm (Hg.): Politikwissenschaft. Geschichte und Entwicklung in Deutschland und Europa, München/Wien, 145-170.

Lipset, Seymour Martin/Rokkan, Stein, 1967: Cleavage Structures, Party Systems and Voter Alignments. An Introduction, in: iid. (Hg.): Party Systems and Voter Alignments. Cross-National Perspectives, New York, 1-64.

Lösche, Peter, 2009: Ende der Volksparteien. Essay, in: APuZ Nr. 51, 6-12.

Löw, Martina/Mathes, Bettina (Hg.), 2005: Schlüsselwerke der Geschlechterforschung, Wiesbaden.

Longerich, Peter, 2006: „Davon haben wir nichts gewusst!“ Die Deutschen und die Judenverfolgung 1933-1945, München.

Lorenz, Christian, 2007: Schwarz-Grün auf Bundesebene – Politische Utopie oder realistische Option?, in: APuZ Nr. 35-36, 33-40.

Lück, Helmut E./Miller, Rudolf/Sewz-Vosshenrich, Gabi (Hg.), 2000: Klassiker der Psychologie, Stuttgart/Berlin/Köln.

Mahner, Sebastian/Wolf, Frieder, 2009: Reformen der Bildungspolitik, in: Wagschal, Uwe (Hg.): Deutschland zwischen Reformstau und Veränderung. Ein Vergleich der Politik- und Handlungsfelder, Baden-Baden, 149-177.

Mahner, Sebastian/Wolf, Frieder, 2010: Die Bildungspolitik der Großen Koalition, in: Egle, Christoph/Zohlnhöfer, Reimut (Hg.): Die Große Koalition 2005-2009. Eine Bilanz der Regierung Merkel, Wiesbaden, 378-400.

Mahoney, James, 2000: Path Dependence in Historical Sociology, in: Theory and Society 29:4, 507-548.

Maier, Charles S., 1984: Preconditions for Corporatism, in: Goldthorpe, John H. (Hg.): Order and Conflict in Contemporary Capitalism, Oxford, 39-59.

Mannheim, Karl, 1964: Das Problem der Generationen [1928], in: id.: Wissenssoziologie. Auswahl aus dem Werk, eingeleitet u. hg. v. Kurt H. Wolff, Berlin/Neuwied, 509-565.

Manow, Philip, 1996: Informalisierung und Parteipolitisierung – Zum Wandel exekutiver Entscheidungsprozesse in der Bundesrepublik, in: ZParl 27:1, 96-107.

Manow, Philip, 2008: Praktisch, demokratisch, gut. Dem Politologen Gerhard Lehmbruch zum Achtzigsten, in: Frankfurter Allgemeine Zeitung, 14. April, 38.

Manow, Philip/Burkhart, Simone, 2004: Legislative Autolimitation under Divided Government. Evidence from the German Case, 1976-2002, MPIfG Discussion Paper 04/11, Köln.

March, James G./Olsen, Johan P., 1989: Rediscovering Institutions. The Organizational Basis of Politics, New York/London.

Marin, Bernd, 1985: Austria – The Paradim Case of Liberal Corporatism?, in: Grant, Wyn (Hg.): The Political Economy of Corporatism, Basingstoke/London, 89-125.

Mayer-Tasch, Peter Cornelius, 1997: Das Geschwister-Scholl-Institut für Politische Wissenschaft der Ludwig-Maximilians-Universität München, 1958-1998, München.

Mayntz, Renate, 2008: Embedded Theorizing: Perspectives on Globalization and Global Governance, in: Bröchler, Stephan/Lauth, Hans-Joachim (Hg.), 2008: Politikwissenschaftliche Perspektiven, Wiesbaden, 93-116.

Mayntz, Renate, 2009a: Sozialwissenschaftliche Erkenntnisinteressen und Erkenntnismöglichkeiten: Eine Einführung, in: ead.: Sozialwissenschaftliches Erklären. Probleme der Theoriebildung und Methodologie, Frankfurt a.M./New York, 7-36.

Mayntz, Renate, 2009b: Kausale Rekonstruktion: Theoretische Aussagen im akteurzentrierten Institutionalismus [2002], in: ead.: Sozialwissenschaftliches Erklären. Probleme der Theoriebildung und Methodologie, Frankfurt a.M./New York, 83-95.

Mayntz, Renate/Scharpf, Fritz W., 1995: Der Ansatz des akteurzentrierten Institutionalismus, in: iid. (Hg.): Gesellschaftliche Selbstregulierung und politische Steuerung, Frankfurt a.M./New York, 39-72.

McKay, David, 1991: Is European Political Science Inferior to or Different from American Political Science, in: EJPR 20:3-4, 459-466.

McRae, Kenneth, 1974: Introduction, in: id. (Hg.): Consociational Democracy. Political Accomodation in Segmented Societies, Toronto, 1-27.

Mehring, Reinhard, 2009: Laudatio: Verleihung des Theodor-Eschenburg-Preises an Prof. Dr. Dr. h.c. Wilhelm Hennis am 24. September 2009 auf dem Kongress der Deutschen Vereinigung für Politische Wissenschaft in Kiel, in: PVS 50:4, 816-823.

Merton, Robert K., 1973: The Sociology of Science. Theoretical and Empirical Investigations, edited and with an Introduction by Norman W. Storer, Chicago/London.

Merton, Robert K., 1980 [engl. 1965]: Auf den Schultern von Riesen. Ein Leitfaden durch das Labyrinth der Gelehrsamkeit, übersetzt v. Reinhard Kaiser, Frankfurt a.M.

Merton, Robert K., 1995 [engl. 1957]: Soziologische Theorie und soziale Struktur. Übersetzt v. Hella Beister, hg. u. eingeleitet v. Volker Meja u. Nico Stehr, Berlin/New York.

Michels, Robert, 1989 [1911]: Zur Soziologie des Parteiwesens in der modernen Demokratie. Untersuchungen über die oligarchischen Tendenzen des Gruppenlebens, hg. u. mit einer Einführung v. Frank R. Pfetsch, 4. Aufl., Stuttgart.

Mohr, Arno, 1988: Politikwissenschaft als Alternative. Stationen einer wissenschaftlichen Disziplin auf dem Wege zu ihrer Selbständigkeit in der Bundesrepublik Deutschland 1945-1965, Bochum.

Mohr, Arno, 1995: Politikwissenschaft als Universitätsdisziplin in Deutschland, in: id. (Hg.): Grundzüge der Politikwissenschaft, München/Wien, 1-63.

Mohr, Arno, 2003: Die Entwicklung der Deutschen Vereinigung für Politische Wissenschaft in den vergangenen 20 Jahren – Schlaglichter, in: Falter, Jürgen W./Wurm, Felix W. (Hg.): Politikwissenschaft in der Bundesrepublik. 50 Jahre DVPW, Wiesbaden, 99-134.

Mohr, Arno, 2008: Einleitung. Politikwissenschaft in Heidelberg, in: id./Nohlen, Dieter (Hg.): Politikwissenschaft in Heidelberg. 50 Jahre Institut für Politische Wissenschaft, Heidelberg, 19-87.

Mohr, Arno/Nohlen, Dieter (Hg.), 2008: Politikwissenschaft in Heidelberg. 50 Jahre Institut für Politische Wissenschaft, Heidelberg.

Mommsen, Hans, 1963: Die Sozialdemokratie und die Nationalitätenfrage im habsburgischen Vielvölkerstaat. Das Ringen um die supranationale Integration der zisleithanischen Arbeiterbewegung (1867-1907), Wien.

Münkler, Herfried/Krause, Skadi, 2003: Geschichte und Selbstverständnis der Politikwissenschaft in Deutschland, in: Münkler, Herfried (Hg.): Politikwissenschaft. Ein Grundkurs, Reinbek, 13-54.

Nagel, Katja, 2009: Die Provinz in Bewegung. Studentenunruhen in Heidelberg 1967-1973, Heidelberg et al.

Narr, Wolf-Dieter, 1969: Theoriebegriffe und Systemtheorie (=Einführung in die moderne politische Theorie, Bd. 1), Stuttgart et al.

Niendorf, Mathias, 1997: Minderheiten an der Grenze. Deutsche und Polen in den Kreisen Flatow (Złotów) und Zempelburg (Sępólno Krajeńskie) 1900-1939, Wiesbaden.

Nipperdey, Thomas, 1986a: Der Föderalismus in der deutschen Geschichte [1980], in: id.: Nachdenken über die deutsche Geschichte. Essays, München, 60-109.

Nipperdey, Thomas, 1986b: Kann Geschichte objektiv sein? [1979], in: id.: Nachdenken über die deutsche Geschichte. Essays, München, 218-234.

Nocken, Ulrich, 1981: Korporatistische Theorien und Strukturen in der deutschen Geschichte des 19. und frühen 20. Jahrhunderts, in: Alemann, Ulrich von (Hg.): Neokorporatismus, Frankfurt a.M./New York, 17-39.

Noetzel, Thomas, 1991: Theodor Eschenburg: Stilkritik aus Sorge um die Institutionen, in: Rupp, Hans Karl/Noetzel, Thomas: Macht, Freiheit, Demokratie (Bd. 1). Anfänge der westdeutschen Politikwissenschaft. Biographische Annäherungen, Marburg, 107-120.

Noetzel, Thomas/Rupp, Hans Karl, 1994: Einleitung, in: Rupp, Hans Karl/Noetzel, Thomas (Hg.): Macht, Freiheit, Demokratie. Bd. 2: Die zweite Generation der westdeutschen Politikwissenschaft. Biographische Annäherungen, Marburg, 7-13.

Noetzel, Thomas/Rupp, Hans K., 1996: Zur Generationenfolge in der westdeutschen Politikwissenschaft, in: Lietzmann, Hans/Bleek, Wilhelm (Hg.): Politikwissenschaft. Geschichte und Entwicklung in Deutschland und Europa, München/Wien, 77-98.

Nohlen, Dieter, 1970: Spanischer Parlamentarismus im 19. Jahrhundert. Régimen parlamentario und parlamentarische Regierung, Meisenheim am Glan.

O'Donnell, Guillermo, 2006: Postscriptum: Working with Philippe, in: Crouch, Colin/ Streeck, Wolfgang (Hg.) 2006: The Diversity of Democracy. Corporatism, Social Order and Political Conflict, Cheltenham/Northampton, MA, 243-247.

Olson, Mancur, 1968 [engl. 1965]: Die Logik des kollektiven Handelns. Kollektivgüter und die Theorie der Gruppen, Tübingen.

Ostendorf, Helga, 2009: Politikwissenschaftlerinnen – Auf Dauer in der Minderheit?, in: Politikwissenschaft Nr. 140. Rundbrief der DVPW, Frühjahr 2009, 152-163.

Panitch, Leo, 1980: Recent Theorizations of Corporatism: Reflections on a Growth Industry, in: British Journal of Sociology 31:2, 159-187.

Papcke, Sven/Oesterdiekhoff, Georg W. (Hg.), 2001: Schlüsselwerke der Soziologie, Wiesbaden.

Parsons, Talcott, 1951: The Social System, Glencoe, IL.

Pelinka, Anton, 1996: Die Politikwissenschaft in Österreich, in: Lietzmann, Hans/ Bleek, Wilhelm (Hg.): Politikwissenschaft. Geschichte und Entwicklung in Deutschland und Europa, München/Wien, 132-144.

Pelinka, Anton, 2003: Gerhard Lehmbruch und die österreichische Politikwissenschaft, in: ÖZP 32:2, 213-216.

Pierson, Paul, 2000: Increasing Returns, Path Dependence, and the Study of Politics, in: APSR 94:2, 251-267.

Pilz, Frank, 2002: Das bundesstaatliche Finanzsystem und sein Reformspielraum: Von der Anpassungsfähigkeit zur Reformunfähigkeit der Politik?, in: ZfP 49:1, 1-35.

Plato, Alexander von, 2000: Zeitzeugen und die historische Zunft, in: BIOS 13:1, 5-29.

Popper, Karl Raimund, 1969: Die Logik der Sozialwissenschaften, in: id. et al.: Der Positivismusstreit in der deutschen Soziologie, Neuwied/Berlin, 103-123.

Porsche-Ludwig, Markus, 2010: Alexander Schwan. Fundamente normativer Politik(wissenschaft) – Eine Werkbiographie, Berlin et al.

Prader, Johanna, 2006: Der gnostische Wahn. Eric Voegelin und die Zerstörung menschlicher Ordnung in der Moderne, Wien.

Prange, Klaus, 2008: Schlüsselwerke der Pädagogik. Bd. 1: Von Plato bis Hegel, Stuttgart.

Prange, Klaus, 2009: Schlüsselwerke der Pädagogik. Bd. 2: Von Fröbel bis Luhmann, Stuttgart.

Puhle, Hans-Jürgen, 1984: Historische Konzepte des entwickelten Industriekapitalismus. „Organisierter Kapitalismus“ und „Korporatismus“, in: GuG 10:2, 165-184.

Pusch, Luise F., 1984: Das Deutsche als Männersprache. Aufsätze und Glossen zur feministischen Linguistik, Frankfurt a.M.

Quack, Sigrid, 2006: Institutioneller Wandel. Institutionalisierung und De-Institutionalisierung, in: Senge, Konstanze/Hellmann, Kai-Uwe (Hg.): Einführung in den Neo-Institutionalismus. Mit einem Beitrag von W. Richard Scott, Wiesbaden, 172-184.

Quadbeck, Ulrike, 2008: Karl Dietrich Bracher und die Anfänge der Bonner Politikwissenschaft, Baden-Baden.

Renzsch, Wolfgang, 1998: Parteien im Bundesstaat. Sand oder Öl im Getriebe?, in: Männle, Ursula (Hg.): Föderalismus zwischen Konsens und Konkurrenz. Tagungs- und Materialienband zur Fortentwicklung des deutschen Föderalismus, Baden-Baden, 93-100.

Renzsch, Wolfgang, 2000a: Bundesstaat oder Parteienstaat: Überlegungen zu Entscheidungsprozessen im Spannungsfeld von föderaler Konsensbildung und parlamentarischem Wettbewerb in Deutschland, in: Holtmann, Everhard/Voelzkow, Helmut (Hg.): Zwischen Wettbewerbs- und Verhandlungsdemokratie. Analysen zum Regierungssystem der Bundesrepublik Deutschland, Wiesbaden, 53-78.

Renzsch, Wolfgang, 2000b: Die große Steuerreform 1998/99: Kein Strukturbruch, sondern Koalitionspartner als Vetospieler und Parteien als Mehrebenensysteme, in: ZParl 31:1, 187-191.

Reutter, Werner, 1991: Korporatismustheorien. Kritik, Vergleich, Perspektiven, Frankfurt a.M. et al.

Reutter, Werner, 2000: Organisierte Interessen in Deutschland. Entwicklungstendenzen, Strukturveränderungen und Zukunftsperspektiven, in: APuZ Nr. 26-27, 7-15.

Reutter, Werner, 2001: Korporatismus, Pluralismus und Demokratie, in: id./Rütters, Peter (Hg.): Verbände und Verbandssysteme in Westeuropa, Opladen, 9-30.

Reutter, Werner, 2002: Zur Kritik der Korporatismustheorie, in: ZParl 33:3, 501-511.

Reutter, Werner, 2005: Verbände und Interessengruppen in der Vergleichenden Politikwissenschaft: theoretische Entwicklung und methodische Probleme, in: Kropp, Sabine/Minkenberg, Michael (Hg.): Vergleichen in der Politikwissenschaft, Wiesbaden, 234-254.

Reutter, Werner, 2006: Regieren nach der Föderalismusreform, in: APuZ Nr. 50, 12-17.

Riescher, Gisela (Hg.), 2004: Politische Theorie der Gegenwart in Einzeldarstellungen. Von Adorno bis Young, Stuttgart.

Rieß, Volker, 2007: Art. Volkssturm, in: Benz, Wolfgang/Graml, Hermann/Weiß, Hermann (Hg.): Enzyklopädie des Nationalsozialismus, 5., aktual. u. erw. Aufl., München, 857.

Ritter, Gerhard, 1959: Wissenschaftliche Historie, Zeitgeschichte und „politische Wissenschaft", Heidelberg.

Rudzio, Wolfgang, 2000: Das politische System der Bundesrepublik Deutschland, 5. Aufl., Opladen.

Rupp, Hans Karl, 1991: Dolf Sternberger: Sprache als Fundament des Politischen, in: id./Noetzel, Thomas: Macht, Freiheit, Demokratie (Bd. 1). Anfänge der westdeutschen Politikwissenschaft. Biographische Annäherungen, Marburg, 96-106.

Rupp, Hans Karl/Noetzel, Thomas, 1991: Macht, Freiheit, Demokratie (Bd. 1). Anfänge der westdeutschen Politikwissenschaft. Biographische Annäherungen, Marburg.

Rupp, Hans Karl/Noetzel, Thomas (Hg.), 1994: Macht, Freiheit, Demokratie. Bd. 2: Die zweite Generation der westdeutschen Politikwissenschaft. Biographische Annäherungen, Marburg.

Sabrow, Martin, 2002: Der Historiker als Zeitzeuge. Autobiographische Umbruchsreflexionen deutscher Fachgelehrter nach 1945 und 1989, in: Jarausch, Konrad H./Sabrow, Martin (Hg.): Verletztes Gedächtnis. Erinnerungskultur und Zeitgeschichte im Konflikt, Frankfurt a.M./New York, 125-152.

Schäfer, Armin/Streeck, Wolfgang, 2008: Korporatismus in der Europäischen Union, in: Höpner, Martin/Schäfer, Armin (Hg.): Die Politische Ökonomie der europäischen Integration, Frankfurt a.M./New York, 203-240.

Scharpf, Fritz W., 1978: Die Theorie der Politikverflechtung: ein kurzgefaßter Leitfaden, in: Hesse, Joachim Jens (Hg.): Politikverflechtung im föderativen Staat. Studien zum Planungs- und Finanzierungsverbund zwischen Bund, Ländern und Gemeinden, Baden-Baden, 21-31.

Scharpf, Fritz W., 1985a: Die Politikverflechtungs-Falle: Europäische Integration und deutscher Föderalismus im Vergleich, in: PVS 26:4, 323-356.

Scharpf, Fritz W., 1985b: Plädoyer für einen aufgeklärten Institutionalismus, in: Hartwich, Hans-Hermann (Hg.): Policy-Forschung in der Bundesrepublik Deutschland. Ihr Selbstverständnis und ihr Verhältnis zu den Grundfragen der Politikwissenschaft, Opladen, 164-170.

Scharpf, Fritz W., 1994a: Der Bundesrat und die Kooperation auf der ‚dritten Ebene' [1989], in: id.: Optionen des Föderalismus in Deutschland und Europa, Frankfurt a.M./New York, 59-91.

Scharpf, Fritz W., 1994b: Entwicklungslinien des deutschen Föderalismus [1991], in: id.: Optionen des Föderalismus in Deutschland und Europa, Frankfurt a.M./New York, 45-58.

Scharpf, Fritz W., 1999: Föderale Politikverflechtung: Was muß man ertragen? Was kann man ändern?, in: Morath, Konrad (Hg.): Reform des Föderalismus. Beiträge zu einer gemeinsamen Tagung von Frankfurter Institut und Institut der deutschen Wirtschaft Köln, Bad Homburg, 23-36.

Scharpf, Fritz W., 2000: Interaktionsformen. Akteurzentrierter Institutionalismus in der Politikforschung, übersetzt v. Oliver Treib, Opladen.

Scharpf, Fritz W., 2006: Föderalismusreform: Weshalb wurde so wenig erreicht?, in: APuZ Nr. 50, 6-11.

Scharpf, Fritz W., 2009: Föderalismusreform. Kein Ausweg aus der Politikverflechtungsfalle?, Frankfurt a.M./New York.

Scharpf, Fritz W./Reissert, Bernd/Schnabel, Fritz, 1976: Politikverflechtung. Theorie und Empirie des kooperativen Föderalismus in der Bundesrepublik, Kronberg i.T.

Schief, Sebastian, 2006: Korporatismus unter Druck? Zum Einfluss der Erweiterung der Europäischen Union auf die industriellen Beziehungen der Mitgliedsländer, in: Brinkmann, Ulrich/Krenn, Karoline/Schief, Sebastian (Hg.): Endspiel des Kooperativen Kapitalismus? Institutioneller Wandel unter den Bedingungen des marktzentrierten Paradigmas, Wiesbaden, 181-195.

Schilde, Kurt, 2007: Art. Sturmabteilungen (SA), in: Benz, Wolfgang/Graml, Hermann/Weiß, Hermann (Hg.): Enzyklopädie des Nationalsozialismus, 5., aktual. u. erw. Aufl., München, 819-821.

Schirm, Stefan A. (Hg.), 2006: Globalisierung. Forschungsstand und Perspektiven, Baden-Baden.

Schlak, Stephan, 2008: Wilhelm Hennis. Szenen einer Ideengeschichte der Bundesrepublik, München.

Schlüter, Anne, 1992: Zur Geschichte des Frauenstudiums in Deutschland, in: ead. (Hg.): Pionierinnen – Feministinnen – Karrierefrauen? Zur Geschichte des Frauenstudiums in Deutschland, Pfaffenweiler, 1-6.

Schmidt, Manfred G., 1982: Does Corporatism Matter? Economic Crisis, Politics and Rates of Unemployment in Capitalist Democracies in the 1970s, in: Lehmbruch, Gerhard/Schmitter, Philippe C. (Hg.): Patterns of Corporatist Policy-Making, London/Beverly Hills, 1982, 237-258.

Schmidt, Manfred G., 1985: Politikwissenschaft, in: Hartwich, Hans-Hermann (Hg.): Policy-Forschung in der Bundesrepublik Deutschland. Ihr Selbstverständnis und ihr Verhältnis zu den Grundfragen der Politikwissenschaft, Opladen, 137-143.

Schmidt, Manfred G., 1996: When Parties Matter: A Review of the Possibilities and Limits of Partisan Influence on Public Policy, in: EJPR 30:2, 155-183.

Schmidt, Manfred G., 2000: Thesen zur Reformpolitik im Föderalismus der Bundesrepublik Deutschland, Zentrum für Sozialpolitik Arbeitspapier 4, Bremen.

Schmidt, Manfred G., 2002: Germany. The Grand Coalition State, in: Colomer, Josep (Hg.): Political Institutions in Europe, 2. Aufl., London, 57-93.

Schmidt, Manfred G., 2003: Laudatio: Verleihung des Theodor-Eschenburg-Preises an Prof. Dr. Gerhard Lehmbruch am 25. September 2003 auf dem Kongress der Deutschen Vereinigung für Politische Wissenschaft in Mainz, in: PVS 44:4, 572-580.

Schmidt, Manfred G., 2007: Das politische System Deutschlands. Institutionen, Willensbildung und Politikfelder, München.

Schmidt, Manfred G., 2010a: Wörterbuch zur Politik, 3., überarbeitete u. aktual. Aufl., Stuttgart.

Schmidt, Manfred G., 2010b: Demokratietheorien. Eine Einführung, 5. Aufl., Wiesbaden.

Schmidt, Manfred G./Ostheim, Tobias, 2007: Die Lehre vom Politik-Erbe, in: Schmidt, Manfred G./Ostheim, Tobias/Siegel, Nico A./Zohlnhöfer, Reimut (Hg.): Wohlfahrtsstaat: Eine Einführung in den historischen und internationalen Vergleich. Wiesbaden, 85-95.

Schmitter, Philippe C., 1977: Modes of Interest Intermediation and Models of Societal Change in Western Europe, in: CPS 10:1, 7-38.

Schmitter, Philippe C., 1979 [1974]: Still the Century of Corporatism?, in: id./Lehmbruch, Gerhard (Hg.): Trends Toward Corporatist Intermediation, London/Beverly Hills, 7-52.

Schmitter, Philippe C., 1982: Reflections on Where the Theory of Neo-Corporatism Has Gone and Where the Praxis of Neo-Corporatism May Be Going, in: Lehmbruch, Gerhard/Schmitter, Philippe C. (Hg.): Patterns of Corporatist Policy-Making, London/Beverly Hills, 259-279.

Schmitter, Philippe C., 1989: Corporatism is Dead! Long Live Corporatism! The Andrew Shonfield Lectures (IV), in: Government and Opposition 24:1, 54-73.

Schmitter, Philippe C., 1997: Autobiographical Reflections: or How to Live with a Conceptual Albatross around one's Neck, in: Daalder, Hans (Hg.): Comparative European politics: The Story of a Profession, London/Washington, 287-297.

Schmitter, Philippe C., 2001: Art. Corporatism, in: Krieger, Joel (Hg.): The Oxford Companion to Politics of the World, 2. Aufl., Oxford/New York, 175-177.

Schmitter, Philippe C./Lehmbruch, Gerhard (Hg.), 1979: Trends Toward Corporatist Intermediation, London/Beverly Hills.

Schultes, Kilian P., 2010: Die Staats- und Wirtschaftswissenschaftliche Fakultät der Universität Heidelberg 1934-1946, Diss., Universität Heidelberg, online unter: http://www.ub.uni-heidelberg.de/archiv/10618 (letzter Abruf am 1. Oktober 2010).

Schultze, Rainer-Olaf, 1999: Föderalismusreform in Deutschland: Widersprüche – Ansätze – Hoffnungen, in: ZfP 46:2, 173-194.

Schultze, Rainer-Olaf, 2004: Gerhard Lehmbruch, in: Riescher, Gisela (Hg.): Politische Theorie der Gegenwart in Einzeldarstellungen. Von Adorno bis Young, Stuttgart, 278-282.

Schwanitz, Dietrich, 1999: Bildung. Alles was man wissen muss, Frankfurt a.M.

Sebaldt, Martin, 2006: Theorie und Empirie einer Forschungstradition: Das Panorama der klassischen Verbändeforschung, in: id./Straßner, Alexander (Hg.), 2006: Klassiker der Verbändeforschung, Wiesbaden, 9-33.

Sebaldt, Martin/Straßner, Alexander (Hg.), 2006: Klassiker der Verbändeforschung, Wiesbaden.

Seeley, John R., 1896: Introduction to Political Science. Two Series of Lectures, London.

Seibel, Wolfgang, 1997: Historische Analyse und politikwissenschaftliche Institutionenforschung, in: Benz, Arthur/Seibel, Wolfgang (Hg.): Theorieentwicklung in der Politikwissenschaft – eine Zwischenbilanz, Baden-Baden, 357-376.

Selg, Peter, 2006: „Wir haben alle unsere Maßstäbe in uns selbst". Der geistige Weg Hans und Sophie Scholls, Dornach.

Siaroff, Alan, 1999: Corporatism in 24 Industrial Democracies: Meaning and Measurement, in: EJPR 36:2, 175-205.

Sommer, Theo, 1990: Miterzieher einer ganzen Generation von Journalisten, in: Rudolph, Hermann (Hg.): Den Staat denken. Theodor Eschenburg zum Fünfundachtzigsten, Berlin, 103-109.

Der Spiegel (o.V.), 1965: Österreichs Große Koalition. Modell für Bonn?, Nr. 36, 1. September, 1 u. 70-80.

Der Spiegel (o.V.), 1966: Verzichtpolitik (Rubrik „Panorama"), Nr. 22, 23. Mai, 24.

Stammen, Theo, 1997: Grundlagen der Politik, in: id. et al.: Grundwissen Politik. Überarbeitete u. erw. Neuausgabe, Frankfurt a.M./New York, 13-46.

Stammen, Theo, 2004: Theodor Eschenburg, in: Riescher, Gisela (Hg.): Politische Theorie der Gegenwart in Einzeldarstellungen. Von Adorno bis Young, Stuttgart, 142-145.

Stary, Joachim/Kretschmer, Horst, 2004: Umgang mit wissenschaftlicher Literatur. Eine Arbeitshilfe für das sozial- und geisteswissenschaftliche Studium, 3. Aufl., Berlin.

Statistisches Bundesamt (Hg.), 2008: Statistisches Jahrbuch 2008. Für die Bundesrepublik Deutschland, Wiesbaden.

Statistisches Bundesamt (Hg.), 2009: Statistisches Jahrbuch 2009. Für die Bundesrepublik Deutschland, Wiesbaden.

Steffani, Winfried, 1997: Gewaltenteilung und Parteien im Wandel, Opladen/Wiesbaden.

Sternberger, Dolf, 2008: Begriff des Politischen. Heidelberger Antrittsvorlesung am 23. November 1960, in: Mohr, Arno/Nohlen, Dieter (Hg.): Politikwissenschaft in Heidelberg. 50 Jahre Institut für Politische Wissenschaft, Heidelberg 2008, 111-119.

Stöver, Philip, 2004: Philippe C. Schmitter, in: Riescher, Gisela (Hg.): Politische Theorie der Gegenwart in Einzeldarstellungen. Von Adorno bis Young, Stuttgart, 438-441.

Straßner, Alexander/Sebaldt, Martin, 2006: Klassik und Moderne: Neue Verbändetheorien und ihre gesellschaftliche Reflexion, in: Sebaldt, Martin/Straßner, Alexander (Hg.): Klassiker der Verbändeforschung, Wiesbaden, 305-337.

Streeck, Wolfgang, 1999a: The Internationalization of Industrial Relations in Europe: Prospects and Problems [1997], in: id.: Korporatismus in Deutschland. Zwischen Nationalstaat und Europäischer Union, Frankfurt a.M./New York, 159-188.

Streeck, Wolfgang, 1999b: Staat und Verbände: Neue Fragen. Neue Antworten? [1994], in: id.: Korporatismus in Deutschland. Zwischen Nationalstaat und Europäischer Union, Frankfurt a.M./New York, 280-309.

Streeck, Wolfgang, 2006: The Study of Organized Interests: Before 'The Century' and After, in: Crouch, Colin/Streeck, Wolfgang (Hg.): The Diversity of Democracy. Corporatism, Social Order and Political Conflict, Cheltenham/Northampton, MA, 3-45.

Streeck, Wolfgang/Schmitter, Philippe C., 1999: Gemeinschaft, Markt, Staat – und Verbände? Der mögliche Beitrag von privaten Interessenregierungen zu sozialer Ordnung [engl. 1985], in: Streeck, Wolfgang: Korporatismus in Deutschland. Zwischen Nationalstaat und Europäischer Union, Frankfurt a.M./New York, 191-222.

Stüwe, Klaus, 2004: Konflikt und Konsens im Bundesrat. Eine Bilanz (1949-2004), in: APuZ Nr. 50-51, 25-32.

Sturm, Roland, 1999a [Rez.]: Parteienwettbewerb im Bundesstaat, 2nd edition (Opladen: Westdeutscher Verlag), in: German Politics 8:1, 237.

Sturm, Roland, 1999b: Party Competition and the Federal System: The Lehmbruch Hypothesis Revisited, in: Jeffery, Charlie (Hg.): Recasting German Federalism. The Legacies of Unification, London/New York, 197-216.

Sturm, Roland, 2003: Föderalismus in Deutschland, München.

Sturm, Roland, 2004: Politische Kultur, in: Helms, Ludger/Jun, Uwe (Hg.): Politische Theorie und Regierungslehre. Eine Einführung in die politikwissenschaftliche Institutionenforschung, Frankfurt a.M./New York 2004, 302-323.

Sturm, Roland, 2009: Zwischen pragmatischem Verstehen und theoretischen Perspektiven. Politikwissenschaftliche Forschung zur Bundesrepublik Deutschland, in: PVS 50:3, 408-432.

Thelen, Kathleen, 1999: Historical Institutionalism in Comparative Politics, in: Annual Review of Political Science 2, 369-404.

Tonge, Jonathan, 2005: The New Northern Irish Politics?, Basingstoke/New York.

Tonge, Jonathan, 2008: From Conflict to Communal Politics: The Politics of Peace, in: Coulter, Colin/Murray, Michael (Hg.): Northern Ireland after the Troubles. A Society in Transition, Manchester/New York, 49-72.

Traxler, Franz, 2001: Die Metamorphosen des Korporatismus: Vom klassischen zum schlanken Muster, in: PVS 42:4, 590-623.

Tsebelis, George, 1995: Decision Making in Political Systems: Veto Players in Presidentialism, Parliamentarism, Multicameralism and Multipartyism, in: BJPS 25:3, 289-325.

Tsebelis, George, 2000: Veto Players and Institutional Analysis, in: Governance 13:4, 441-474.

Tullner, Mathias, 2008: Geschichte Sachsen-Anhalts, München.

Ulram, Peter, 1996: Das Parteibuch. Die soziale Bedeutung der Parteimitgliedschaft, in: Kos, Wolfgang/Rigele, Georg (Hg.): Inventur 45/55. Österreich im ersten Jahrzehnt der Zweiten Republik, Wien, 287-297.

Urban, Hans-Jürgen/Buckmiller, Michael/Deppe, Frank (Hg.), 2006: „Antagonistische Gesellschaft und politische Demokratie". Zur Aktualität von Wolfgang Abendroth, Hamburg.

Völkl, Kerstin, 2009: Reine Landtagswahlen oder regionale Bundestagswahlen? Eine Untersuchung des Abstimmungsverhaltens bei Landtagswahlen 1990-2006, Baden-Baden.

Wachendorfer-Schmidt, Ute, 1999: Der Preis des Föderalismus in Deutschland, in: PVS 40:1, 3-39.

Wachendorfer-Schmidt, Ute, 2005: Politikverflechtung im vereinigten Deutschland, 2. Aufl., Wiesbaden.

Wassenberg, Arthur, 1982: Neo-Corporatism and the Quest for Control: the Cuckoo Game, in: Lehmbruch, Gerhard/Schmitter, Philippe C. (Hg.): Patterns of Corporatist Policy-Making, London/Beverly Hills, 83-108.

Weber, Max, 1973a: Die „Objektivität" sozialwissenschaftlicher und sozialpolitischer Erkenntnis [1904], in: id.: Gesammelte Aufsätze zur Wissenschaftslehre, hg. v. Johannes Winckelmann, 4., erneut durchgesehene Aufl. [zuerst 1922], Tübingen, 146-214.

Weber, Max, 1973b: Der Sinn der „Wertfreiheit" der soziologischen und ökonomischen Wissenschaften [1917], in: id.: Gesammelte Aufsätze zur Wissenschaftslehre, hg. v. Johannes Winckelmann, 4., erneut durchgesehene Aufl. [zuerst 1922], Tübingen, 489-540.

Weber, Reinhold/Wehling, Hans-Georg, 2007: Geschichte Baden-Württembergs, München.

Wehler, Hans-Ulrich, 1994: Das Deutsche Kaiserreich 1871-1918, 7. Aufl., Göttingen.

Welzer, Harald, 2000: Das Interview als Artefakt. Zur Kritik der Zeitzeugenforschung, in: BIOS 13:1, 51-63.

Westle, Bettina, 2009: Einleitung, in: ead. (Hg.): Methoden der Politikwissenschaft, Baden-Baden, 7-48.

Winkler, Heinrich August, 2005: Der lange Weg nach Westen. Zweiter Band: Deutsche Geschichte vom „Dritten Reich" bis zur Wiedervereinigung, 6., durchgesehene Aufl., München.

Wolf, Frieder, 2010: Enlightened Eclecticism or Hazardous Hotchpotch? Mixed Methods and Triangulation Strategies in Comparative Public Policy Research, in: Journal of Mixed Methods Research 4:2, 144-167.

Zohlnhöfer, Reimut, 1999: Die große Steuerreform 1998/99: Ein Lehrstück für Politikentwicklung bei Parteienwettbewerb im Bundesstaat, in: ZParl 30:2, 326-345.

Zohlnhöfer, Reimut, 2000: Der Parteienwettbewerb, die kleinen Koalitionspartner und das Scheitern der Steuerreform. Eine Erwiderung auf Wolfgang Renzsch, in: ZParl 31:3, 719-724.

Zohlnhöfer, Reimut, 2010: Endlich Durchregieren? Die Effekte der Föderalismusreform I auf die Wirtschafts- und Sozialpolitik, in: Blumenthal, Julia von/Bröchler, Stephan (Hg.): Föderalismusreform in Deutschland. Bilanz und Perspektiven im internationalen Vergleich, Wiesbaden, 139-154.

9. Anhang

9.1. Lebenslauf Gerhard Lehmbruchs

15. April 1928	Gerhard Lehmbruch wird als ältestes Kind des ev. Pfarrers Werner Lehmbruch und dessen Frau Erna in Königsberg geboren
1933	Umzug der Familie nach Rehhof bei Marienwerder, Westpreußen
1937-1944	Besuch der Oberschule in Marienwerder
Sept. 1944-Jan. 1945	Forstanwärter, zu Kriegsarbeiten („Schanzen") herangezogen
Februar-Mai 1945	Militärdienst bei der SA-Wehrmachtseinheit „Feldherrnhalle"
2. Jahreshälfte 1945	Forstanwärter
Anf. 1946-Frühj. 1947	Besuch der Oberschule in Weferlingen/Sachsen-Anhalt, Abitur
SS 1947-WS 1947/48	Studium der ev. Theologie und der Philosophie an der Kirchlichen Hochschule Berlin-Zehlendorf (Westberlin)
SS 1948-SS 1949	Studium der ev. Theologie und Philosophie, Universität Tübingen Tübingen
WS 1949/50-SS 1950	Studium der ev. Theologie und der Philosophie, Universität Göttingen
WS 1950/51-SS 1951	Studium der ev. Theologie und Philosophie, Universität Tübingen
1952	Absolvierung der 1. kirchlichen Dienstprüfung in Westberlin
WS 1952/53-SS 1953	Postgraduiertenstudium der evangelischen Theologie, Geschichte und Soziologie an der Universität Basel
1954-1959	Studium der Politikwissenschaft, Geschichte und Soziologie, Universität Tübingen, zeitweise Hilfsassistent bei Prof. Theodor Eschenburg
1954-1955	Studium der Politikwissenschaft, Geschichte und Soziologie am Institut d'Études Politiques und an der Sorbonne, Paris
1960-Frühjahr 1967	Wissenschaftlicher Assistent in Politikwissenschaft am Lehrstuhl von Prof. Theodor Eschenburg, Universität Tübingen
27./28. Juni 1962	Promotion zum Dr. phil. an der Universität Tübingen
1967-1969	Habilitationsstipendium der DFG
10. Juli 1969	Habilitation an der Universität Tübingen, Venia Legendi für Politikwissenschaft, Habilitationsvortrag *Die Wahlrechtsreform als Instrument zur Beeinflussung des politischen Systems*
WS 1969-SS 1973	Wissenschaftlicher Rat (C2) für Politikwissenschaft an der Universität Heidelberg
WS 1973/74-SS 1978	Professor (C4) für Politikwissenschaft an der Universität Tübingen
WS 1978/79-WS 1995/96	Professor (C4) für Politikwissenschaft an der Universität Konstanz
Ende WS 1995/96	Emeritierung

9.2. Schriftenverzeichnis Gerhard Lehmbruchs ab 1993[1]

1993

1993a: Consociational democracy and corporatism in Switzerland, in: Publius 23:2, 43-60. (Nachdruck in: Elazar, Daniel J. (Hg.), 2001: Commonwealth: The other road to democracy – the Swiss model of democratic self-government, Lanham, MD, 83-105.)

1993b: The process of regime change in East Germany, in: Anderson, Christopher/Kaltenthaler, Karl/Luthardt, Wolfgang (Hg.): The domestic politics of German unification, Boulder, CO, 17-36.

1993c: Der Staat des vereinigten Deutschland und die Transformationsdynamik der Schnittstellen von Staat und Wirtschaft in der ehemaligen DDR, in: BISS public 10 (Brandenburg-Institut für Sozialwissenschaftliche Studien), 21-41.

1993d: Les stratégies de transformation de l'Allemagne de l'Est et leurs incertitudes, in: Annales des Mines – Série: Gérer et Comprendre 32, 6-14.

1993e: Konkordanzdemokratie, in: Schmidt, Manfred G. (Hg.): Lexikon der Politik, Bd. 3, München, 206-211.

1994

1994a: Dilemmata verbandlicher Einflußlogik im Prozeß der deutschen Vereinigung, in: Streeck, Wolfgang (Hg.), 1994: Staat und Verbände (=PVS-Sonderheft 25/1994), Opladen, 370-392. (Nachdruck in: Schmid, Josef (Hg.), 1998: Verbände: Lehr- und Arbeitsbuch, München, 251-274.)

1994b: Institutionen, Interessen und sektorale Variationen in der Transformationsdynamik der politischen Ökonomie Ostdeutschlands, in: Journal für Sozialforschung 34:1, 21-44.

1994c: The process of regime change in East Germany. An institutionalist scenario for German unification, in: Journal of European Public Policy 1:1, 115-141.

1994d: RFA: Le cadre institutionnel et les incertitudes des stratégies néo-libérales, in: Jobert, Bruno (Hg.): Le tournant néo-libéral en Europe: Idées et recettes dans les pratiques gouvernementales, Paris, 201-232.

1995

1995a: Sektorale Variationen in der Transformationsdynamik der politischen Ökonomie Ostdeutschlands, in: Seibel, Wolfgang/Benz, Arthur (Hg.): Regierungssystem und Verwaltungspolitik. Beiträge zu Ehren von Thomas Ellwein, Opladen, 180-215. (Frz. Übersetzung: Les variations sectorielles dans la dynamique du changement de l'économie politique est-allemande, in: Hassenteufel, Patrick (Hg.), 1996: Allemagnes, année zéro (=Politix 33). Paris, 44-70.)

1995b: Thomas Ellwein und die Konstanzer Politik- und Verwaltungswissenschaft, in: Seibel, Wolfgang/Benz, Arthur (Hg.): Regierungssystem und Verwaltungspolitik. Beiträge zu Ehren von Thomas Ellwein, Opladen, 11-15.

1995c: Die Politikwissenschaft im Prozeß der deutschen Vereinigung, in: id. (Hg.): Einigung und Zerfall: Deutschland und Europa nach dem Ende des Ost-West-Konflikts, Opladen, 329-360.

[1] Ein vollständiges Publikationsverzeichnis bis 1992 bieten Czada/Schmidt 1993b.

1995d: Herausgeber: Einigung und Zerfall: Deutschland und Europa nach dem Ende des Ost-West-Konflikts, Opladen.

1995e: Ressortautonomie und die Konstitution sektoraler Politiknetzwerke: Administrative Interessenvermittlung in Japan, in: Bentele, Karlheinz/Reissert, Bernd/Schettkat, Ronald (Hg.): Die Reformfähigkeit von Industriegesellschaften. Fritz W. Scharpf: Festschrift zu seinem 60. Geburtstag, Frankfurt a.M., 64-100.

1995f: Intermediäre Interessen und die Hauptstadtfunktion in einer polyzentrischen Gesellschaft, in: Süß, Werner (Hg.): Hauptstadt Berlin. Bd. 2: Berlin im vereinten Deutschland, Berlin, 223-232.

1995g: Organisation de la société, stratégies administratives, et résaux d'action publique. Éléments d'une théorie de développement des systèmes d'intérêts, in: Les Galès, Patrick/ Thatcher Mark (Hg.): Les réseaux de politique publique: Débat autour des policy networks, Paris, 69-90. (Frz. Übersetzung von: The organization of society, administrative strategies, and policy networks: Elements of a developmental theory of interest systems, in: Czada, Roland/Windhoff-Héritier, Adrienne (Hg.), 1991: *Political choice: Institutions, rules, and the limits of rationality*. Campus; Westview Press: Frankfurt a.M./Boulder, CO, 121-158.)

1995h: Rationalitätsdefizite, Problemvereinfachung und unbeabsichtigte Folgewirkungen im ostdeutschen Transformationsprozeß, in: Rudolph, Hedwig, (Hg., unter Mitarbeit von Dagmar Simon): Geplanter Wandel, ungeplante Wirkungen: Handlungslogiken und -ressourcen im Prozeß der Transformation (= WZB-Jahrbuch 1995), Berlin, 25-43.

1995i: The segmentation of government in comparative perspective, in: Social Science Japan (no. 3), 6-9.

1996

1996a: Die korporative Verhandlungsdemokratie in Westmitteleuropa, in: Schweizerische Zeitschrift für Politische Wissenschaft 2:4, 19-41. (Jap. Übersetzung: Seiochubu niokeru dantaikyochogata kosho demokurashii, in: Kato, Shujiro (Hg.), 2002: Seio hikaku seiji (Comparative Politics: West Europe), Tokio.)

1996b: Die Rolle der Spitzenverbände im Transformationsprozeß: Eine neo-institutionalistische Perspektive, in: Kollmorgen, Raj/Reißig, Rolf/Weiß, Johannes (Hg.): Sozialer Wandel und Akteure in Ostdeutschland: empirische Befunde und theoretische Ansätze, Opladen, 117-145.

1996c: Der Beitrag der Korporatismusforschung zur Entwicklung der Steuerungstheorie, in: PVS 37:4, 735-751.

1996e: Die ostdeutsche Transformation als Strategie des Institutionentransfers: Überprüfung und Antikritik, in: Eisen, Andreas/Wollmann, Hellmut (Hg.): Institutionenbildung in Ostdeutschland: zwischen externer Steuerung und Eigendynamik, Opladen, 63-78.

1996f: German federalism and the challenge of unification, in: Hesse, Joachim Jens/Wright, Maurice (Hg.): Federalising Europe? The costs, benefits, and preconditions of federal political systems, Oxford, 169-203.

1996g: Die deutsche Vereinigung: Von der Improvisation zum Lernprozeß, in: Rebe, Bernd/ Lang, Franz Peter (Hg.): Die unvollendete Einheit: Bestandsaufnahme und Perspektiven für die Wirtschaft, Hildesheim, 85-101.

1997

1997a: Exploring non-majoritarian democracy, in: Daalder, Hans (Hg.): Comparative European politics: the story of a profession, London, 192-205 (Nachdruck: 1999).

1997b: From state authority to network state: the German state in developmental perspective, in: Muramatsu, Michio/Naschold, Frieder (Hg.): State and administration in Japan and Germany: a comparative perspective on continuity and change, Berlin/New York, 39-62.

1997c: Die improvisierte Vereinigung. Die Dritte deutsche Republik, in: Greiff, Bodo von/ Koch, Claus/König, Helmut (Hg.): Der Leviathan in unserer Zeit, Opladen, 250-274. (Nachdruck, zuerst 1990: Die improvisierte Vereinigung. Die dritte deutsche Republik, in: Leviathan 18:4, 462-486.)

1997d: Die deutsche Vereinigung: Strukturen und Strategien, in: Seibel, Wolfgang/Medick-Krakau, Monika/ Münkler, Herfried/Greven Michael Th. (Hg.): Demokratische Politik – Analyse und Theorie. Politikwissenschaft in der Bundesrepublik Deutschland, Opladen, 287-306. (Nachdruck, zuerst 1991: Die deutsche Vereinigung. Strukturen und Strategien, in: PVS 32:4, 585-604.)

1998

1998a: Parteienwettbewerb im Bundesstaat. Regelsysteme und Spannungslagen im Institutionengefüge der Bundesrepublik Deutschland, 2., überarbeitete Auflage, Opladen.

1998b: ‚A-Länder' und ‚B-Länder': Eine Anmerkung zum Sprachgebrauch, in: ZParl 29:2, 348-350.

1998c: The organization of society, administrative strategies, and policy networks, in: Czada, Roland (Hg.): Institutions and political choice: the limits of rationality, Amsterdam, 61-84. (Nachdruck, zuerst 1991: The organization of society, administrative strategies, and policy networks: Elements of a developmental theory of interest systems, in: Czada, Roland/Windhoff-Héritier, Adrienne (Hg.): Political choice: Institutions, rules, and the limits of rationality, Frankfurt a.M./Boulder, CO, 121-158.)

1998d: Zwischen Institutionentransfer und Eigendynamik: Sektorale Transformationspfade und ihre Bestimmungsgründe, in: id./Czada, Roland (Hg.): Transformationspfade in Ostdeutschland, Frankfurt a.M./New York, 17-57.

1998e: (mit Jörg Mayer) Kollektivwirtschaften im Anpassungsprozeß: Der Agrarsektor, in: id./Czada, Roland (Hg.): Transformationspfade in Ostdeutschland, Frankfurt a.M./New York, 331-364.

1998f: Herausgeber (mit Roland Czada): Transformationspfade in Ostdeutschland: Beiträge zur sektoralen Vereinigungspolitik, Frankfurt a.M./New York.

1999

1999a: Die Große Koalition und die Institutionalisierung der Verhandlungsdemokratie, in: Kaase, Max/Schmid, Günther (Hg.): Eine lernende Demokratie. 50 Jahre Bundesrepublik Deutschland (=WZB-Jahrbuch 1999), Berlin, 41-61.

1999b: Theodor Eschenburg und die Anfänge der westdeutschen Politikwissenschaft, in: PVS 40:4, 641-652.

1999c: Föderalismus als entwicklungsgeschichtlich geronnene Verteilungsentscheidungen: Eine Reform des Bundesstaates ist kein ingenieurwissenschaftliches Problem, in: Der Bürger im Staat 49:1-2, 114-199 (Nachdruck in: Wehling, Hans-Georg (Hg.), 2000: Die deutschen Länder, Opladen, 299-314; 2. Auflage 2002: 313-328).

1999d: The intermediation of interests in agricultural policy: Organized interests and policy networks, in: Frohberg, Klaus/Weingarten, Peter (Hg.): The significance of politics and institutions for the design and formation of agricultural policies, Kiel, 92-104.

1999e: Verhandlungsdemokratie, Entscheidungsblockaden und Arenenverflechtung, in: Busch, Andreas/Merkel, Wolfgang (Hg.): Demokratie in Ost und West: Für Klaus von Beyme, Frankfurt a.M., 402-424.

1999f: Das Staatsoberhaupt in den parlamentarischen Demokratien Europas: Der internationale Vergleich, in: Jäckel, Eberhard/Möller, Horst/Rudolph, Hermann (Hg.): Von Heuss bis Herzog. Die Bundespräsidenten im System der Bundesrepublik Deutschland, Stuttgart, 108-128.

2000

2000a: Parteienwettbewerb im Bundesstaat: Regelsysteme und Spannungslagen im politischen System der Bundesrepublik Deutschland, 3., aktualisierte u. erweiterte Auflage, Wiesbaden.

2000b: Frieder Naschold: Ein Lebensbild aus der Geschichte der deutschen Politikwissenschaft, in: Leviathan 28, 308-318.

2000c: Institutionelle Schranken einer ausgehandelten Reform des Wohlfahrtsstaates. Das Bündnis für Arbeit und seine Erfolgsbedingungen, in: Czada, Roland/Wollmann, Hellmut (Hg.): Von der Bonner zur Berliner Republik. Zehn Jahre deutsche Einheit (=Leviathan-Sonderheft 19/1999), Wiesbaden, 89-112.

2000d: The institutional framework: Federalism and decentralisation in Germany, in: Wollmann, Hellmut/Schröter, Eckhard (Hg.): Comparing public sector reform in Britain and Germany: Key traditions and trends of modernisation, Aldershot, 85-106.

2000e: Verbände im ostdeutschen Transformationsprozeß, in: Bührer, Werner/Grande, Edgar (Hg.): Unternehmerverbände und Staat in Deutschland, Baden-Baden, 88-109.

2000f: Bundesstaatsreform als Sozialtechnologie? Pfadabhängigkeit und Veränderungsspielräume im deutschen Föderalismus, in: Europäisches Zentrum für Föderalismus-Forschung Tübingen (Hg.): Föderalismus, Subsidiarität und Regionen in Europa (= Jahrbuch des Föderalismus 2000, Bd. 1), Baden-Baden, 71-93.

2000g: Bedingungen sektoralen Institutionenwandels im deutschen Vereinigungsprozeß, in: Esser, Hartmut (Hg.): Der Wandel nach der Wende. Gesellschaft, Wirtschaft, Politik in Ostdeutschland, Wiesbaden, 113-141.

2000h: Die deutsche Vereinigung: Kaltstart oder Fehlstart, in: Der Bürger im Staat 49:4, 186-191.

2000i: Institutional change in the East German transformation process: The role of the state in the reorganization of property rights and the limits of institutional transfer, in: German Politics and Society 18:3, 13-47.

2001

2001a: Wie ein Fünfzehnjähriger vom Völkermord erfuhr, in: Markovits, Andrei S./Rosenberger, Sieglinde K. (Hg.): Demokratie: Modus und Telos. Beiträge für Anton Pelinka, Wien/Köln/Weimar, 283-292.

2001b: Entwicklungspfade des politisch-administrativen Systems in Japan und Deutschland, in: Bosse, Friederike/Köllner, Patrick (Hg.): Reformen in Japan (= Mitteilungen des Instituts für Asienkunde Hamburg, Nr. 337), Hamburg, 61-70.

2001c: The institutional embedding of market economies. The German 'model' and its impact on Japan, in: Streeck, Wolfgang/Yamamuro, Kozo (Hg.): The origins of non-liberal capitalism: Germany and Japan compared, Ithaca, NY, 39-93. (Gekürzte frz. Übersetzung: Les modèles de capitalisme allemand et japonais: une mise en perspective comparative et diachronique, in: Lallement, Michel/Spurk, Jan (Hg.), 2003: Stratégies de la comparaison internationale, Paris.)

2001d: Germany, in: Yamamoto, Tadashi/Ashizawa, Kim Gould (Hg.): Governance and civil society in a global age, Tokio/New York, 229-272.

2001e: Corporatism, in: Smelser, N.J./Baltes, Paul B. (Hg.): International Encyclopedia of the Social & Behavioral Sciences, Oxford, 2812-2816.

2002

2002a: Der unitarische Bundesstaat in Deutschland: Pfadabhängigkeit und Wandel, in: Benz, Arthur/Lehmbruch, Gerhard (Hg.): Föderalismus: Analysen in entwicklungsgeschichtlicher und vergleichender Perspektive, Wiesbaden, 53-110. (Vorabdruck als MPIfG Discussion-Paper 2002).

2002b: Quasi-consociationalism in German politics. Negotiated democracy and the legacy of the Westphalian Peace, in: Steiner, Jürg/Ertman, Thomas (Hg.): Consociationalism and corporatism in Western Europe: still the politics of accommodation? (= Acta Politica 37:1-2, Special Issue), Amsterdam, 175-194.

2002c: Restriktionen und Spielräume einer Reform des Bundesstaates. Zeitgespräch, in: Wirtschaftsdienst 82:4, 197-201.

2002d: Einheit als Improvisation. Rationalitätsdefizite des Vereinigungsprozesses, in: Wehling, Hans-Georg (Hg.): Deutschland Ost – Deutschland West. Eine Bilanz, Opladen, 35-53.

2002e: Theodor Eschenburg und die Politikwissenschaft, in: Hrbek, Rudolf (Hg.): Symposium zu Ehren von Theodor Eschenburg (1904-1999) am 27. Oktober 2000, Tübingen, 25-37.

2003

2003a: Verhandlungsdemokratie. Beiträge zur vergleichenden Regierungslehre, Wiesbaden.

2003b: Föderative Gesellschaft im unitarischen Bundesstaat: Erweiterte Fassung des Vortrags bei der Entgegennahme des Theodor-Eschenburg-Preises, in: PVS 44, 545-571.

2003c: Das deutsche Verbändesystem zwischen Unitarismus und Föderalismus, in: Mayntz, Renate/Streeck, Wolfgang (Hg.): Die Reformierbarkeit der Demokratie: Innovationen und Blockaden, Festschrift für Fritz W. Scharpf, Frankfurt a.M./New York, 259-288.

2003d: Welfare state adjustment between consensual and adversarial politics: the institutional context of reform in Germany, in: Waarden, Frans van/Lehmbruch, Gerhard (Hg.): Renegotiating the welfare state: Flexible adjustment through corporatist concertation, London/New York, 142-168.

2003e: Herausgeber (mit Frans van Waarden): Renegotiating the welfare state: flexible adjustment through corporatist concertation, London/New York.

2003f: Wahrnehmungen der DVPW in den sechziger Jahren, in: Falter, Jürgen W./Wurm, Felix W. (Hg.): Politikwissenschaft in der Bundesrepublik Deutschland. 50 Jahre DVPW, Wiesbaden, 21-28.

2003g: Demokratieforschung und Demokratieerziehung in der Nachfolge Theodor Eschenburgs, in: Rittberger, Volker (Hg.): Demokratie – Entwicklung – Frieden: Schwerpunkte Tübinger Politikwissenschaft, Baden-Baden, 31-48.

2003h: Föderative Gesellschaft im unitarischen Bundesstaat, in: PVS 44:4, 545-571.

2004

2004a: Strategische Alternativen und Spielräume bei der Reform des Bundesstaates, in: Zeitschrift für Staats- und Europawissenschaften 2:1, 82-93.

2004b: Gemeinwohl und kooperativer Föderalismus, in: Arnim, Hans Herbert von/Sommermann, Karl-Peter (Hg.): Gemeinwohlgefährdung und Gemeinwohlsicherung. Vorträge und Diskussionsbeiträge der 71. Staatswissenschaftlichen Fortbildungstagung 2003 an der Deutschen Hochschule für Verwaltungswissenschaften Speyer, Berlin, 165-193.

2004c: Yoroppa Hikaku Seiji Hattenron (European Political Development: Comparative Studies). Übersetzt u. hg. von Kenji Hirashima. Tokio.

2005

2005a: Nationen und Systemtypen in der vergleichenden politischen Ökonomie, in: Berghahn, Volker R./Vitols, Sigurt (Hg.): Gibt es einen deutschen Kapitalismus? Tradition und globale Perspektiven der sozialen Marktwirtschaft, Frankfurt a.M./New York, 86-96.

2008

2008a: Verbände und Politiknetzwerke im deutschen Bundesstaat: Eine historisch-institutionalistische Perspektive, in: Scheller, Henrik/Schmid, Josef (Hg.), Föderale Politikgestaltung im deutschen Bundesstaat: Variable Verflechtungsmuster in Politikfeldern, Baden-Baden, 50-67.

2009

2009a: Bundesrat, in: Huster, Stefan/Zintl, Reinhard (Hg.): Verfassungsrecht nach 60 Jahren: Das Grundgesetz von A bis Z, Baden-Baden, 28-33.

2009b: Beobachtungen zum frühen deutschen Globalisierungsdiskurs, in: Ouaissa, Rachid/ Zinecker, Heidrun (Hg.): Globalisierung – entgrenzte Welten versus begrenzte Identitäten? Festschrift für Hartmut Elsenhans, Leipzig, 37-51.

9.3. Vorlesungen und Seminare Gerhard Lehmbruchs an den Universitäten Tübingen, Heidelberg und Konstanz[2]

9.3.1. Vorlesungen und Seminare an der Universität Tübingen (1960-1969)

SS 1961:

- Unterkurs *Wahlen und Wählerverhalten* (Eschenburg mit Assistenten)[3]

WS 1961/62:

- Übung Die politische Stellung des Katholizismus in demokratischen Staaten (Eschenburg mit Assistent)

SS 1962:

- Übung *Institutioneller Schutz von Minderheiten* (Eschenburg mit Assistent)

WS 1962/63:

- Vorlesung *Die Funktion der politischen Partei im Staatsleben*
- Übung *Die politische Willensbildung in der CDU*

SS 1963:

- Vorlesung *Das französische Regierungssystem*
- Übung *Einführung zum Grundgesetz* (Eschenburg mit Assistent)

WS 1963/64:

- Seminar *Gruppeninteressen und Pluralismus in der politischen Theorie*
- Übung *Strukturprinzipien der Staats- und Selbstverwaltung* (Eschenburg mit Assistent)

SS 1964:

- Übung *Institutioneller Schutz von Minderheiten*

WS 1964/65:

- Seminar *Hobbes: Leviathan*

SS 1965:

- Seminar *Das politische System der Schweiz*

WS 1965/66:

- Seminar *Zur empirischen Theorie der Politik: Entscheidung und Consensusbildung in pluralistischen Systemen*

---

2 Quellen: Vorlesungsverzeichnisse der Universitäten Tübingen und Heidelberg sowie Personal- und Veranstaltungsverzeichnisse der Universität Konstanz, diverse Jg. (Gerhard Lehmbruch besitzt keine Unterlagen mehr über seine Universitätsveranstaltungen.)

3 Hierzu hat mir Gerhard Lehmbruch mitgeteilt: „[B]is Anfang der [19]60er Jahre durften Assistenten formell nicht mit ihren Lehrveranstaltungen genannt werden, weil man die Fiktion aufrecht erhielt, daß nur Hochschullehrer (mit ‚venia legendi') eigenverantwortlich lehren durften. [...] Theoretisch wäre es auch möglich gewesen, daß die Assistenten dabei weisungsgebunden waren, und praktisch war es wohl nicht selten auch so. Im Fall Eschenburg war das aber reine Formsache: ‚Eschenburg mit Assistent' bedeutete, daß der Assistent die Lehrveranstaltung hielt und dafür sozusagen die Deckung seines Chefs hatte. [...] Daß ich schon als Assistent – vor der Habilitation – Vorlesungen unter meinem eigenen Namen hielt, und auch Hauptseminare, war in den sechziger Jahren noch ganz ungewöhnlich" (GL 2010e).

SS 1966:

- Übung *Einführung in die Grundrechte*

9.3.2. Vorlesungen und Seminare an der Universität Heidelberg (1970-1973)

SS 1970:

- Proseminar *Vergleichende Regierungslehre am Beispiel: Schweiz, Österreich und Bundesrepublik Deutschland*
- Proseminar *Föderalismus in der Bundesrepublik*
- Oberseminar *Politische Innovation*

WS 1970/71:

- *Einführungskurs in die Politische Wissenschaft*
- Oberseminar *Politische Innovation*

SS 1971:

- *Einführungskurs in die Politische Wissenschaft*
- Seminar *Quantitative Methoden in der politischen Forschung am Beispiel des Vergleichs politischer Systeme in Europa*
- Oberseminar *Theorien des politischen Systems*

WS 1971/72:

- *Einführungskurs in die politische Wissenschaft*
- Vorlesung *Einführung in das politische System der Bundesrepublik Deutschland*
- Seminar *Methodenprobleme der vergleichenden Politikforschung*

SS 1972:

Keine Veranstaltungen (Vertretungsprofessur in Tübingen)

WS 1972/73:

- Vorlesung *Einführung in das politische System der Bundesrepublik Deutschland*
- Oberseminar *Kooperativer Föderalismus*
- Oberseminar *Probleme der vergleichenden Regierungslehre*

SS 1973:

- Vorlesung *Empirische Theorie der politischen Parteien*
- Oberseminar *Sozialstaatliche Planung und gewerkschaftliche Strategien*
- Oberseminar *Zur Theorie der politischen Modernisierung*

9.3.3. Vorlesungen und Seminare an der Universität Tübingen (1972-1978)

SS 1972 (Vertretungsprofessur):

- Vorlesung *Soziale Konflikte und politische Strukturen in West-Mitteleuropa*
- Proseminar *Theorie der Parteiensysteme*
- Seminar *Gewerkschaftsstrategien und Einkommenspolitik*

WS 1972/73 (Lehrbeauftragter):

- Vorlesung *Einführung in das politische System der BRD*

WS 1973/74:

- Grundveranstaltung *Einführung in die Politikwissenschaft* (zusammen mit Prof. Klaus von Beyme und Wissenschaftlichem Rat Wolfgang Kralewski)
- Vorlesung *Das politische System der Bundesrepublik Deutschland (Konfliktstrukturen und Konflikttransformation)*
- Seminar *Sozialstaatliche Steuerung und Gewerkschaftsstrategien*

SS 1974:

- Vorlesung *Das politische System der Bundesrepublik Deutschland II*
- Seminar *Haushaltspolitik*
- Seminar *Funktionen politischer Parteien bei Parteienkonkurrenz*

WS 1974/75:

- Vorlesung *Einführung in das politische System der BRD*
- Seminar *Rousseau und die Demokratie-Theorie*
- Seminar *Theorie der Interessenverbände und wirtschaftlichen Einflußgruppen*

SS 1975:

- Vorlesung *Politische Parteien*
- Proseminar *Politische Wirtschaftslehre: Politik des Agrarsektors*
- Seminar *Theorie der politischen Partizipation*

WS 1975/76:

- Vorlesung *Theorien des politischen Systems*
- Seminar *Texte zur politischen Theorie des Liberalismus*
- Seminar *Parteiensysteme*
- Seminar *Forschungsseminar*

SS 1976:

- Vorlesung *Einführung in das politische System der BRD: Die gesellschaftlichen Konfliktstrukturen und ihre politische Organisation*
- Proseminar *Politische Wirtschaftslehre: Politik des Agrarsektors*
- Seminar *Ausgewählte Probleme des politischen Systems der Bundesrepublik* (zusammen mit Wissenschaftlichem Rat Rudolf Hrbek)

WS 1976/77:

- Vorlesung *Theorien des politischen Systems*
- Proseminar *Politische Soziologie: Gewerkschaften und Politik*
- Oberseminar *Forschungsprobleme der Politikwissenschaft*
- Seminar *Politische Entscheidungsprozesse in der Bildungsreform*

SS 1977:

- Vorlesung *Einführung in das politische System der Bundesrepublik Deutschland*
- Hauptseminar *Demokratie und Sozialstruktur in Japan* (zusammen mit Schneider und Opitz)
- Hauptseminar *Probleme des politischen Systems der BRD* (zusammen mit Prof. Rudolf Hrbek)
- Oberseminar *Forschungsprobleme der Politikwissenschaft*

▪ Hauptseminar *Die Politik der Gemeinschaftsaufgaben von Bund und Ländern: Infrastrukturpolitik und Bildungsplanung im Vergleich*

WS 1977/78:

▪ Vorlesung *Einführung in die Politikwissenschaft*

▪ Vorlesung *Parlamentarismus in der Bundesrepublik Deutschland*

▪ Hauptseminar *Konservative Politik in Westeuropa (Großbritannien, Frankreich, Bundesrepublik Deutschland)*

▪ Oberseminar *Forschungsseminar: Politikanalyse und Innenpolitik*

SS 1978:

▪ Vorlesung *Einführung in das politische System der BRD*

▪ Kolloquium *Aktuelle Fragen des politischen Systems der BRD*

▪ Proseminar *Politische Soziologie: Bürokratie*

▪ Hauptseminar *Pluralismus und Korporatismus in der Entwicklungsgeschichte der Interessenpolitik*

▪ Oberseminar *Forschungsseminar: Innenpolitik und vergleichende Politikanalyse*

9.3.4. Vorlesungen und Seminare an der Universität Konstanz (1978-1997)[4]

WS 1978/79:

Keine Angaben[5]

SS 1979:

▪ *Theorie der Interessenpolitik* (Grundstudium)

▪ *Mitbestimmung im internationalen Vergleich* (Hauptstudium)

▪ *Vergleichende Sozialpolitik: Japan* (Hauptstudium)

WS 1979/80:

▪ *Einführung in die vergleichende Innenpolitikforschung* (zusammen mit Wissenschaftlichem Assistenten Dr. Manfred G. Schmidt) (Grundstudium)

▪ *Finanzausgleich im föderalen System (Politikverflechtung)* (Hauptstudium)

SS 1980:

▪ *Gewerkschaften und Arbeitgeberverbände im internationalen Vergleich* (Grundstudium)

▪ *Schweden: Sozialdemokratie, Korporatismus und wohlfahrtsstaatliche Politik* (Hauptstudium)

WS 1980/81:

▪ *Klassiker der Demokratietheorie* (Grundstudium)

▪ *Probleme der französischen Innenpolitik* (Hauptstudium)

---

4 Anders als bei den Vorlesungsverzeichnissen der Universitäten Tübingen und Heidelberg ist in den Personal- und Veranstaltungsverzeichnissen aus Konstanz der genaue Typus der Lehrveranstaltung nicht vermerkt; es wird lediglich zwischen Lehrveranstaltungen des Grund- und des Hauptstudiums unterschieden (und auch dies nur in der Politik-, nicht der Verwaltungswissenschaft).

5 Das Personal- und Veranstaltungsverzeichnis des Studienjahres 1978/79 vermerkt für das Wintersemester noch keine Veranstaltungen für Lehmbruch, da seine endgültige Entscheidung, den Ruf anzunehmen, wohl erst nach Redaktionsschluss (16. Mai 1978) erfolgte.

- *Internationaler Vergleich als sozialwissenschaftliche Strategie* (Hauptstudium)

SS 1981:

- *Einführung in die Innenpolitik der USA* (Grundstudium)
- *Einführung in den Schwerpunkt „Staatliche Steuerung und Regulierung"* (Hauptstudium)
- *Neokorporatismus: Entwicklungstendenzen im Verhältnis von Staat, Gewerkschaften und Unternehmerverbänden in liberal-demokratischen Industrieländern* (Hauptstudium)

WS 1981/82:

Keine Veranstaltungen

SS 1982:

- *Theorien der Interessenpolitik: Klassenkonflikt, Pluralismus und die Funktion des Staates* (Grundstudium)
- Projektkurs *Politikverflechtung in der Haushaltskrise, Teil I* (Hauptstudium)
- *Gewerkschaften in den USA* (Hauptstudium)

WS 1982/83:

- *Politische Parteien* (Grundstudium)
- *Parlamentarismus* (Hauptstudium)
- *Projektkurs Politikverflechtung in der Haushaltskrise, Teil II* (Hauptstudium)

SS 1983:

- *Neokorporatismus in Westeuropa – Staatliche Politik und organisierte Interessen* (Grundstudium)
- *Interventionistische Staatsverwaltung und Wirtschaftspolitik: Frankreich und Japan im Vergleich* (zusammen mit Wissenschaftlichem Angestelltem Frieder Schlupp) (Hauptstudium)
- *Staats- und Verwaltungstheorie* (Querschnittveranstaltung Verwaltungswissenschaft)

WS 1983/84:

- *Einführung in die theoretischen und methodischen Grundlagen der Politik- und Verwaltungswissenschaft* (zusammen mit Akademischer Rätin Monika Schäfer) (Grundstudium)
- *Theorie des Wohlfahrtsstaates* (Hauptstudium)
- *Verwaltung und organisierte Interessen: Interorganisatorische Verflechtungen* (Hauptstudium)

SS 1984:

- *Politische Theorie* (Grundstudium)
- *Föderalismus im internationalen Vergleich* (Hauptstudium)
- *Wachstum des Staatssektors und Strategien zu seiner Begrenzung* (zusammen mit Hugh Heclo) (Hauptstudium)
- *Einführung in die Staats- und Verwaltungstheorie* (Querschnittveranstaltung Verwaltungswissenschaft)

WS 1984/85:

- *Politische Theorie* (Grundstudium)
- *Arbeitsmarktpolitik* (Hauptstudium)
- *Interessenorganisationen der Unternehmerschaft* (Hauptstudium)
- *Neuere Probleme der Wohlfahrtsstaatsforschung* (Hauptstudium)

SS 1985:

- *Organisierte Interessen* (Grundstudium)
- *Theorien des Wohlfahrtsstaates* (Hauptstudium)
- *Konservative Politik: Großbritannien* (Hauptstudium)
- *Projektkurs: Institutionelle Bedingungen der Kommunikationspolitik I: Neue Medien im Bundesstaat* (Hauptstudium)

WS 1985/86:

- *Politische Theorie* (Grundstudium)
- *Staats- und Verwaltungstheorie* (Hauptstudium)
- *Projektkurs Politik der neuen Medien II* (zusammen mit Wissenschaftlichem Angestellten Roland Czada) (Hauptstudium)
- *Öffentliche Verwaltung und organisierte Interessen: Das Beispiel des Agrarsektors* (Hauptstudium)
- *Staats- und Verwaltungstheorie* (Hauptstudium)

SS 1986:

Keine Veranstaltungen

WS 1986/87:

- *Regierungssystem der Bundesrepublik Deutschland* (Grundstudium)
- *Theorien der politischen Parteien und Parteiensysteme* (Hauptstudium)
- *Südafrika (Apartheid und politische Struktur)* (Hauptstudium)
- *Staats- und Verwaltungstheorie* (Querschnittveranstaltung Verwaltungswissenschaft)

SS 1987:

- *Parteien und Verbände* (Grundstudium)
- *Theorien des Wohlfahrtsstaates* (Hauptstudium)
- *Verwaltung und Interessen im Agrarsektor* (Hauptstudium)
- *Projektkurs Institutionelle Ansätze der vergleichenden Politikanalyse: Vom Wohlfahrtsstaat zur neokonservativen „Wende", Teil I* (zusammen mit Wissenschaftlichem Angestelltem Edgar Grande) (Hauptstudium)

WS 1987/88:

- *Das Politische System der DDR* (Grundstudium)
- *Staats- und Verwaltungstheorie* (Hauptstudium)
- *Vergleichende Bürokratieforschung* (Hauptstudium)
- *Projektkurs Institutionelle Ansätze der vergleichenden Politikanalyse: Vom Wohlfahrtsstaat zur neokonservativen „Wende", Teil II* (zusammen mit Wissenschaftlichen Angestellten Edgar Grande und Otto Singer) (Hauptstudium)

SS 1988:

- *Politische Theorie* (Grundstudium)
- *Staats- und Verwaltungstheorie* (Hauptstudium)
- *Methodenprobleme der vergleichenden Politik- und Verwaltungsforschung* (zusammen mit Wissenschaftlichen Angestellten Edgar Grande und Otto Singer) (Hauptstudium)

WS 1988/89:

- *Die Krise der Sozialdemokratie* (Hauptstudium)

- *Staats- und Verwaltungstheorie* (Hauptstudium)
- Forschungskolloquium

SS 1989:

- *Einführung in den Schwerpunkt „Staatliche Steuerung"* (Hauptstudium, offen für Grundstudium)
- *Japan: Politisches System und Ökonomie* (Hauptstudium)
- *Theorien der Interessenpolitik* (Hauptstudium)

WS 1989/90:

- *Staats- und Verwaltungstheorie* (Hauptstudium)
- *Rundfunkpolitik* (Hauptstudium)

SS 1990:

- *Die Verwaltung und ihre Umwelt: Frankreich und Japan im Vergleich* (Hauptstudium)
- *„Politiknetzwerke" in der Politik- und Verwaltungsforschung* (Hauptstudium)

WS 1990/91:

Keine Veranstaltungen

SS 1991:

- *Einführung in das deutsche Regierungssystem* (Grundstudium)
- *Politische Interessenvermittlung* (Hauptstudium)
- *Berufsbeamtentum und Parteiregierung* (Hauptstudium)

WS 1991/92:

- *Politik im Agrarsektor* (Grundstudium)
- *Politische Institutionen* (Hauptstudium)
- *Staat und Wirtschaft in der japanischen Industriepolitik* (Hauptstudium)
- *Analyse politisch-administrativer Prozesse* (Hauptstudium)

SS 1992:

- *Einführung in das deutsche Regierungssystem* (Grundstudium)
- *Politische Interessenvermittlung* (Hauptstudium)
- *Die Beziehung von Staat und Wirtschaft in Japan* (Hauptstudium)

WS 1992/93:

- *Politische Institutionen* (Hauptstudium)
- *Beziehungsmuster zwischen Staat und Ökonomie* (Hauptstudium)
- *Analyse politisch-administrativer Prozesse* (Hauptstudium)
- *Ausgewählte Fragen der Arbeitspolitik: Entwicklung in den neuen Bundesländern* (Hauptstudium)

SS 1993:

- *Deutsches Regierungssystem* (Grundstudium)
- *Die Transformation der ehemaligen DDR und das vereinigte Deutschland* (Hauptstudium)
- *Politische Interessenvermittlung* (Hauptstudium)

WS 1993/94:

- *Das deutsche Regierungssystem* (Grundstudium)
- *Politisch-administrative Prozesse* (Hauptstudium)

- *Staat und Wirtschaft in Ostasien: Japan, Korea, Taiwan* (Hauptstudium)

SS 1994:

- *Politische Interessenvermittlung* (Hauptstudium)
- *Interessenvermittlung und die Schnittstellen von Staat und Ökonomie in Ostdeutschland* (Hauptstudium)
- *Staatstheorie* (Hauptstudium)
- *Kolloquium* (Hauptstudium)

WS 1994/95:

- *Das deutsche Regierungssystem* (Grundstudium)
- *Staat und politische Ökonomie in Japan* (Hauptstudium)
- *Politisch-administrative Prozesse* (Hauptstudium)

SS 1995:

- *Einführung in das Regierungssystem der BRD* (Grundstudium)
- *„Sektoren" in der vergleichenden Politikanalyse* (Hauptstudium)
- *Politische Interessenvermittlung* (Hauptstudium)
- *Staat und Staatstätigkeit in Japan* (Hauptstudium)

WS 1995/96:

- *Deutsches Regierungssystem* (Grundstudium)
- *Deutschland und Japan im Vergleich 1945-1995* (Internet-Seminar gemeinsam mit der Universität Toyama) (Grundstudium)

WS 1996/97:

- *Steuerungsprobleme und Politiknetzwerke in der Verkehrspolitik* (Blockseminar)

9.4. Gastprofessuren, Mitwirkung in fachwissenschaftlichen Organen und der Selbstverwaltung der Wissenschaft (in Auswahl) sowie wissenschaftliche Auszeichnungen und Ehrenmitgliedschaften

9.4.1. Gastprofessuren

1970	Gastprofessor am Institut für Höhere Studien, Wien
1981-1982	Fellow am Woodrow Wilson Center, Washington D.C.
1984	Gastprofessor an der Universität Zürich
1985	Gastwissenschaftler, Department of Political Science, University of Wisconsin, Madison
1990	Theodor-Heuss-Gastprofessur, Graduate Faculty, New School for Social Reserach, New York
Aug.-Nov. 1990	Gastwissenschaftler (Japan Society for the Promotion of Science Scholarship), Institute of Social Science, Universität Tokio
1991-1992	Gastprofessor an der Humboldt-Universität, Berlin

9.4.2. Mitwirkung in fachwissenschaftlichen Organen und der Selbstverwaltung der Wissenschaft (in Auswahl)[6]

1965-1967	Vorsitzender der wissenschaftlichen Assistenten für Baden-Württemberg
1965-1967	Mitglied des Beirats der DVPW
1967-1969	Mitglied des Vorstands der DVPW
März 1971- Herbst 1973	Direktor des IPW der Universität Heidelberg
WS 1979- SS 1980	Dekan der Sozialwissenschaftlichen Fakultät der Universität Konstanz
WS 1980- SS 1982	Prodekan der Sozialwissenschaftlichen Fakultät der Universität Konstanz
WS 1988/89- SS 1990	Prodekan der Sozialwissenschaftlichen Fakultät der Universität Konstanz
1983-1991	Mitglied des Vorstands der DVPW, ab 1985 von der DVPW als IPSA-Vertreter bestellt
1985-1991	Member of the Council and Executive Committee Member, IPSA
1988-1991	Vice President, IPSA
1991-1994	Vorsitzender der DVPW
1991-2001	Fachbeirat des MPIfG, Köln
1993-1996	Wissenschaftlicher Beirat des Mannheimer Zentrums für Europäische Sozialforschung
1994-1997	Mitglied des Beirats der DVPW
2001-(2011)	Mitglied der Ethik-Kommission der DVPW

9.4.3. Auszeichnungen und Ehrenmitgliedschaften

seit 2002	Ehrenmitglied der Schweizerischen Vereinigung für Politische Wissenschaft
Sept. 2003	Theodor-Eschenburg-Preis der DVPW für das Lebenswerk
seit Dez. 2003	Ehrenmitglied der Österreichischen Gesellschaft für Politikwissenschaft
Sept. 2009	Lifetime Achievement Award des ECPR

[6] Gerhard Lehmbruch war auch gewählter Fachgutachter für die DFG; er kann bezüglich des Zeitraums aber keine sicheren Angaben mehr machen. Anfragen bei der DFG und der DVPW-Geschäftsstelle blieben – wegen technischer Umstellungen bzw. mangelnder Datenlage – leider erfolglos.

Personenregister

Zeitfracht Medien GmbH
Ferdinand-Jühlke-Straße 7
99095 Erfurt, Deutschland
produktsicherheit@kolibri360.de